U0142489

第六冊

周氏易經通解

周鼎珩 遺著　陳素素 等記錄

五南圖書出版公司 印行

鼎公相關資料

一、

乾初易舍主人

　　吾師三元道人，潛修於九華山也，初常雲遊，半載方歸，晚乃不出山門，鎮日靜坐，未嘗稍輟。修道六十餘年，九十七歲始化，遺蛻尚存九華山九子寮方特造之木塔內。師博修多能，理事雙絕，預知死期，臨化不亂，證此勝緣，殆已即身成道歟？

　　九華山在安徽青陽西南，上有九峰，為中國四大名山之一。此地盛產黃精，相傳黃精九蒸九曬，可以辟穀，服至五六月以上，即飽而不思食矣。余少從吾師學道於九華，試之良然！

　　坐時自動，乃習靜者應有之過程，因人之經絡關節往往發生障礙，自動工法有先天性打通障礙之效能，其益非淺也。

　　吸收日精月華之法，可以輔佐坐功，惟涼體人宜吸日精，熱體人宜吸月華，此又當分別適應者也。

　　雪花紛紛，金光閃閃，則陽神將出矣。惟出神以後尚須做一段「換骨」工夫耳，然出神匪易，換骨尤難，吾師嘗云：「換骨工夫約需五百年，故古來仙真，不耐久候，道成之後，多委殼而去。」吾師民國十三年所以羽化者，即不願做此長期之換骨工夫也。

　　王先生贊斌所授之自然呼吸法，即吸時鼓腹，呼時凹腹，謂之腹呼吸，又名內呼吸。行住坐臥，皆可行之，非特可以根治胃病，疏通

大便，甚且可使丹田發暖，積氣通關也。

　　嘗聞諸滿清某王公云：「修士靜坐，苟至鼻孔之息，其熱力如蒸飯之蒸氣時，即須暫時休息，否則必咯血而傷生也。」

　　綿綿不絕之內呼吸，久而行之，可以練成胎息，胎息若成，則結丹有望矣。全無雜念，始為築基成功，針石子之言甚是。

　　崆峒山在甘肅平涼，從西安乘火車至平涼下車，再騎馬入山，僅三十里而遙。崆峒雖在荒外，然遠望蔥蘢，頗有江南景象。又自崆峒至山西五臺一帶，如地球之卵黃，復卦所在地，最富靈陽，最易靜定，洵修道之聖地也。修士其嚮往而潛修於「洞天福地」乎！

　　本文原載於李樂俅主編之《訪道語錄》（臺北：真善美出版社，1978年10月第3版）

二、

道人王顯齋

李樂俅

（聞楊先生閒話道人，因感而述此）

　　道人王顯齋，甘肅天水人也。初流寓北平馬相胡同，後常居倉頡祠，懸壺濟世，尤長傷科。相傳為明人，亦有稱為清末人者，未知孰是？第親見其人者，大都頌之為高士云。

　　今在臺精通《周易》，現任政工幹校兼東吳大學教授周鼎珩先生，曩就學北京大學時，與道人常相過從，道人性詼諧，喜調侃人以為樂。一日，偶至其徒家，見徒妻彌留，舉家皇皇，不知所為。道人

視之曰：「無妨，何惶遽乃爾！」即命以高粱酒半斤，灌之立蘇，而頰頳口燥，神猶不寧。曰：「姑俟之！」起而出，須臾，道人背一大西瓜返。令汁以飲之，俄，頰渴頓消，遂霍然而愈。時方隆冬，北國雪地冰天，何以致此炎夏特產之西瓜？見者莫不嘖嘖歎異焉。

由是北平聞人，益慕其名，每有宴集，必邀致道人。某歲重陽熊希齡束約名流，登高西山，兼以攬勝。乃驅汽車逕邀道人，欲載而共詣之。道人辭不與俱，請熊先往，己即隨至。迨熊車抵西山，道人已先至，而笑迎於道左矣。西山在北平西郊，距城約四十里而遙，道人何以先汽車而至，熊甚訝之，而終不解其故。

道人夙嫻武藝，遐邇馳名，武術界皆尊之為泰斗，故著譽大江南北之武術家杜心五先生，亦不遠千里，往拜其門。今在臺前交通部航政司司長楊青黎先生，民國三十四年乙酉抗戰勝利，奉令離蜀，途經劍閣、潼關，由北平而晉京，楊先生嚮慕高風，已非一日，是役道出北平，竊喜天假良緣，乃塵裝甫卸，即詣西山參謁道人，時道人正寓居西山也。初參道人，楊即尊稱道人為師，道人反詰楊曰：「我未錄君為弟子，何以遽稱我為師？」楊對曰：「我既拜杜心五師為師，曩者杜師嘗拜師為師，尊吾師之師為師，諒無不宜。」道人笑而頷之。於是談論之次，益形親切，而慨然點化楊先生曰：「耳順以後，自有真師尋君，幸勿慮也。蓋師尋弟子易，弟子尋師難，古來多係師尋弟子，今日豈不然哉？」楊因懇求示以修道之途徑，道人又剴切垂教曰：「修道首須知所擇別，陰陽雙修，成少敗多，不可學也；金石草木，藥易誤人，不可學也；怪誕不經，跡近迷信，不可學也。惟諸家服氣之法，弊少而效速，初入玄門者，不妨擇一調身；至聖聖相傳性

命雙修天仙之道，則難遽隮，必先做到克己修心，健康長壽，表裡俱真，俯仰無愧之人仙，然後漸進於天仙，庶幾本立而道生。不依此而教人、師人，皆罪也，人且難保，寧望仙哉？」

　　楊先生又言：抗戰期間，日寇謀脅道人參加偽組織，一日，逮道人至，環一鎗口曰：「願從則生，不從則死。」道人大笑曰：「真心修道者，素來不問政治，況余為中國人，尤不應參加反對中國政府之組織！」院內適有大樹一章，道人言訖，即以手向樹畫一圓周，而滿樹枝葉，便立剪為原形，整齊若新理之髮然。道人劍法之神，日寇見之，舌撟不能下，於是羅拜謝罪，並護送歸山焉。

　　道人體不魁梧，髮撮於頂，貫以竹簪，與常見之道士無異，所不同者惟神采奕奕、目光炯炯而已！

　　弘道子曰：愚讀葛洪《神仙傳》，每飄然有出塵之想，然於諸仙修鍊之法，便闕而不言，深以為憾。繆俊德先生，從遊頗久，嘗報導道人之傳授曰：「道人之功法不分層次，煉精化氣，煉氣化神，煉神還虛，三者同時皆做，蓋至簡至易之上乘工夫也。」敘次道人仙蹤既竟，故又將其修煉之方法，簡介如此，或亦足補古人略而不言之闕歟？

　　本文原載於李樂俅主編：《訪道語錄》（臺北：真善美出版社，1978年10月第3版），頁103-105。

　　我手中有《訪道語錄》一書，該書除「乾初易舍主人」外，另有「道人王顯齋」一篇，亦係周鼎珩老師所述事，我曾親聆周師談及部分內容，頗值一讀。《訪道語錄》之編述者李樂俅先生，係周師北大同學，畢業後曾任教江西瑞金師範學校，來臺後奉職於臺大總務處。

中國堪輿學會理事長曾子南即其師範學校高足，曾因李先生之因緣，曾求得周師「踏踏歌」墨寶一幅。我曾數度在曾理事長公館有陪侍李先生讌飲數次，恂恂長者也。

弟子林鴻基謹誌

民國一一〇年十二月六日

三、詩作

午睡

兒時歷歷都如夢，老大翻驚夢轉空，睡起每疑身不是，半竿紅日半窗風。

西安道上

自昔西秦地，衣冠稱帝鄉。關河天險在，人物霸陵荒。亂塚眠卿相，殘碑識漢唐。我今悲往古，後此更茫茫。

春日憶內

一度思量一斷魂，黯然猶記別黃昏。三春織錦何無字，兩袖啼紅尚有痕。風絮愁人人漸老，雲天邀夢夢難溫。遙知獨自傷懷處，小院花飛深閉門。

歲暮山村即景

浮蹤海外老窮經，四面山環一屋青。落木臨溪流倒影，遠燈照眼亂疏星。百年但看雲來去，萬象空餘夜窈冥。節屆殘冬春在望，乾坤消息不曾停。

奉和韋仲公兄半卷樓原韻

湖山百刼流離久，萬里雲天客倚樓。世局安危書半卷，時賢搖落序三秋。盱衡中外將誰語，馳騁乾坤與道謀。剝復往還應不遠，待看風雨會神州。

奉和申鳳蓀兄海岸逭暑即景原韻

心到源頭思卻空，飄然雲際逐飛鴻。詩懷淡泊推雙穗，道業精純造九重。避帝情趨煙水外，臨流人在畫圖中。年來獨得窮通理，聞聽漁歌入海東。（申君近曾學道其書屋名雙穗樓）。

天理歌

天理無或爽，盈虛透消息。泰從何處來，來自否之極。一反斯一正，萬物同此律。君不見青山木，秋凋冬落春又苗。嗟彼濁世流，滔滔徒自辱。我生何所自，我自宇宙出。宇宙迄未滅，我生必與立。胡為乎衰亂草蟲吟，胡為乎悲憤長沙哭。但求此生機，奔流流萬斛。磅礡奪長空，空明生虛室。放懷天地間，天地落胸曲。手捫太平洋上水，重洗乾坤見白日。

以上七首錄自易君左編《四海詩心》（1977年2月臺灣商務印書館出版）

前四首載於頁159，後三首載於頁160。

校對鄧敦琉謹誌

民國一一〇年

十二月二十一日

韋仲公曾任東吳大學校長室主祕，並在中文系、哲學系兼課；嘗從鼎公學《易》。申鳳蓀名丙，東吳大學中文系第二任系主任，與鼎

公比鄰而居。〈天理歌〉蓋致梁寒操先生。〈春日憶內〉蓋隔海思念
夫人徐氏，其詳請參閱第一冊〈周鼎珩先生事略補遺〉。

弟子陳素素謹誌

民國一一○年十二月二十日

四、墾殖普濟圩

銅陵的普濟桑田和古徽河（銅陵市市民論壇）

發表於 2015-06-01 16:55

　　普濟桑田明、清之際的普濟桑田，西起樅陽的王家滄，東抵無為
之土橋，時為長江中下游的第一糧倉。普濟圩之土橋原屬於省府安慶
的古桐城，後土橋以西劃入樅陽縣，土橋集鎮等地劃入無為洲。近年
的普濟圩一直處在三縣一市三不管地段。部分財政和單位等屬於樅
陽，土地屬於銅陵市，農場歸屬省農墾廳省直管，且設有農場監獄。
2014年才整制將普濟圩全部規劃銅陵市管轄。土橋姑娘成了銅陵兒
媳（土橋集鎮仍屬於無為縣管轄）廣袤的普濟桑田，撐起了幾百年皖
江北岸濱江城（又稱糝潭鎮，今無為縣土橋鎮）和無為徽河鎮（今銅
陵市灰河鄉）的一派繁華──這裡上達重慶、九江、安慶，下接南
京、蕪湖、舒城、廬江、廬州（合肥）、南通，商賈流連雲集。普濟
沒于澤國，徽河歸於灰河，連接陳瑤湖、楓沙湖、竹絲湖、甚至廬江
等地眾多湖泊，經土橋河直通長江。又位於無為第一高峰：三公山腳
下。滄海桑田之變，恰恰一個世紀。

　　清道光29年（1849年），濱江長江奇水，桑田浸沒，屋舍盡

毀。（濱江，即現在土橋一帶古稱）

　　《清史紀事本末》載：「夏四月，江蘇、浙江、安徽、湖廣大雨五旬餘，水驟漲，田盡沒。水之大，為百年所未有。」安徽巡撫王植奏稱：「安徽省本年自春徂夏，雨水過多，江湖增漲……半月以來，大雨如注，連宵達旦。兼之上游諸水下注，來源甚旺，江水較上年盛漲之時，尤大尺許。」桐城、無為等「州縣紛紛稟報，圩堤壩梗均被漫潰，田廬漂沒……」重災的桐城縣，「節次大雨，山洪奔注，水勢浩瀚，田廬盡在水中。」

　　天災之後，太平軍興起。桐城普濟圩恰處太平軍的天京與安徽省會安慶之間，連年的戰禍，水底的普濟桑田，終於蓮葦茂盛，魚鱉橫行。在土橋設有官僚收取百姓租金。

　　普濟生民經歷半個多世紀的水深火熱之後，迎來辛亥革命後的民國。安徽都督柏文蔚，此時意欲復墾普濟，澤惠民眾。因遭袁世凱免職，討袁失敗，柏文蔚在安徽政壇幾乎是曇花一現，普濟桑田夢想，隨風而逝。

　　再10年，許世英主政安徽，倡議修復普濟圩。不久，許世英亦匆匆去職，普濟桑田計畫再度擱淺。此後的10年間，30萬畝的普濟圩，民間自發圈築的，只有王家湀附近的千畝孫家小圩。

　　普濟圩今天的框架規模，起于吳忠信的大手筆圈定。吳于1932年任安徽省主席，他命省建設廳編制普濟圩修復計畫，動用救災款物修復了王家湀至土橋的江堤，並擬報中央財政撥款修築內河防洪堤。但吳忠信不久調離安徽，此後的二十餘年，走馬安徽政壇的，多是魚肉百姓的非皖籍政客，普濟圩修復計畫無人問津。加之日軍侵入，普

濟淪為戰場，水圩一役，地方軍民遇難700。此間民生凋敝，普濟彌荒。

　　普濟圩的桑田夢想，抗戰之後險成現實。1946年，經國民黨中央任職的周鼎珩（周潭鎮人）不懈努力，柏文蔚、許世英、吳忠信三大元老人物的鼎力支援，普濟墾殖社成立並投入實質性工作，重點是修築內河防洪堤（今橫埠河後河）。1947年清明節，工程開工，歲末進入青山一帶（今陳瑤湖鎮高橋、花山村），因涉及地方周氏祖墳，工程停工。待爭議解決，1948年夏汛已至，工程不得不停。汛期結束，渡江戰事迫近。次年，普濟墾殖社事務草草交與蕪湖市人民政府接管。

　　普濟桑田浸沒的一百年間，江山經此世變，人民水深火熱。新中國成立後，旋即展開圍湖造田的，是中國人民解放軍農墾五師。這些最終血盡朝鮮的英勇男兒，在這裡開出了第一犁新土──是為普濟圩國營農場的前身，普濟圩重現桑田的後話。

　　此篇錄自網路，鼎公墾殖普濟圩見「普濟圩的桑田夢想」一段，蓋先師平日所津津樂道，其詳請參見〈周鼎珩先生事略〉。

弟子陳素素謹誌

民國一一〇年十二月十三日

凡　例

一、本書包括先師周鼎珩先生之定稿、手稿、講稿及講習大綱。

二、定稿計有易例及〈乾〉、〈坤〉、〈屯〉、〈蒙〉四卦，此盡收
　　錄於《周氏易經通解》第一冊。

三、手稿計有〈需〉、〈比〉、〈小畜〉、〈履〉、〈泰〉、〈否〉
　　六卦。

四、講稿係門弟子據錄音帶所記錄並加整理，除定稿之四卦外，其餘
　　六十卦、〈說卦〉皆是。

五、講習大綱係先師為便於「易經講座」之聽眾所擬，在講授現場分
　　發，計有第一卦〈乾〉卦至第二十卦〈觀〉卦。

六、除定稿之四卦外，其餘均以講稿為主，另有手稿、講習大綱者附
　　於其後。

七、本書凡《易經》正文部分，悉以《武英殿十三經注疏》之《周易
　　正義》為準。

八、本書除易例、〈說卦〉之外，其通解六十四卦之體例，依次為總
　　說、卦辭、爻辭、彖傳、大象、小象。「總說」之下又分卦序、
　　卦體、卦義三項。

九、本書講稿記錄原則，先師嘗指示曰：「按錄音帶逐字記錄，然後
　　去其重複者。」弟子等謹遵遺訓，不敢踰越，並著記錄者、整理
　　者姓名，以示負責。

目錄

第四十八卦

井卦

周鼎珩講　陳素素記錄

—— 此係〈震〉宮五世卦，消息五月，旁通〈噬嗑〉，反對〈困〉。

壹、總說

佈卦的次序

　　今天報告〈井〉卦，這個卦比較重要。前面是〈困〉卦，就是說我們一經遭遇到一種困境，不論這種困境是外在生活的困頓，或是內在精神的困頓，解救的方法只有一個，那就是「培養」。人事是如此，宇宙法則也是如此，它不經過困頓，就不感覺到「培養」的需要。我們看到一棵樹，假使它不經過秋天的凋零，它就不會在冬天把它一切的營養、一切的生命力都回到根荄之上；它不經過秋天的凋零，就沒有冬天的「培養」。孔子厄於陳、蔡的時候講：「居不幽，

則思不遠；身不約，則志不廣。」（《說苑・雜言》）「居不幽，則思不遠」，就是說假使你所居住的環境，不是幽隱而不顯、伏處山林之中，人不知而不慍的那個境界，你的頭腦子的思維不會太遠的。〈曹劌論戰〉講：「肉食者鄙。」在朝廷裡服官的人，一天到晚，事情太多，頭腦子就混沌了，思想就不會太廣；思想廣的人，都是處在山林裡面。「身不約，則志不廣」，「約」者就是很節約、很簡單，顏子居陋巷、一簞食、一瓢飲的那個境界，就是「約」，自身的處境不是豪華的、而是淡泊的，甚至窮愁潦倒的那種境界。假使你不是那種境界，志向就不廣，所以必須要經過「困」，才能夠「養」其「思」，必須要經過「困」，才能夠「養」其「志」。孔子拿這兩句話告訴弟子，雖是陳、蔡受厄，但是這是受厄正是激發我們奮勵向上進的時候。

　　那麼，爲什麼困而後才能養其思、困而後才能養其志呢？因爲我們一般人假使環境太好，那些聲、色、犬、馬就把那個志氣消磨掉了。所謂「玩物喪志」，所以我們吃的、住的，一切東西都不能太豪華，豪華很了，自己覺得自滿了，覺得環境可以悠閒自在的，於是乎就沒有大志，所以困而後才能養其志，困而後才能養其思。我們拿過去歷史來看，文王困於羑里，而後演《周易》；齊桓公困於莒，然後成就大業。所以眞正是賢者，處困正是激發意志的機會，因此〈序卦傳〉上說：「困乎上者必反下，故受之以〈井〉。」井者養也，不困就不能夠補養，也不感到補養的必要。我們根據易例，卦體的「上下」，就是「內外」。佈卦本來是圓的，因爲圓的不好畫，就畫成一個長方的，有上有下，「上下」就是「內外」。假使我們以「上下」來看，樹木經過秋天，於是乎枝幹無力向上生長，枝幹既無力向上生

長，於是乎本身的生命力、營養就凝之於根荄之下，所以「困乎上者，必反下。」以「內外」來講，我們君子的陽剛之氣，無法向外伸展的時候，必須反求諸己，求自己個人的充實、涵養，免得被陰邪消滅了，那麼這就是：「困乎外者，必反內。」拿國家來講，也是如此，一個國家受敵國外患之欺負、壓迫，在外頭撞不過去，不能夠揚眉吐氣，好像站不住，不能自謀的樣子，那怎麼辦呢？那只有效法句踐臥薪嚐膽、生聚教訓，自己國內要想法子足食足兵，來憤發自己的國力，所以〈困〉卦之後，就繼之以〈井〉，〈井〉卦是表示一切養息的現象。

成卦的體例

往年這個「丼」，這個四方叫「井韓」，中間圓點叫「甕」，「甕」是泥巴做的汲水器。往年鑿井是按地脈的，所謂「地脈鍾泉，因以鑿井」，看那個地方有水道，於是就在地脈那兒鑿井，這是中國堪輿。現在講地理的老祖宗，在黃帝那個時候，我們就知道地底下，哪個地方有水，哪個地方沒有水，現在的人不知道，現在的人知道，就不會在木柵那個山溝裡做政治大學，在山溝裡做學校，這是不懂地底下的構造。由〈泰〉卦的五爻下來居初，初爻上去居五，就變成〈井〉卦。〈泰〉卦外卦本來是坤，現在坤下來居於初爻，變成巽卦，坤在後天八卦卦位是居於西南之隅的「未」方，巽在先天八卦卦位也是居於西南之隅的「未」方，坤卦和巽卦是一個方位，在「未」的方向。「未」字是什麼呢？「未上值井，井主井泉之事」，在二十八星宿裡有「井宿」，「未」字高頭值「井」宿，「井」是「主井泉之事」。「井泉」二字連著講，意思就是井養之道是靠著泉水，

「水幾於道」、「天一生水」，萬物賴之以生。萬物賴之以生，萬物在生長的時候，隨時都需要水。既然「井」是「主井泉之事」，所以卦名爲〈井〉。黃帝在最初是根據地脈鑿井，一個「井」是養八家。於是乎又根據「井」的方位，畫田野，就謂之「井田」。井田制度就是井的外頭八家，中間這一塊是「公田」，八家共同的給中間代作，中間這一份，給朝廷收。在最初黃帝的時候，四井爲邑，以後到了三代，人口增加了，有三百戶的邑、有五百戶的邑、有千戶的邑，邑是政治體制，〈訟〉卦九二：「不克訟，歸而逋，其邑人三百戶。」那就證明在周朝邑起碼有三百戶人家。由最初這個「井泉」，構成後來的「井田」。「井泉」也好，「井田」也好，都是表示養人的東西，營養的東西，養息的現象，這個「井」字之所以構成「井養」，道理就在此，這是第一個現象。

　　其次，我們再看〈井〉的卦體，內卦是巽，外卦是坎，坎爲「水」，巽在卦象是「木」，在卦義是「入」，這個象徵，就是「坎水入於下」，水在上，慢慢的往下流，於是形成「井水」之現象，深藏於下。同時，巽又爲「繩」，〈泰〉坤爲「土」、又爲「器」，土製的器，就是瓦器，就是我們剛才所講的「甕」，「甕」是汲水用的。〈泰〉卦五爻的坤下來了，就表示汲水的「甕」下來了。汲水的「甕」怎麼下來呢？由這個「巽的繩子」把它縋下來了。縋下來在底下汲水，因爲水已經到底下，現在把它汲上來，變成大眾來飲。巽爲「木」，往年汲水，井上有「桔槔」，「桔槔」是什麼呢？就是在井高頭搭一個木頭架子，把繩子繫到高頭，後來慢慢進步，就變成「轆轤」。同時，「木」爲什麼在下頭呢？這個井底下有那個爛泥、石頭、砂子這些東西，恐怕把這個水搞的不乾淨，因此靠著這個泥水舖

著一層木頭，防備泥漿慢慢的滲透上來，所以巽木在下頭，這是第二。

第三，根據卦變，三陰三陽的卦，都是由〈泰〉卦、〈否〉卦來的。過去所講的〈困〉卦是由〈否〉卦來的，現在所講的〈井〉卦是由〈泰〉卦來的。〈泰〉卦的五爻下來居初，〈泰〉卦的初爻上去居五，於是乎變成〈井〉，可是〈泰〉卦的初爻到了五爻，外體就由坤變成坎，汲水上去了；〈泰〉卦的五爻居初，內體就變成巽，巽為入，水入於內，於是成為〈井〉象。同時，〈泰〉卦外卦為坤，坤為土器，這從哪兒看呢？我們記得〈比〉卦初爻：「有孚盈缶。」，〈比〉卦的初爻就是坤，坤為泥土，坤為器皿，泥土做的器皿；又是「缶」，見於〈比〉卦初爻；又是「甕」，見於〈井〉卦爻辭；又是「瓶」，見於〈井〉卦卦辭。〈泰〉卦六五下來之初，就等於拿繩子繫著甕下來汲水，於是乎成了井養之道。假使我們拿人事的現象來看，外體是坤，坤是民眾；內體是乾，乾是王。坤是個死體，是被動的，柔弱的，等待著王者施以政教的德澤，於是乎把外卦的坤變成坎水，把民眾開化，有所養。拿自然現象來看，亦復如此，樹木的外在的體幹枝葉，需要內在的根荄輸送營養，它才能成長，〈泰〉初之五，在自然現象就是如此，這是第三。

第四，〈井〉卦的旁通是〈噬嗑〉卦。火雷〈噬嗑〉，「打雷」的時候，它就「閃電」，「打雷」和「閃電」一連的。它二個為什麼一連呢？因為它二個在四象是同根的，都是根據「少陰」來的。至於這個〈井〉卦，水風〈井〉，所謂「山雨欲來風滿樓」，有「風」就有「雨」，「風」和「雨」是交纏一起的。為什麼它二個是交纏的呢？因為它二個在四象是同根的，都是根據「少陽」來的。

（見下圖）

少陰　　火雷噬嗑　　少陽　　水風井

　　由這個卦象，我們就可看到巽卦和坎卦二個是相通的，二個既然相通，氣化就吻合，氣化吻合才構成息養之象，因此〈雜卦傳〉裡講：「〈井〉，通也。」從這個體象，我們可以了解我們要能夠「養」，裡頭一定要「通」。一個國家要能得養國養民的功效，政府與人民，人民與人民，彼此之間，一定是聲氣相通、一團和氣；假使政府搞政府的，人民搞人民的，彼此之間，不相謀，這個國家分崩離析，不會好的。所以能夠求得「養息」，一定要「通」，這是第四。

　　其次，這個卦，外卦是「水」，內卦是「木」，這表示「水生木」、「木涵水」。五行有個「水生木」，這是大家所知道的。至於「木涵水」大家不見得了解，這個在西北可以看到，凡是有樹木的那個地方，水就比較旺，西北森林砍伐完了，幾千里路，一片荒漠，連那個山皮上草根都沒有，那這個地方就沒有水，沒有樹木就沒有水。所以「水生木」固然是「養」的現象，「木涵水」也是「養」的現象。「水」、「木」二個成「井」，就表示「養」的意思，「水生木」是「養」，「木涵水」還是「養」，這是第五。

立卦的意義

　　我們剛才講古代鑿井，一定是地脈所鍾的地方，地脈有水的地

方，就可以鑿井。這個往年有一個方術，在西北打仗，西北高原都是乾的、荒涼的，可是大軍行走，吃水很重要，在西北，拿馬車拖著水，假使水用完了，那就沒有辦法。可是有一種草可以探地脈的，你在這個地方挖一個坑，把那個草埋下去，燒燃了，那個草的煙子濃厚得很，高頭拿土把它蓋起來，這草的煙往哪裡鑽呢？往有水的地方鑽，那怪的很，假使在三里路、五里路外有水，那個地方的地面冒煙子出來了，你就在那個冒煙的地方，叫那工兵打水，一打，水就出來了，各位先生有帶兵的，可以抄給你們。鑿井一定要「地脈鍾泉」的地方，為什麼呢？「地脈鍾泉」的地方，水才「有本有源」，井水滋養人類，滋養萬物，一定要取之不盡，用之不竭。假使今天取出來，明天就乾掉了，那怎麼能夠滋養呢？所以滋養要源源不竭，一定要那個東西，「有本有源」。「地脈鍾泉」的地方，就是「有本有源」；「有本有源」，那個水一定是取之不盡，用之不竭。第一個我們要曉得「井泉」有這個意義，因此我們講到「養」，要「源源不竭」，「源源不竭」才能夠「養」。比方，我們人類養生最普通的現象─吃飯、穿衣，我們沒有今天吃飯、穿衣，明天不吃飯、穿衣的，永遠的延綿不絕的吃飯、穿衣，今天如此，明天如此，活一天，就是一天如此，永遠是在吃飯，永遠是在穿衣，綿延不絕的，這才能構成「養」。假使斷了一個時候，沒有飯吃、沒有衣穿，那就不能構成「井養之道」，這是拿吃飯、穿衣極簡單的來說。

因此，我們根據這個卦象，第一個假使我們要「養慧」─養自己的智慧的話，也要天天做才能夠養，「養慧」的方法，不外乎二端，第一個「格物」，吸收知識；第二個「致知」，淨化腦筋。儒家講「盡心知性」，佛家講「明心見性」，道家講「修心養性」，他們對

於心性，都是做這個功夫－淨化腦筋，使令腦筋空靈。格物、致知這二個途徑的功夫，要天天做才能夠養，今天興之所至，做一下子，歇三個月，懶得幹的了，這樣的作法，永遠的不會「養慧」。所以「養慧」一定要天天淨化腦筋，天天吸收知識，天天做這個功夫，於是乎腦子就會昇華，慧根就會愈來愈高，這才合乎「井養之道」。第二個假使我們要「養氣」的話，也要天天做才能夠養，「養氣」也不外乎二個途徑，一個是「持其志」，一個是「無暴其氣」。「持其志」是積極的，「無暴其氣」是消極的。「持其志」就是把握自己的志向，人之所以氣不定，就是突然的這個樣子，突然的那個樣子，自己沒有個一定的方向，當然自己的氣化就「五馬分屍」，亂跑掉了。假使你把握自己的志向，人生有個定著的地方，氣就不浮，就沉下去了，這是「持其志」。

　　至於「無暴其氣」是什麼意思呢？比方，我們看一個人器局之大小，可以這麼看，假使一件很可擔心的事情，很有點危險性的事情，飛機炸彈要掉下來了，有器局的人遇到了，自己內心沉著，還是這個樣子。那個器局不夠的人，一聽到，馬上就一驚，那就不行，那就是「暴其氣」，那個氣就向外浮暴了。往年呂夷簡養了四個兒子，看那一個兒子可以繼他當宰相。有一天，呂夷簡老夫妻二個過生日，丫環就端著玉盤子、玉碗、燕窩羹上來了，四個兒子都在這兒，呂夷簡要看看三個兒子的器局，忽然丫環不小心，跌倒了，燕窩羹撒掉了，那個玉碗也打爛了，那個玉碗是傳家之寶，這個時候，大兒子、二兒子、三兒子看到了，一驚變色，只有四兒子不動聲色，就和沒事一樣，於是呂夷簡就對太太講：「第四個兒子可以繼承我為宰相，其他的三個兒子，不行！」這就是「無暴其氣」，大變當前，其氣不

變，「養氣」要做這個工夫。但是這個工夫，持其志、無暴其氣，是要永久的啊！不是今天無暴其氣，明天就把這個氣暴了，今天有很穩定的志向，明天就沒有了，那怎麼行啊！所以無論是「養慧」、「養氣」，一定要時時為之，日日為之，而無間斷，才合乎「井養之道」。推之於其他的一切一切都是如此。比方我們養民，有養民之道，老百姓生活不好，我們要把他開化，如果今天國家有錢、有力，就開化一下子，明天國家沒有錢、沒有力，就不開化，那不是養民之道，要永遠的做下去，這才合乎井養之道。這是我們學〈井〉卦的第一個意義。

　　第二個，一切的養息都有必經的程序，並不是冒冒然，不分青紅皂白，就這麼養息。我們看〈井〉卦的六爻就可以知道：初爻曰「井泥」，二爻曰「井谷」，三爻曰「井渫不食」，四爻曰「井甃」。這幾個都是不吃的準備階段，「井泥」，井裡有泥，當然那水不能吃；「井谷」，井就像山谷一樣，它漏水了，水都流下去了，當然無水可食；「井渫不食」，井裡面雖然把它搞乾淨了，但是也沒有水吃；「井甃」，整理這井裡周圍四轉的壁子，那當然井水也不能食。因此我們實行「井養」，一定要先有一個準備階段。比方，我們補養身體，一定要把全身檢查一下子，有沒有氣脈不和不通的地方，有沒有隱伏的疾病的地方。如果有氣脈不和不通、有隱伏疾病，你馬上就給他進補，那個補養反倒補了病，那個補養不但沒有益處，反而有害處。一定要把它隱伏的疾病，調查清楚，氣脈不暢的地方，使令他通暢，身體搞健全了，才能夠補養，補養一定要這樣子；不是一方面有病，一方面補養，那不行。比方，國家的養民政策，教育是養民最大的途徑，可是要教育的好，根本上先要把社會的毛病看看，把社會的

毛病撤底除掉。假使毛病不除掉，這一面是教孝教忠，那一面在誨盜誨淫，那怎麼行呢？你就是舌敝唇焦，也無濟於事啊！所以一定要先從消極方面，把那個誨盜誨淫的病態除掉，然後再做正面的教育，才能夠生效。因此我們要做「井養」的工作，一定要有個準備的程序，先消極方面把那個病症除掉，然後才能補養，這是第二個意義。

第三，井養的途徑，除掉上面所謂的二點而外，最重要的還要有些什麼？最重要的還是要「物得其用，用得其時」。所謂「物得其用」，比方某甲歡喜攝取某一類的食物，可是某一類的食物換成某乙，他並不喜歡。爲什麼各有嗜好不同呢？因爲物各有物的用處，某一類的食物，在某一種人當中，發生最大的功用，在某一類的人中間，不能發生作用。比如話，一個西瓜，如果在這個身體火性很大的、陽性的人，就發揮很大的作用；假使像我這樣子，陰性的人，西瓜不但不能發揮作用，而且還有害，吃了西瓜馬上肚子就出毛病。所以我們要養息的時候，一定要注意「物得其用」，這是第一點。第二要「用得其時」，拿我們生活來看，假使肚子餓了，就要吃飯，肚子餓了，不給它飯吃，要它飲水，飲水也是營養的，吃飯也是營養的，但是肚子餓了，需要的是吃飯，「飯」在那個地方才「用得其時」，「水」在那個地方「用不得其時」；口渴了，我們應當讓它飲水，可是我們讓它吃飯，那就「用不得其時」。口渴了，應當飲水，「用得其時」；肚子餓了，應當吃飯，「用得其時」。肚子餓了，不吃飯而飲水，「用不得其時」；口渴了，不飲水而吃飯，「用不得其時」。這是就我們人類極其簡單的現象來分析，「井養」要注意這二點。我們治國、養民要根據宇宙養育萬物的方法，養育老百姓，那就對了。宇宙養育萬物，那是怎麼養法呢？比如話，那個花草竹木蟲魚鳥獸需

要滋潤了，它就「下雨」；需要疏散了，就「起風」；需要熱力蒸晒一下子了，就「出太陽」。每一種東西都是養育萬物的，「出太陽」，能夠得到陽能；「下雨」，能夠得到滋潤；「起風」，能夠得到疏散。這個萬物的生機才能夠蓬蓬勃勃的起來，我們治國、養民的人，也就是這樣，看看老百姓需要什麼：他需要「出太陽」，我就給他「出太陽」；他需要「下雨」，我就給他「下雨」；他需要「起風」，我就給他「起風」。這是第三個意義。

貳、彖辭（即卦辭）

〈井〉：改邑不改井，无喪无得，往來井井，汔至亦未繘井，羸其瓶，凶。

　　文王繫的卦辭，〈井〉卦的卦辭最好。「改邑不改井」，根據卦變，這個卦是由〈泰〉卦來的，〈泰〉卦的初爻，上去居五，於是外體的坤象不見，坤爲「邑」，坤象不見，所以「改邑」。〈泰〉卦初爻上去居五，於是五爻下來居初，成爲〈井〉，〈井〉沒有變，所以「不改井」。

　　「无喪无得」，原本〈泰〉卦外卦是坤，坤爲「喪」，〈坤〉滅於乙癸，初爻上去，把坤體弄破了，所以「无喪」；初爻上去，五爻就下來了，五爻下來，把乾體弄破了，所以「无得」。

　　「往來井井」，〈泰〉卦初爻上去居坤，在後天八卦卦位，坤在西南之隅，居「未」，「未」上值「井」；〈泰〉卦五爻下來變成巽，在先天八卦卦位，巽在西南之隅，也是居「未」，「未」上值

「井」。初爻上去是「往」，五爻下來是「來」，「往」是「井」，「來」也是「井」，所以「往來井井」。

「汔至」，《說文》：「汔，水涸也。」段注：「《大雅·民勞傳》曰：『汔，危也。』《周易》：『汔至亦未繘井』，『小狐汔濟』，虞翻曰：『汔，幾也。』皆引申之義，水涸為將盡之時，故引伸之義曰危曰幾也。」「汔，水涸也」是根據初爻「井泥不食」來的，這裏下頭是斷的，水往下流，水往下流就是「水涸」，這是「水涸」的象。不過我認為還是「幾」比較妥當，因為井水是源源不竭的啊！因此「汔」字正義，我們不取它。「汔至」就表示水幾乎到了。「亦未繘井」，「繘」是綆汲之具，內卦為巽，巽為「繩」，所以說「繘」。

「羸其瓶」，「羸」，鈎羅居攣也，「羸其瓶」就是瓶子跟著繩子下來，而鈎羅拘攣的搞翻掉了，瓶子舀不到水。瓶子跟著繩子下來，是根據巽卦來的，巽為繩、為入。「瓶」的象從哪兒來的？〈泰〉卦的坤五爻下來，坤為土器，有「瓶」的象。意義是什麼呢？最初是四井為「邑」，後來人口發達了，三百戶為「邑」，五百戶為「邑」，一千戶也為「邑」。往年設邑的地方，一定要有「井」，因為水是養息最重要的東西，無論人物草木都是需要水的。

「改邑不改井」的意思，就是「邑」是政治的體制，「井」是養息的道理，政治的體制儘管可以改，可是養息的道理不會改的。比方，我們國家的體制，由漢朝變成魏晉，由魏晉變成南北朝，由南北朝變成隋唐，由隋唐變成五代，由五代變成宋朝，宋朝變成元朝，元朝變成明朝，明朝變成滿清，滿清變成民國，這個體制儘管改，可是養息的道理不會改的，穿衣吃飯還是穿衣吃飯，士農工商還是士農

工商，社會的構造還是分工合作。這就告訴我們人事社會儘管怎麼變遷，可是養息之道，不能違背。

　　「无喪无得」，就是「无所失，无所得」，「无所失，无所得」這話怎麼講呢？我們看宇宙分門別類的，比如話，砂、石、土、壤是一類，花、草、竹、木是一類，蟲、魚、鳥、獸是一類。這一類中間，分好多萬種，砂、石、土、壤有好多萬種，花、草、竹、木有好多萬種，蟲、魚、鳥、獸有好多萬種，儘管萬物叢叢，這麼多。可是，宇宙之理，它絕不能夠偏重於砂、石、土、壤，而就犧牲了花、草、竹、木，它不會的。或者偏重於花、草、竹、木，而就犧牲了蟲、魚、鳥、獸，它不會的，它一視同仁，一體養息，无所喪，无所得，不是今天對於這個特別好，而對於那個特別壞，沒有這個道理。社會上也是如此，農人做田輾穀子以養民，工人做工製器皿以養民，商人通有無以養民，讀書的人研究發展道理以養民，無論士農工商都是交互爲用的。一個國家，決不是我今天就是要讀書的人，農人也無所謂，工人也無所謂，商人也無所謂，那誰做糧食啊？誰做器皿啊？誰給你搬運啊？光注重工人、商人，不注重讀書的人，誰給你發展啊？所以士、農、工、商四民都不能有所偏重，有所得，有所喪；如有所偏的話，整個的宇宙、整個的社會體系，就不能夠完整運行。宇宙一有所偏，偏於花、草、竹、木也好，偏於蟲、魚、鳥、獸也好，偏於砂、石、土、壤也好，整個宇宙的生機就爲之斷絕。社會一有所偏，偏於讀書人也好，偏於農人也好，偏於工人也好，偏於商人也好，整個社會的運行，就會不行。也猶之於人類的心、肝、脾、肺、腎這五種機能，造成一個身體，不能有所偏。今天我特別偏於心，而不要肝；或者偏於肝，而不要肺；或者偏於肺，而不要脾；或者偏於

脾，而不要腎，都不行。所以共產黨講階級第一，講無產階級專政，這是不通之論，因為養是整體的，把宇宙分割成若干部分，這一部分養，那一部份不養，沒有這個道理，這是「无喪无得」。往年先儒們對於這一點意義，很少的發揮。

　　「往來井井」，井者養也，「往來井井」意思就是「往也是養，來也是養」，比方，心、肝、脾、肺、腎，心是火，火生土，心是養脾的，可是脾也養心；肝是木，木生火，肝是養心的，可是心也養肝；腎是水，水生木，腎是養肝的，可是肝也養腎；肺是金，金生水，肺是養腎的，可是腎也是養肺的。這個五臟裡面，各種運行，肺的運行，可以養腎；腎的運行，可以養肝；肝的運行，可以養心；心的運行，可以養脾；脾的運行，可以養肺。你往也是養，它來也是養，五臟六腑在裡頭運行都是養，往也是養，來也是養，絕對不能夠斷。「汔至，亦未繘井」，這個井裡面水，有盈的時候、有虧的時候，「汔至」就是這個水幾乎到了，幾乎滿了，水幾乎滿了，還沒有拿繩索把瓶子吊下去，去取水啊！水幾乎滿了，還沒有拿繩索把瓶子吊下去，取水，那就失其「時」。養注重時機，他水到了。你就要用喔！水既然到了，你不用，那不是失去時機嗎？「羸其瓶，凶」，那個瓶子是裝水的，瓶子在井裡頭，給它「鈎羅拘攣」的，舀不起來，那不是「物不得其用」嗎？

參、爻辭

初六：井泥不食，舊井无禽。

　　「井泥」，拿納甲來講，巽卦在內，是「丑、亥、酉」；巽卦在

外，是「未、己、卯」，所以初六是「丑」。「丑」字裡頭，包含著
第一個是「癸水」，第二個是「辛金」，第三個是「己土」。「丑」
字裡頭包含著這三種因素，以「己土」為主，含著有「癸水」與「辛
金」，有「金水」在裡面，這個「土」就是「濕土」，沒有陽氣，沒
有暖氣的一個土，「濕土」者「泥」也，所以「井泥」。其次，這
個卦是從〈泰〉卦來的，〈泰〉卦外卦是坤，坤為「土」，〈泰〉卦
的第五爻下來了，高頭變成坎水，坎水往下流，本來是「土」，也有
「井泥」之象。「不食」，因為這個卦的旁通卦是〈噬嗑〉卦，噬嗑
者食也，現在〈噬嗑〉變成〈井〉，所以「不食」。其次，從初爻到
四爻是反兌，兌口朝下了，內卦是巽，巽是反兌，兌為口，反兌就兌
口朝下，嘴朝下了，也有「不食」之象。

　　「舊井无禽」，為什麼講「舊井」？這個卦是從〈泰〉卦來
的，〈泰〉卦初爻到了五爻，就變成〈井〉，原來的初爻是乾陽，乾
陽是它的前身，現在這個乾陽上去了，變成〈井〉，那麼拿乾陽來
講，它是「舊井」。「禽」有二個解釋，第一個解釋，代表所有的
蟲、魚、鳥、獸；另外一種解釋，「禽」和「獸」是對比的講的，四
個腳的就是「獸」，二個膀子的就是「禽」。「无禽」，這個「禽」
是代表所有的蟲、魚、鳥、獸，「无禽」就是裡頭沒有禽，內卦為
巽，巽為雉，雉、禽也，這個卦是由〈泰〉卦來的，〈泰〉卦內卦是
乾，不是巽，所以「无禽」。這是講象，意思是什麼呢？我們補養身
體，不能馬上就進補喔！馬上進補，身體裡面有氣脈不和，有什麼不
大清楚的地方，這個補反倒補出毛病來了，所以在補養之初，一定要
先有調理。養民、養國也是如此，我們想把這個國家培養得很壯大，
不是萬謀俱發，一蹴可幾的，第一個力量辦不到，第二個，是不是老

百姓所需要的，還是個問題。所以事先一定要把這個國家社會經過一番調理，知道它所需要的是什麼？它虧空的在什麼地方？需要補養的在什麼地方？這個養民、養國，事先都有這個程序的。「井泥不食，舊井无禽」，就表示我們在井養的頭一個階段啊！「井泥」，井裡頭有泥，還沒有發揮井養的功能，就不能夠養。「舊井无禽」，這個〈井〉卦並不是乾、坤剛開始的階段，而是在宇宙發展的過程中的一個階段。拿身體來講，不是小孩子剛剛出生的時候，是這個身體已經出生成人了，是中間那個階段。既然是中間那個階段，當然它有前一個階段，在前一個階段，有個狀況－「舊井无禽」。我們為什麼要養呢？就是過去失掉調養了，假使過去一向在養，就談不上養。所謂「舊井无禽」，就表示過去那個舊的階段裡頭，沒有養東西，也養不了東西，連這個蟲、魚、鳥、獸都養不了，何況乎養人？所以這一爻就表示在致養的前一個階段，應當要經過調理的程序，不能夠冒冒然而就致養。

九二：井谷射鮒，甕敝漏。

二爻怎麼講「井谷」呢？這個卦三、四、五、上都得位的，不得位的，只有初爻，二爻兩爻。二爻既不得位，就要變，二爻一變，內體就變成艮，艮為山；外卦是坎，坎為隱伏、為幽暗。山在幽暗之下，「谷」也。山谷裡頭有溪流，井不收底，井不收底，這個水就淌掉了，這是「井谷」之象。「射鮒」，「射」者小魚也，巽為「魚」，巽在底下，那個巽不壯，所以「小魚」。高頭三、四、五互成離，外卦四、五、上為坎；坎為弓，離為矢，有「射」之象。同時，〈泰〉卦五爻下來到初爻，底下變成巽，高頭變成坎，坎為水，

水有下地之象，水下地，也有「射」之象。

　　「甕敝漏」，「甕」就是前頭卦辭裡講的「瓶」。這個卦是從〈泰〉卦來的，〈泰〉卦外卦是坤，坤爲土，坤爲器，泥土做的器，就是瓦器，瓦器就是「甕」。卦象裡，「甕」的象很多，三、四、五互成離，離中虛，是大肚子；同時二、三、四互成兌，兌爲口，一個大肚子而有個嘴，那不是「甕」嗎？可是兌爲口，由初至四有反兌之象，兌口朝下，就「甕敝漏」，甕壞了，漏水了。以上是象，至於意義呢？看〈井〉卦，頂要緊的有一點，碰到這個「陽」啊！就是有「水」的象徵，就是有「養的原料」，碰到「陰」就是代表「井」。

　　「井谷射鮒」，這個九二固然是「陽」，井裡頭有水，可以養，但是「井」還沒有整理得好，它本身的工具還不夠，就像一個谷一樣，底下漏水，只能養小魚，不能夠養人的。「甕敝漏」，這個汲水的瓶子壞了，漏水了，不能夠致養。這個就國家的現象來看，就表示他所養的都是那些宵小，不能夠普及老百姓，固然九二是代表可以養了，但是所養的這個東西沒有用。

九三：井渫不食，爲我心惻，可用汲，王明，並受其福。

　　「渫」字，意思就是把它弄乾淨、弄整齊。三爻居巽，在後天八卦裡頭：「帝出乎震，齊乎巽，相見乎離，致役乎坤，說言乎兌，戰乎乾，勞乎坎，成言乎艮。」「齊乎巽」，是「絜齊乎巽」，「絜齊乎巽」是什麼意思呢？就是把它搞乾淨了，搞整齊了。巽卦在後天八卦裡代表這個「絜齊乎巽」，所以有「渫」之象。初爻有「泥」，二爻是「谷」，三爻乾淨了，不再是「井泥」了，不漏了，不再是「井谷」了，整齊了，但是還是「不食」之象。爲什麼還是「不食」

之象？因爲初爻至四反兌，兌爲口，有「食」之象，反兌，所以「不食」；同時，還在內卦，還是準備階段，所以「不食」。

「爲我心惻」，因爲這一卦本來是從〈泰〉卦來的，〈泰〉卦外體是坤，三爻和上爻是相應，上爻居坤，「致役乎坤」，「坤作成物」，「爲」之象也。坤爲自，自者「我」也。三爻應上，上居坎，坎爲心智，坎爲加憂，「心惻」之象也。

「可用汲」，坤爲「用」，三爻互兌，兌爲口，高頭是坎水，口上已經有水了，可以「汲」水了；同時，兌爲「繩」，繩子可以把它拉上去，「可用汲」之象。

「王明」，孔子在〈小象〉加一個「求」字、就是怕人家不懂「王明」這二個字的意思。我們剛才講這個〈井〉卦裡頭，陽爻都是致養的原料，陰爻都是代表井的現象。所謂「致養」，就是〈泰〉卦的外體是坤陰，是個死東西哦！那麼這個初陽上去居五，開化這個坤陰，這個坤陰一經開化，就變的活潑了，有生機了，這就是「養」的現象。可是，這個「陽」在易例裡頭，初爻是「潛龍勿用」，不能發揮揚的作用，只有三爻和五爻能夠代表陽，發揮陽的作用。三、五同功，三是幫助五的，五是可以吸引三的，這二個是同心協力的東西。「王」指「五」，「五」居天子之位，有「王」之象。三、四、五互離，離爲「明」，所以講「王明」。「王明」就是在上的是聰明睿智的，可以把「三」吸引上去的意思。

「並受其福」，這個「並」字，有二個意義，第一個是指「五」，「五」把「三」吸引上去，「三」、「五」兩個力量共同來養。主養的兩個陽爻都好，所以說「並受其福」。第二個是指主養的

陽爻與受養的陰爻，主養的固然是好，受養的也是好，所以說「並受其福」。福是福祉的意思，乾爲福。這象是如此，意義是什麼？「井渫不食」就是說這個井已經乾淨、整齊了，可是還沒有發生養的作用。拿人來講，表示這個人很有德操、很有才能，不爲當時所用。「爲我心惻」，先儒解釋：「誰在爲我心惻呢？另外的人，爲我心惻。」這個曲解了。他這個解釋根據〈小象〉「行惻也」，行路人來對我難過。事實上，「爲我心惻」，「爲」字當「是」字講，「我心」二字要連起來講，「我心惻」，就是我心裡很難受、很痛苦。我心痛什麼呢？我心痛已經有很好的井，很可以吃的東西，但是你不吃，這就表示應該致養，還沒有致養。「可用汲」，可以汲水了。「王明」，「王」在宇宙來講，就是主宰者；在社會來講，就是當權的君子。「王明」就是我們希望當權的君子是是通達的、明白的，不要放棄時機，趕緊的把他在下的賢人汲上來。「並受其福」，把在下的賢人汲上來，不僅是王者之福，也是在下的賢人之福。這一爻就是有「誡詞」，要主宰的聰明睿智，到了時機，就要及時引進這個「水」賢人君子，「水」是營養的東西，賢人君子就是社會上的養料，賢人君子在社會上能夠發揮作用，社會就會好，所以賢人君子等於社會上的養料。

六四：井甃，无咎。

「井甃」就是把井壁砌好，四本來居〈泰〉卦外卦的坤，坤爲土，現在外卦變成坎，坎爲水，水把土融合了；同時，三、四、五爻互成離，離爲火，離火這一燒，就燒成「瓦器」，瓦器就可以砌成井壁，所以講「井甃」。這是象，意思是什麼呢？在第四個階段，已經

到了外卦了。我們剛剛講過，這個「養」一定要經過準備的程序。內卦的三爻都還是在準備的階段，第三爻雖是乾淨、整齊了，但是還在準備的階段，還沒有吃，還沒有發揮「養」的作用。到第四個階段，已經到了外體了，應當致養了，「井甃」就是所有的井都把它重新砌好。就社會國家來講，就是所有的社會的毛病，都把它調理好，變的很健康，那這個國家不是沒有毛病了嗎？所以講「井甃，无咎」。

六五：井冽寒泉食。

到了第五個階段就發揮「井」的作用了。「冽」者，清潔也，因為五爻和二爻是居應位，二居巽，巽是搞的整齊、清潔。「寒泉」，因為這是五月卦，在十二辟卦是〈姤〉卦，〈姤〉卦是夏至一陰生，一陰生於下，就是井裡頭水冒出來了，井水「夏涼而冬暖」，所以講「寒泉」，鑿井一定要「地脈鍾泉」的地方，不是「地脈鍾泉」的地方。當然打井，也可以打得水出來，但是水不好吃，或是酸、或是苦、或是發澀，「地脈鍾泉」的地方，那井水打出來，一定是甜的。我們現在關於祖宗交下來的智識都丟完了，洋化以後，以為自己家裡沒有東西，其實我們各種經典裡記載的很多，但是我們現在很少的人看書啊！我不客氣的講，在學校讀的那些書，都是七鑽八鑽的鑽那些書碴子，讀政治學的，讀西洋政治制度史，西洋文化史，好像中國從來沒有文化，沒有政治，也沒有制度，一定要在西洋搬，這個都是一種亡國現象，自己糟蹋自己，很不好的，像這些普通老百姓都曉得的常識，現在大家都不大注重。以上是講象，至於意思呢？我們無論養什麼東西，「十年樹木，百年樹人」，要培養一個社會、一個國家，不是一蹴而幾的，那要煞費經營。〈井〉卦就是啟示我們，「養」

要經過這些階層，初爻是「无禽」，二爻是「射鮒」，三爻是「王明」，四爻是「井甃」。經過這些不同的階段，到了五爻才能夠發揮他真正「井養」的作用。所以「井冽寒泉食」，就是井養到了最好的程度，到了最高的程度。「食」就是「飲」，我們看《漢書‧于定國傳》：「食酒至數石，不亂。」足見「食」就是「飲」。

上六：井收勿幕，有孚，元吉。

到著上六，水已經上去了，水上去了，那個繩子把它「收」回來，所以講「收」；同時，上六已經到了卦末，也有「收」之象，收者有結束之意。「勿幕」，這個卦是從〈泰〉卦來的，〈泰〉卦外體是坤，坤為「布」，有「幕」之象。往年井不用，就拿布幕蓋起來，免得搞髒了，因為上爻是個二斷，有個口，敞的，沒有收，所以有「勿幕」之象。

「有孚，元吉」，上爻居坎，坎為孚，這個卦「孚」字非常的明朗。這個卦是上爻近於五爻而應三爻，上爻是陰爻，三爻、五爻是陽爻，我們剛才講陽爻是化陰爻的，等於君子開化一般小人的社會，使得一般無知的社會很文明了，很欣欣向榮了。也等於自然界的現象，那個陽－春雷奮發了，把所有的樹木花果都奮發了，生機都展開了一樣的道理。現在這個三爻和五爻都來集中化上六這個陰，上六這個陰，近五而又應三，陰陽之間非常之融合，陽爻對於陰爻的開化，已經到了最飽和的程度了，這是「有孚」，就是裡頭兩情融洽、陰陽無間、無微不至，到了這個程度。「元」者乾元，《易經》固然「乾，元亨利貞」、「坤，元亨利牝馬之貞」，有乾元、有坤元，但是真正講開始的這個「元」，還是講乾元，坤不能生「元」啊！因為數有

「一」，然後才有「二」，最開始的時候，還是「一」，「一」才是乾元，「二」是坤元，所以講到宇宙的根本還是乾元。

　　「元吉」就是乾元到了五，就發揮它最高的功能了，這是「元吉」。那麼這個五爻不講「元」，在上爻講「元」，什麼道理呢？這看什麼卦，在〈井〉卦裡頭講，養不惜其久、不惜其高。比方，這個國家養強了，強了，還要強，養不惜其久、不惜其高。因為〈井〉卦是這個性能，所以〈井〉卦講乾元，固然是指五爻，但是五爻到了上爻，才發揮最高的功用，因此在五爻不講「元」，在上爻講「元」，道理就在此。現在講這一爻的意義，「井收勿幕」，就是「井」到了「收束」的時候，那個井的繩子，拿轆轤把他捲起來。但是，雖然收束了，而「勿幕」──不要把它蓋起來。「勿幕」是什麼意思呢？「不專其力，不私其有」，就是任何人都可以養，養之無微不至，不論男女、老少，都能吸收這個井水的養料，這個養是大公無我的。「井收勿幕」是「形式」上把這個東西敞開來了，大家來求養，不是那一個私人的，可是在「心情」上要「有孚」，我受了養，我想到你；你受了養，你想到他；他受了養，又想到我。大家內心都有共同致養的心情：我唯恐你不致養，你唯恐他不致養，他唯恐我不致養。互相關照，互相致養，互通聲氣，融成一體。到了這個程度，就「元吉」。所以我們做這個養的功夫，謀國的做養民的工作，不是那麼簡單的。第一個要經過那麼多的程序，第二個還要把工具調理好，第三個要把原來社會的毛病清理掉。經過這些程序後，才能談得上致養，致養養的愈久愈好、養得愈高愈好，而且養要公平，不專其有，不私其力，大家一體而致養。而且彼此心情都互相通聲氣的，這樣才談得上養，不但是技術、程序要注意，內心還要注意最高的德性，才能談的上養民養國。

肆、象傳

象曰：巽乎水而上水，井。改邑不改井，乃以剛中也。无喪无得、往來井井，井養而不窮也。汔至亦未繘井，未有功也。羸其瓶，是以凶也。

這一卦〈象傳〉，脫誤非常之多，也很明顯，改正如上。

「巽乎水而上水，井」，內卦是巽，外卦是坎，坎為水，巽為繩、為入。「巽乎水而上水」，就是把繩子入到水裡頭，再把繩子拉上來，往年中國的井，就是這樣。第一個是解釋「井」的現象。

「改邑不改井，乃以剛中也」，「改邑不改井」，孔子的解釋，就是「乃以剛中也」。因為「剛中」而「改邑不改井」，〈泰〉卦的外卦是坤，坤為邑，〈泰〉卦初爻上去居五，把這坤體搞變了，所以講「改邑」。但是，初爻上去居五，五爻就下來居初，就成〈井〉，〈井〉象還存在，所以講「不改井」。「改邑不改井」，是因為初爻上去居五，五為「剛」爻居「中」，所以講：「改邑不改井，乃以剛中也。」這是講象，意義呢？「改邑不改井，乃以剛中也」，就是說儘管朝代變更，可是國家的老百姓的息養之道並沒有改，吃飯、穿衣、睡覺，還是那樣子的，還是禮樂之邦，以禮以樂，這個沒有改。為什麼呢？因為那個息養之道的陽剛正氣恰到好處，我們息養之道，拿宇宙的陽剛正氣做自己的主宰，那永遠不變的啊！所以「改邑不改井，乃以剛中也。」

「无喪无得、往來井井，井養之道不窮也」，坤為喪，乾為得。初爻上去了，坤體變了，坤本來是喪，就不喪了，所以「无

喪」。五爻下來，乾體破，乾為得，乾體破，也沒有得，所以「无得」。「无喪无得」，意思就是說沒有偏於一方，沒有說我今天對肝特別好，對脾不好，明天對心臟好，對腎臟不好，沒有這個道理。我們吃的東西，五臟都養，沒有哪一臟不養的，養這個而不養那一個，沒有這個道理。

「往來井井」，往也是井，來也是井，過去我們在卦辭講，初往而居坤，坤在未上，未上值「井」，五爻下來變成巽，巽也是在未上，未上又是值「井」，所以往也是井，來也是井。井者養也，往也是養，來也是養，等於我們心養脾，脾養肺，肺養腎，腎養肝，彼此往來。這一臟養這一臟，五臟六腑互相養育，五臟六腑的循環都能養，往也是養，來也是養，生機是不斷的，所以「往來井井」。「无喪无得、往來井井」，這樣子才能夠井養，所以孔子講：「井養而不窮也。」「不窮」之象哪兒來的？因為〈井〉卦是初爻上去、五爻下來，一上一下，有「不窮」之象。

「汔至亦未繘井，未有功也」，「汔至」就是說近乎水了，那個地底下泉水冒得很深了，「亦未繘井」，你還沒有把那個繩子放下去，來拉這個水，來吃這個水，那不是喪失時機嗎？那這個樣子，就「未有功也」。這個是講三爻的，三爻近乎水而還沒汲水，「三多凶，五多功」，三沒有功，所以「未有功也」。

「羸其瓶，是以凶也」，〈泰〉卦外卦本來是坤，坤下來了，坤為器、為土；土製的器皿，「瓶」之象也，在本卦裡頭，也有瓶象，三、四、五互離，離中虛，是個大肚子，二、三、四互兌，兌為口，大肚子而有口，那不是「瓶」嗎？「羸」本來當「瘦」字講，巽，兌口朝下，就表示瓶子在水裡反掉了，瓶口朝下，水都倒掉了，所

以講「羸」，水都倒掉了，「物不得其用」，所以講「凶」。孔子在這最後二條的解釋，就是告訴我們致養第一個要「物得其用」，不要「羸」其「瓶」，第二個要「用得其時」，「汔至，亦未繘井」，不好，「汔至」，就要「繘井」。

伍、大小象傳

象曰：木上有水，井。君子以勞民勸相。

　　巽卦在下，坎卦在上，巽爲木，坎爲水，木上有水的現象，就叫做「井」。「木上有水，井」，什麼意思呢？我們一切的樹木高頭都要有水，才能夠得養之功；沒有水，就乾掉了，就枯掉了，就不能養。所以木上有水，才能夠成爲井養。「君子以勞民勸相」，〈泰〉卦內體爲乾，乾爲「君子」，「勞」，本卦外卦爲坎卦，坎爲「勞」卦；同時，〈泰〉卦初爻上去居五，五爻下來居初，一上一下，也有「勞」之象。「勸」，二、三、四互成兌，兌爲口，內卦爲巽，巽爲申命，用口申命，「勸」之象也。「相」有輔助的意思、左右的意思，在左右輔助的人，就是「相」。本卦二、三、四互兌，兌居西方，西方是右方，以南面稱孤的人看：〈泰〉卦三、四、五互震，震居東方，東方是左方，以南面稱孤的人看。震居左，兌居右，有左右之象，在〈泰〉卦裡講：「以左右民。」木上有水，才能夠養；木上沒有水，就不能夠養。君子覺得這個「養」很重要，於是就法這個象，「以勞民勸相」。「勞民」，往年當天子並不舒服，假使有一個人不得其養，有一地不得其利，天子之罪也；到了農耕的那個節令，天子就行于四方，慰勞老百姓，安頓老百姓，使令老百姓個個心情

向上，這就是「勞民」。「勸相」。「勸」就是勸導老百姓。人上一百，形形色色，老百姓裡有良有莠，當然有壞的，有壞的就勸導他。「相」就是輔助老百姓，老百姓中有低能的，你天子就要輔助他，這個就是井養之道。

初六象曰：井泥不食，下也。舊井无禽，時舍也。

「井泥不食」，就是井裡頭有泥，不能吃，為什麼「井泥不食」呢？因為「下也」，因為井水在底下，還沒有上來。「舊井无禽，時舍也」，既然是「舊井」，廢棄的井，當然是「无禽」，既然是「无禽」，裡頭什麼東西都不能養。換句話說，就是不是致養的時候，所以講：「時舍也。」這個卦有「時」的象，〈泰〉卦三、四、五互震，震為春；本卦二、三、四互兌，兌為秋；三、四、五互離，離為夏；外卦為坎，坎為冬。春、夏、秋、冬四時都有。〈井〉卦裡，「時」間最重要，「汔至，亦未繘井，未有功也」，就是說你不得其「時」，就未有功也。「時舍」，這個「時」間舍棄了，也就是說不是致養的時間，「舊井无禽」，當然不是致養的時間，所以「時舍也」。

九二象曰：井谷射鮒，无與也。

「井谷射鮒」，井裡頭，就像山谷一樣，漏水了，只能夠養那些小魚，為什麼呢？因為「无與也」，二爻雖是陽，但是居陰位，它不能和三爻合成一氣，和五爻是敵應，也不能合成一氣。就是說三爻不能幫它的忙，五爻也不能幫它的忙，沒有相與的，不能發揮陽的作用。

九三象曰：井渫不食，行惻也。求王明，受福也。

「井渫不食，行惻也」，就是說井已經很乾淨了，你還不吃，這種行爲非常心痛的。先儒把「行」解釋成「行路之人」，這裡頭沒有行路之人的現象啊！因此，「行」還是當「行爲」講。在〈泰〉卦，三爻居震，震爲「行」。

「求王明，受福也」，孔子特別加一個字－「求」字，他認爲周公繫這個爻辭，「王明，並受其福」，「王明」，不曉得講什東西啊？加一個「求」字就清楚了。三爻求「王明」，就是求「五」。三、五都是得位之陽，三之陽還是「君子終日乾乾，夕惕若厲」的時候，火候還沒有到堂；五之陽是飛龍在天，乾元發揮作用了。三爻「井渫不食」，不爲所用，求「王明」，求這個五爻明白通達，來吸引他，來幫助他，這樣子，才能「受福也」。

六四象曰：井甃、无咎，脩井也。

《子夏易傳》：「甃，脩治也。」前面在講爻辭的時候，講過「甃」的象，這個水融土，火蒸土，有「甃」之象。「甃」就是脩井，所以講「井甃、无咎，脩井也」。

九五象曰：寒泉之食，中正也。

五爻居中得正，就表示這個泉水，致養的養料已經恰到好處而正確的時候了。

上六象曰：元吉在上，大成也。

　　井養之道，以久為宜，不是今天養了，明天就不養，比方我們吃飯、穿衣吧！天天吃飯、穿衣，永遠的在吃飯，永遠的在穿衣，井養之道，就是要久。愈久，井養的功能就愈能成其大，愈能達到圓滿，所以上六可以講：「元吉在上，大成也。」這個成就才是大的成就，上六是近五而應三，所有的陽都來開化它，所以成就非常之大。「大」者指陽而言，「成」者指陰而言。「坤作成物」，坤有「成」之象，三、五兩個陽，都來化這個陰，陰於是乎就得「成」了，於是就變成「大成」的現象。所謂「大成」，就表示井養的功能到著最後最圓滿的時候，不但是「井收勿幕」，大家都來致養，而在彼此的心情上都互相關照，我惟恐你沒有致養，你惟恐他沒有致養，我同情你要致養，他同情我要致養，彼此互相同情，和同一氣，共同致養，這個才是「大成」，所以「元吉在上，大成也」。

第四十九卦

革卦

周鼎珩講　桂少庚記錄

革

兌　離
上　下

—— 此係〈坎〉宮四世卦，消息三月，旁通〈蒙〉，反對〈鼎〉。

壹、總說

佈卦的次序

　　我們根據歷史的演進，每每的經過一段太平時期，接著就是一段混亂，混亂到了相當的程度，便有一番改革而改朝換代，經過改革以後，又漸漸走上軌道而表現出太平的景象，歷史上就是這樣的治亂相尋，從沒有個永遠的太平。這是什麼道理呢？因為在太平時期的社會，彼此之間，熙和相養，可是過久了，社會的環節，自然而然就會鬆了勁，好多地方便銜接不起來，甚至脫了節。於是乎就形成混亂，混亂到了極限，必然的會走向改革的途徑，也就是在〈井〉卦致養之

後，接著非〈革〉卦的改革不可。

〈序卦傳〉曰：「井道不可不革，故受之以〈革〉。」在此有一疑問，〈井〉卦辭曰：「改邑不改井。」井既不改，爲何〈井〉後要〈革〉？這得分兩層來說，「改邑不改井」的意思，是說井養之道，但井之本身還是一個體，天下有永久不變之道，而無永久不壞之存，井如沿用時間過久，勢必至於敗壞，所謂「井泥不食」、「井谷射鮒」，亦即敗壞之井也，井至敗壞，必須修治，《後漢書·禮儀中》云：「至立秋，如故事。是日浚井改水，日冬至，鑽燧改火云。」浚井改水，是爲「井」後，受「革」之義。反觀我們自身的五臟，心屬火而生土以養脾，脾屬土而生金以養肺，肺屬金而生水以養腎，腎屬水而生木以養肝，肝屬木而生火以養心。五臟本來是互相滋養，但養之既久，難免不壞，而須加以醫療，是亦「井」後受「革」之義也，此所以在〈井〉卦之後繼之以〈革〉，革是表示一切較爲重大之變革現象。

成卦的體例

第一個體象，東漢·許慎《說文解字》云：「革，獸皮治去其毛，革更之。」又云：「𩬸（革），古文革。從卅。卅年爲一世而道更也。臼聲。」所謂「卅」，清·段玉裁注云：「上廿下十，是三十也。」段注又據「卅年爲一世而道更也」而推論曰：「據此則革之本訓更。後以爲皮去毛之字。」故「革」本爲改舊之義。至於「皮去毛」之義是後來才有的。〈革〉卦兌上離下，兌爲金，離爲火，明末清初的黃宗羲《易學象數論》說：「〈革〉有爐鞴之象，離火鼓鑄，兌金而金從革也。」以火革金也，〈革〉之內體離，於五行屬火，而

外體兌，則於五行屬金。兌金居於離火，離火炎上，兌金爲其所煉，金之爲質固然是很堅硬，而金之特性卻富於延展，相當的柔嫩，經不起火煉，火煉了，於是乎就變了形態，絕不能保持原有的面貌。《尚書‧洪範》曰：「從革作辛。」義即金之性從火而銷鑠也，革爲兌金，從離火而銷鑠，以變更其形態，即〈革〉之象也。兌水是水之所鍾也，鍾者聚也，是止水，坎則爲流水，塞坎成兌，水不流矣。坎水是流通的，水性向下流，火也是流通的，在氣化，則火性向上，水是濕潤的氣化，火是燥熱的氣化，二氣相合成不濕不燥，故曰「水火〈既濟〉」。六爻大定，水火不相害也，但〈革〉外卦非坎，塞坎成兌，不流通了，水止而離火向上，兌水不滅火，離火必消兌水，故不能如〈既濟〉卦有不濕不燥的完美境界。因此，彼此脫節，不革則不能維持下去。革者，改革原來形狀，如獸皮治去其毛也。

　　第二個體象，〈革〉卦內體離屬火，外體兌爲澤而屬水，《國語‧周語下》：「澤，水之鍾也。」意即澤爲水之聚處，而爲止水。蓋兌爲坎之半見，塞坎以成兌也，坎爲流動之水，故坎有通象，塞坎之下化以成兌，即不通矣。以坎、離成卦而爲水火〈既濟〉，而以兌、離成卦，則爲澤火〈革〉。凡卦之所言水、火、木、金、土，皆言其氣也，坎之爲水，其氣通暢，而與離火之氣往來相通，亦即濕潤之氣（坎水）與燥熱之氣（離火）相與往來，不但不衝突，且有調和之功能存乎其間，使之不濕不燥，所以成其爲水火〈既濟〉。至於塞坎成兌，兌澤之止水，其爲氣也，非如坎水流暢之氣，而表現固滯不通之象。其居離火之上，而火性上熾，勢必爲火所蒸發而至於乾涸。反過來，如離火之力不足，則將被固滯不通之兌澤水氣所滅。試觀〈革〉卦六爻，初、二、三、五、上各爻皆正，只有塞坎成兌之四爻

不正，以致阻隔上下之卦氣，此其所以必須革也。後天八卦兌、離之間摻有坤土（見下圖），往年冶金，斷裂則以土延之。義即金火之間發生種種變化要用土來延續，可見金遇火會產生種種變化。

後天八卦

　　第三個體象，卦兼兌澤、離火，兌澤趨下，離火炎上，兩性相成。塞坎成兌，而為止水，與離火不能往來相通，故火澤為〈睽〉，而澤火為〈革〉，皆所以表示其兩不相能也。〈睽〉之〈象〉曰：「二女同居，其志不同行。」〈革〉之〈象〉曰：「二女同居，其志不相得。」以卦氣而言，二者有其近似之處，但亦有其不同之處。〈睽〉因初爻尚屬得位居正，如初爻變，則成〈未濟〉而六爻皆亂矣，故〈睽〉僅「小事吉」，不能有所大行也。〈革〉只四爻失位不正，如四爻變，則成〈既濟〉大定，而六爻皆正矣，故〈革〉可以「元亨利貞」而「悔亡」，此所以〈睽〉之後而為蹇難之〈蹇〉而已，〈革〉之後則為鼎盛之〈鼎〉。是居〈睽〉只可以消極保持，求其〈睽〉之程度不擴大；而居〈革〉則不然，可以大有為矣。〈睽〉火在止水之上，兩不相干，不須變化；〈革〉則止水在火上，二者相

害，要有變化。

第四個體象，整個〈革〉之卦體其關鍵即在九四一爻，九四一爻居中阻隔，使其上下卦氣不流通，非革不可。蓋九四塞坎成兌，變爲止水，既是止水而居離火之上，非水滅火，則火涸水，所以澤火便淪爲〈革〉，而澤水便淪爲〈困〉，皆由於九四一爻居中阻隔所致也。困非九四而上下兩坎流通，〈革〉非九四而上下水火〈既濟〉，故〈革〉至九四不僅「悔亡」，而且獲有「改命」之「吉」。但九四居於外卦，以六爻而言，已過半矣，可見〈革〉之大行，非貿貿然可以爲之。

立卦的意義

第一，天氣燥熱到了極限的時候，接著就變成風雨，風雨到了極限的時候，接著又變成晴朗的天氣。變革是一件大事，從宇宙現象至社會現象，不到極限，不會輕於變革，因爲到了極限，非變革不可。於是乎就順應這種機會去從事變革，當然很容易成功。過去武王陳兵盟津之上，諸侯不期而會者八百國，皆曰：「紂可伐矣。」武王曰：「爾未知天命。」乃還歸，至紂殺比干、囚箕子，乃伐之，蓋以紂雖不道，其惡迹尚未昭彰以至於極限也。可是現象已經到了極限，而坐失時機，不去變革，那就會加深其敗壞，甚至淪於萬劫不復之境地。

第二，一切現象，尤其是人事現象，是否已經走到了極限？變革的時機是否已經來臨？我們應該怎樣去觀察，才能獲得正確的認識。這可以從〈象傳〉上：「湯武革命，順乎天而應乎人。」兩句話來體會，所謂「順乎天」，就是順乎天命；所謂「應乎人」，就是應乎人心。天命如何去看？其實天命與人心息息相關，天命之所在就是人心

之所趨，由人心便可以觀天命。

貳、彖辭（即卦辭）

〈革〉：己日乃孚，元亨利貞，悔亡。

　　〈革〉內離爲日納己，故曰「己日」，在宋儒則錯解爲「已日」。「乃孚」，革而信之也，天下皆心悅誠服，我響彼應，很融洽地萬眾一心。「己日乃孚」，乃指二爻，二爻應五，五爻坎爻，且四不正，要變，亦成坎，坎爲「孚」。「元亨利貞」，〈革〉二至上內包括乾陽，有〈乾〉「元亨利貞」之德性，〈革〉至四爻才講「革」，〈乾〉卦〈文言〉說明九四的「或躍在淵」時，講「乾道乃革」。〈革〉至四爻，具備了〈乾〉卦的德性，〈乾〉代表宇宙開天闢地，萬物之始延展下去者，〈革〉也是開天闢地，除舊布新重頭開始也。「悔亡」，五爻皆正，獨四不正，使令四正，則「悔亡」矣。

　　「己日」有數說：第一說，十天干－甲、乙、丙、丁、戊、己、庚、辛、壬、癸，十天干則天機埋藏其間也。甲至戊爲前五干，己至癸爲後五干，「己」居後五干，過半也。時間過半乃壞，至其惡極昭影，盡人皆知，可革之。九四不正，已暴露於外，可革也；若未至外體，乃惡尚未暴露於外。「己日」過半，已惡極昭影，如此而革，「乃孚」，乃取信於天下也。第二說，「己日」，浹日也，浹日，一週十日也，己後是庚（兌納金乃從庚日起），庚者，更也，變更之義，由庚至己剛好十天，浹日也，表示一個循環，也表示持久的意思。第三說，文王後天八卦，兌、離間隔坤土。艮，陽土，戊土也；坤，陰土，己土也；離火燒兌金。以第一說爲最妥。在時間或位

置上要「己日乃孚」，如離之中爻居中得正，才能言革。若居統治者之位，則「大人虎變」；若為一般老百姓，要居中得正，居「己日」之位才能取得天下之信服，且一開始要計劃得很周到，而能貫徹，「元」也；二要做法能通暢無阻，不能有疙瘩，「亨」也；三要適宜且協和，「利」也；四要其結果能穩定垂久，「貞」也，這樣才能「悔亡」。

參、爻辭

初九：鞏用黃牛之革。

「鞏」，鞏固也，二陽四陰之卦皆來自〈遯〉與〈大壯〉，〈革〉則從〈遯〉而來，卦變是有階層的（見下圖）。〈遯〉內艮，〈革〉初變亦為艮，艮止為山，山是穩固的，故曰「鞏」。

遯　　无妄　　家人　　離　　革

「用」，在〈遯〉初為陰爻，坤為「用」也。「黃牛」，〈革〉內離為「黃」，亦為「牛」；〈革〉通〈蒙〉，〈蒙〉中藏有坤、離，「黃牛」。〈蒙〉初、四相應，四藏坤中，坤為「牛」，坤為土，土，「黃」色，「黃牛」也。「革」，艮為膚，革也。在〈革〉卦剛開始，阻塞不通之環境現象剛開始，要能穩定住，用黃牛皮很結實地裹起來，不使亂動，因為革之初要觀察週遭的現象，不可

貿貿然去革也。

六二：己日乃革之。征吉，无咎。

「己日」在時間來講是要過半數（一段時間），在位置來講是要居中得正，在二爻講位置，在四爻講時間。「己日乃革之」，二爻居中得正，得位也，在社會上已能盤根錯節有地位之喻也，紮實了根基，改革的力量已鞏固，才可以言革。內體居中而得正，而外在相應的君子大人都相呼應，有這種環境才可以革。「征吉，无咎」，〈革〉旁通〈蒙〉，二居震爲行，行者「征」也，「征吉」者可以往前行進也。因爲外卦社會君子大人都相呼應也，能如此，就「无咎」，沒有災禍。

九三：征凶，貞厲，革言三就，有孚。

「征凶，貞厲」，三上相應，三爻剛猛。蓋陽居三最剛，蠢蠢欲動，〈革〉旁通〈蒙〉，三居震，向外行動也，所以講「征」。二爻言「己日乃革之」，是作革之準備而已，還未到革之關鍵；四爻才是關鍵所在，〈革〉之目標是在〈革〉四。三居上，成天雷〈无妄〉，不能言革了，但若九三不動，則很危險，往前是凶，所以講「征凶」；不動而處革，卦之內體又是很危險，所以講「貞厲」。「言」，討論檢討也，兌爲「言」。「三」，離數「三」，乾陽三爻三、四、五相連，亦「三」也。「就」，遷就也、因應也。革是改革現象，要遷就現象去改革，不能離開現象而言革也。「有孚」，才能使人心悅誠服而取信。三爻發展向前是凶，不動而處革之環境又很危險，此時要一而再，再而三的討論改革之道。這現象以前的各階段及

敗壞之因，再檢討以後各階段可能發生的現象，才能達到有孚融洽的境界。「革言三就」，是因應現象，探討現象也。

九四：悔亡，有孚。改命，吉。

「悔亡」，四爻不正，把上下二氣阻隔不通；四變正，則〈革〉成水火〈既濟〉，六爻皆正。四爻塞坎成兌，坎水不流而死而止，上下不交流則有損耗，不是濕潤之氣滅火，就是躁熱之氣熬乾水，故若四爻之正，就「悔亡」了。「有孚」，九四是眞正到了「己日乃孚」的階段。「悔亡」沒有損耗，還不夠，還要「有孚」。四之正，外體三、四、五互坎爲「孚」，且四變爲陰，與五爻之陽能諧和融洽成一體，「有孚」也。「改命，吉」，〈革〉二、三、四互巽爲「命」，四變正，則巽體變坎，外體四、五、上亦成坎，內外二坎相通，故曰「改命，吉」也。到了九四，是改革變更的時候了，但先要有如下的條件：第一，「悔亡」，沒有懊惱損失。第二，「有孚」，這種改革能使天下心悅誠服，人我和諧地結合成一體，相當於成湯征夏桀時，東面而征，西夷怨，南面而征，北狄怨，這種樣子才是「有孚」的境界，在這種條件下可以「改命」。天賦的結構叫「命」，如天生瘦的不能變胖，天生矮的不能變高。自然現象如此，國家社會亦乎如此，國家體制已定，這種體制組織也就是國家的「命」，「改命」是變更國家組織，如改朝換代易國號，改禮儀，變更社會風習等一切生活體制也。九四過半，已可革，能有如此條件，「吉」也。革命不是輕易可爲，若不能具備「悔亡」、「有孚」的條件，則革而又革，國家是承受不起的。

九五：大人虎變，未占有孚。

「大人」，五居人位而爲陽爻，有「大人」之象；〈革〉來自〈遯〉，〈遯〉五居乾，〈乾〉五爲「大人」。「虎變」有兩說：第一說，虞翻說〈革〉旁通〈蒙〉，〈蒙〉五居坤爲「虎」，〈蒙〉變成〈革〉，〈乾〉五爲「大人」，故曰「大人虎變」。第二說，外兌居西，在二十八宿中，東蒼龍，西白虎，兌有「虎」之象，乾有「大人」之象；六、七、八、九數中，六老陰，九老陽，七、八不變，九、六變，九是變爻，五居九，故稱「大人虎變」也。「未占有孚」，在〈蒙〉卦講「筮」，在〈革〉卦講「占」，二者意義相同。蓋〈蒙〉、〈革〉旁通也，〈蒙〉是隱伏幽暗朦朧，故要「筮」，變成〈革〉卦。內離文明，外兌亦光明，事態清楚明瞭，不用再「占筮」了，故「未占有孚」，不要問，裡頭自然融洽。到了五爻「大人虎變」，「虎變」有二種意思：第一，變得很果斷如虎之剛猛也。第二，革除去獸皮之毛再炮製成革，虎變乃變得很有光彩。意即變得剛斷而很有光彩，因爲對事情看得清楚才能果斷，能明白自然能果斷也，不清楚才會遲疑，知之太深，行之太切也。又爲何變得很有光彩呢？因爲做得很切實，切實才有光彩也。在位之主宰者能有九五大人的德操，且變得果斷而很有文采，這樣子做，不用再卜占而問，一定能天下融洽成一體，大家心悅誠服也。

上六：君子豹變，小人革面，征凶，居貞吉。

「君子豹變」，九五是「龍飛在天，利見大人」，有「大人」之象。上六有其德而無其位，陰爻是大人之類而次於大人者爲「君子」，上應三，三「君子終日乾乾」，故曰「君子」。「豹變」，東

漢・許慎《說文解字》曰：「豹似虎。」東漢・陸績曰：「兌之陽爻稱虎，陰爻稱豹。豹，虎類而小者也。君子小於大人，故曰『豹變，其文蔚也』。」九五陽爻，陽大故稱「虎」；上六陰爻，陰小故稱豹。故九五言「大人虎變」，上六則言「君子豹變」也。「小人革面」，到了上爻，已有德操的君子跟大人一樣變化，但不像五爻大人那麼地果斷而很有光彩地變，只是大人變，君子變，小人也跟著變了。上六陰爻本身是人民，「小人」也，在《易經》中「小人」有二義：第一，「小人」指沒有治理能力的人，講一般老百姓，孟子曰：「勞心者治人，勞力者治於人。」（《孟子・滕文公上》）「勞力者」是跟著「勞心者」君子大人跑的。第二，「小人」指壞人，稱為匪人或惡人。乾為首，上爻居乾卦之上，故稱「革面」。「征凶」者，向前發展是凶的：「居貞吉」，穩定於上爻則是吉。

　　上六時革道已成，經過「大人虎變」，一切國號、體制、風習俗慣都已改變了，「君子」就跟著「大人」「豹變」，也很果斷，有光彩。只是次於「虎變」而為「豹變」而已，連無知無識的「小人」也跟著革面洗心，「面」者，是指過去一切的生活姿態，跟著大人君子虎豹之變而變，大家聞風而變，革道已成，既已變了，就不能再進進不已，再往前求改革，此時應該穩定在這地方就「吉」，若老是在革在變就是「凶」。

肆、彖傳

彖曰：革，水火相息，二女同居，其志不相得，曰
革。巳日乃孚；革而信也。文明以說，大亨以正，革而
當，其悔乃亡。天地革而四時成，湯武革命，順乎天而
應乎人，革之時大矣哉！

「革，水火相息」，〈革〉，內離外兌，兌澤離火，「水火相
息」也。宋儒解「息」字為長，「陰陽消息」之「息」也，所謂利息
者，錢長息也，「水火相息」，水火相長也。可是，孔子在《易經》
中首用「息」字是〈乾〉象「天行健，君子以自強不息」，不息者
不停止，不滅止也，若水火能相長，何必再言革呢？水火若能相長，
為何「其志不相得」呢？故此解不安。清‧李道平《周易集解纂疏》
曰：「息，《說文》作熄。」兌澤之水，止水也，水之氣停固在上，
儲聚的濕氣可以滅小火，但若火大，則可以熬乾濕氣，故有火剋水之
象。兌又為金，離火煉兌金也。

「二女同居，其志不相得，曰革」，「二女同居」，離為中
女，兌為少女，「二女同居」成〈革〉卦。「其志不相得」，在
〈睽〉，離火在上，氣化向上，兌澤在下，氣化向下，故「其志不
同行」也；在〈革〉，離兌二氣化並不相違背而行，但二氣化一濕
潤、一燥烈，兩不流通，故「其志不相得」也。四變正，則上坎為
「志」，二、三、四互坎，亦為「志」，但四未變坎，故「其志不相
得」而「曰革」，好像水火不相容，這種形態當然要革。

「巳日乃孚，革而信也」，「巳日」所指主要的是時間，其次是

位置。過了一半的時間，四爻之阻隔才打通了，壞的現象已經過了一半，惡極昭彰。天下皆知此時而革才能取信於人，四爻通，變坎，兩坎信實相見也。

「文明以說，大亨以正，革而當，其悔乃亡」，是解釋元、亨、利、貞的。〈革〉離爲「文明」，二爻爲〈革〉之主，坤爻也，二、五應，旁通〈蒙〉，〈蒙〉五居坤，坤爲「文」。「說」，〈說卦〉：「說言乎兌。」和悅也，內在有文明主宰，事態清楚，步驟有條理、有章法，且外在之表現和悅，施之於人，受施之者亦心悅誠服也。「大亨以正」，「大」講陽，四爻之陽一決則六爻皆正，坎水不成兌塞而不斷流通也。子曰：「言忠信，行篤敬，雖蠻貊之邦行矣。言不忠信，行不篤敬，雖州里行乎哉！」（《論語・衛靈公》）持之以正，合乎宇宙正理，我心即人心，人心即我心之主宰，如此無所不通也。若能「文明以說，大亨以正」，則「革而當」，其所革皆當也，革而皆當，當然「悔亡」矣。

革是大事，執行變革的人，認識了變革的時機，還是不夠，在變革的過程中，其自身更得要具備適當的條件。〈革〉卦卦體是兼離兌而成，內體具備離之「文明」，外體具備兌之「和悅」，「文明以說」也。「文」，可以訓爲章法，「明」，可以訓爲清楚，「文明」在內，就是內在的章法很清楚。「和悅」在外，就是和而悅之，表示對待的兩方都很和諧而悅情洋溢，就是外在的社會各方面對於這種變革，都是心悅誠服，也就是卦辭上所講的「有孚」之「孚」。內在既有很清楚的章法，而外在又有和悅的表現，結果不僅是「革而當」（章法清楚），而且「革而信」（和悅表現），當然「其悔乃亡」。

「天地革而四時成，湯武革命，順乎天而應乎人，革之時義大

矣哉」，在宇宙自然現象來看，春革冬，夏革春，秋革夏，冬革秋，春又革冬。在立春、立夏、立秋、立冬各時都有不同的氣象，四時變革，在〈蒙〉與〈革〉兩旁通卦中有四時之象也。又〈蒙〉卦坤地變〈革〉卦乾天，故曰「天地革而四時成」也。社會現象一葉知秋，再經過寒冬摧殘，於是春雷暴發，一革而當也。成湯征夏桀、武王伐商紂，是順乎天而應乎人，革的時候最要注重的是時機，革而不重其時，必敗，革而合時，當也。

伍、大小象傳

象曰：澤中有火，革。君子以治歷明時。

〈革〉卦體象是火在澤中，離火與兌澤氣化不通，兌澤不能滅火，必為離火所乾涸。君子看澤中有火，可知日月坎離交會之道，四爻一變正，則成內離、外坎之交會，內離火、外坎水之交會。冬至，牽牛星朝北斗而右轉，到了21°，從北斗頭轉到北斗尾，又回到牽牛一度，一年也。牽牛是星記星座，星記是水位，日月會於此，就是一年更始，牽牛星是火，太陽亦是火，變坎，「君子以治歷明時」，中爻乾為「君子」。「歷」，根據日、月、星辰運轉而定歷，太陽在二十八宿中的位置運轉而來。離為日，坎為月，艮為星辰，〈蒙〉、〈革〉有日、月、星辰之象，故曰「歷」。「治」，坤作成物有「治」之象。「明」，離為「明」。「時」，春、夏、秋、冬。君子看澤中有火，日、月相會，日火、月水而能會合，澤中有火也。日月相合二者必有關係，看日月星辰的運轉而定日曆，曆就是〈革〉之象，每年更端也。

初九象曰：鞏用黃牛，不可以有爲也。

「不可以有爲」，乃不可以有所作爲求變革也。

六二象曰：己日革之，行有嘉也。

「己日」，講時要過半，講位要居離之中爻，要革共產黨之命在大陸要有社會基礎，且到一段時間才能發動，〈乾〉卦〈文言〉講：「亨者，嘉之會也。」行爲有好的會合，有人支援，才能發達。

九三象曰：革言三就，又何之矣。

二爻言時位，三爻言方法。「三就」，即是應改革的現象探討以前，且一而再，再而三的探討將來，除此而外，沒有其他的途徑可循。

九四象曰：改命之吉，信志也。

四爻一變外坎爲「志」、爲「信實」。心之所向皆眞切，革之者與被革之者之志向息息相通而眞切。信，眞切也。

九五象曰：大人虎變，其文炳也。

「炳」，五爻應二爻，二爻爲離，離爲明，「炳」也。表示變而有光彩，這一變把社會從野蠻無理中變得文明彪炳。

上六象曰：君子豹變，其文蔚也。小人革面，順以從君也。

「炳」，五、二相應，二離爲明，「炳」也。「蔚」，茂盛
也，三、上相應，三居巽爲草（陰）木（陽），草木在兌澤之中生長
茂盛。五居天位，法天、地、日、月、星辰之象彪炳。六爻法地之
象，草木茂盛。「小人」是毫無教化，是野蠻的，跟著「大人」變革
面洗心而變文雅了。「小人」講上爻，陰爲小；「君」指五爻，陽爲
大；二、三、四互〈巽〉爲「順」。在上主宰者「虎變」了，一般老
百姓愚夫愚婦也跟著變。

第五十卦

鼎卦

周鼎珩講　陳永銓記錄

—— 此係〈離〉宮二世卦，消息六月，旁通〈屯〉，反對〈革〉。

壹、總說

佈卦的次序

　　〈雜卦傳〉曰：「〈革〉去故也，〈鼎〉取新也。」為什麼在〈革〉卦的革故之後，要繼之以〈鼎〉卦的取新？因為去故之後，若不取新，則故者已不存在，新者又不建立，這樣無異乎毀滅！宇宙萬有現象，永遠是在新陳代謝，唯其新陳代謝，萬有現象才能夠綿延演進，要不然陳舊的凋零了，新興的不能代之以成長，萬有現象豈不就要滅絕了嗎？所以革故取新是宇宙自然化生的原則。至於〈序卦傳〉曰：「革物者莫若鼎，故受之以〈鼎〉。」大家都知道，鼎的最大功

用，就是能夠變腥而爲熟，易堅而爲柔，這是化舊爲新的具體表現，也就是革故取新。

這裡要特別說明的是，我們在〈鼎〉卦所談的新舊，並不是指時間的關係而言，也就是說，並非凡是在時間上屬於過去的，就認爲是舊的，凡是在時間上屬於現在的，就認爲是新的。一般人對於新舊的認識，只是側重在時間，已經過去的，統稱之爲舊，正在目前的，統稱之爲新。事實上，《易經》所稱之「新」與「故」，並非只是時間上的分野，而是側重在本質：凡是本質好的，有使用的價值，就叫做「新」；凡是本質壞的，沒有使用的價值，就叫做「故」；所以故要革、新要鼎，這才是「革故鼎新」的眞義。

進一步說，假使只就時間上區別新舊，那就有些地方講不通，例如：酒是愈陳的愈香，玉是越老的越貴；由此可見，時間久的，不見得就是壞，那爲什麼要革？時間暫的，不見得就是好；那爲什麼要鼎？就因爲一般人對於新舊的觀念弄不清楚，這對國家社會的發展影響很大。就因爲大家以爲太舊的就是落伍，時新的才是進步，就是「不問好壞，只分古今」，於是乎凡是西洋羅曼蒂克的戲劇，便風行一時，而對於中國忠孝節義的舊劇，便日趨冷落。言歸正傳，我們從鼎之變腥爲熟，易柔爲堅的作用上來看，只要能夠把不好的變成好的，把沒有用的變成有用的，那就是所謂的新。此所以在〈革〉卦的革故之後，繼之以〈鼎〉卦的取新。

成卦的體例

〈象傳〉曰：「鼎，象也。」在六十四卦之中，除〈鼎〉卦而外，其他各卦不僅有卦象，而且另有卦義，只有〈鼎〉卦是以象取

義，所以孔子個別在〈鼎〉卦解釋說：「鼎，象也。」《說文》：「鼎，三足兩耳，和五味之寶器也。」《周禮・天官・烹人》「（烹人）掌共鼎鑊。」鄭玄注：「鑊所以煮肉及魚臘之器，既熟及盛於鼎。」相傳在夏朝的時候，禹收九牧之金，鑄九鼎於荊山之下，作為傳授帝位的重器。所以鼎的功用很廣，可作為食物器皿、祭祀禮器，而且還是國之寶器。〈鼎〉卦最下的初爻一陰，代表鼎之三足；中爻二三四的陽爻，代表鼎之腹，陽實陰虛，陽爻為實，意味有食物在其中也；六五的一陰，代表鼎之兩耳；最上的上九一陽，代表鼎之鉉，所以貫耳於鼎者也。

　　〈鼎〉卦的卦體是上離下巽，離為目而巽為木，按鼎字，上為目，下則析木為左爿與右片，如果把整塊木頭劈開，左邊的半塊稱爿，右邊的半塊稱片，由此可見，鼎的字形與鼎的卦象相合，所以孔子說：「鼎，象也。」是以象為義。〈鼎〉卦上離下巽，離又為火，下巽為木，中爻二三四互乾，而乾納金，中爻三四五互兌，兌亦納金，所以〈鼎〉卦的體象是巽木離火在外，乾兌之金在木火之內，而有烹飪之象。換個角度說，鼎本為金質之器，陽實居中，其上有互兌之口，可以納物，而又巽木入於離火之下，以木生火，這不也是烹飪之象嗎？再者，離為文明，巽為絜齊，互兌則甘美，互乾則善良，既文明而絜齊，又甘美而善良，這些都是烹飪之道，而構成鼎象之義。

　　〈鼎〉之卦體最近似〈大有〉卦，〈大有〉的卦體是外離火而內乾天，乃以五陽一陰而成卦，並以六五一陰為主爻，從整個卦體來看，是乾體群陽集中力量來開化這個陰爻，這樣子開化的功能，當然可以發揮到淋漓盡致。拿〈鼎〉卦與〈大有〉卦來比對，〈鼎〉卦也是以六五之陰爻位居乾體的中心位置，鼎為烹飪之器，乾陽所開化

的對象，是鼎中所盛的食物，而這個食物，就是六五一陰所代表的。進而言之，〈鼎〉卦的初六也是陰爻，不像〈大有〉卦初二三四上都是陽爻，所以〈鼎〉卦之陽爻所開化的對象，是針對鼎中的食物，而〈大有〉卦之陽爻所開化的對象，是外體一切的陰，包括自然界的飛潛走植，其開化的範圍可說是廣大而飽滿。所以〈大有〉的卦辭直書「元亨」，而〈鼎〉卦的卦辭則是「元吉亨」，這二個卦的卦辭雖然只有一字之差，卻可以顯示其卦情之不同。〈大有〉卦的「元亨」，是明示其必然之理，《禮記・大學》：「有德此有人，有人此有土，有土此有財，有財此有用。」就是這個道理。〈鼎〉卦的「元吉亨」，則是明其可然之勢，這個「吉」字是個條件之辭，意思是說，能吉才能亨，不吉則不能亨，所謂「財聚則民散，財散則民聚」是也。

　　〈鼎〉卦是離火在上而巽風在下，風助火勢，火趁風盛，其情益盛，火就越燒越旺。以離巽兩體而成卦者，不是只有〈鼎〉卦，還有〈家人〉卦，不過〈家人〉卦是離居上而巽居下，就是火在下而木在上，這樣子木就不能助火之燃燒。如果說巽亦為風，風在火上，同樣無助於火勢。所以說〈家人〉雖然也是以離巽而成卦，但只表示離巽二者之性能彼此諧和罷了。〈鼎〉卦則不然，其火得到木之燃燒以及風之煽動，而有鼎盛之像，所以〈鼎〉之為卦，除上述各點之外，更有隆盛之象，所以鼎既可做為祭祀用的禮器，還可作為傳位用的寶器，都是用來彰顯其儀式的隆盛。

立卦的意義

　　按鼎之為義是在變腥為熟，易堅為柔，腥的與堅的，本來不能

取來服食，但是一經變易為熟的柔的，就可以服食了。換言之，是將沒有使用的價值，變成有使用的價值，所謂「革故」的故與「鼎新」的新，區別的關鍵是在有沒有使用的價值，凡是有使用的價值，就是新的，凡是沒有使用的價值，就是舊的。在鼎新之初，當然難免還有一些汙俗敗政，苟能變汙俗為善良的美俗，易敗政為善良的德政，那就是變腥為熟，易堅為柔的鼎新。例如貪汙成風，是最重要的汙俗敗政，謀國大君子即應斟酌每年耗費於貪汙者，以之提高公務人員的待遇，並大量淘汰不必要的冗員，這樣用人唯才唯精，用一個人以一個人的飽和工作，而無閒散的現象。再者，待人惟厚，只要用這個人，就必須使之有寬裕的經濟環境，而無生活上的顧慮。若能做到「用人唯才」「待人惟厚」，那貪污之風自然根絕。

　　鼎之為用，是移風易俗，化腐生新。但是鼎之為器，一則端而重，二則凝而固，三則大而能容，古人為什麼會拿鼎來做為奠國之大寶，就因為鼎具有這三大特性。所以謀國大君子如果想要推行鼎新之工作，其本身也必須具備：端重、凝固與大而能容這三種條件。第一個條件是「端重」，因為不端則不足以為人表率，所謂上樑不正則下樑歪；不重則沒有份量，所謂君子不重則不威。但是端重並非只是表面上裝模作樣，而是內在修養充足的外在表現。第二個條件是「凝固」，凝是有吸引的力量，好像地球有地心吸力一樣，固則是指吸引力能夠堅固不散。第三個條件是要「大而能容」，能夠容得住各方面的人才，就像〈鼎〉卦〈象傳〉所說的「大亨以養聖賢」。

　　主持鼎新工作的人，並非只要具備以上所講的三種條件就算夠了，因為鼎之為器，主要是在烹飪，而烹飪有烹飪之道，要能調和五味，使之可口養人。古來稱宰相權衡國是，有如調和鼎鼐，因為社會

現象非常複雜，治之不得其道，則如治絲愈紛，故應如調和五味甜酸苦辣鹹，各得其是處，而火候適宜，不老不嫩。以國事來說，對各個社會的環節，必須連鎖得非常緊湊，往來井井，相互發揮其功用，其中之本末輕重，先後緩急，各個環節都有其一定之條理。舉例來說，士農工商之士，必須與農工商各種社會發生相互關聯的關係，才能顯出士之作用，假使學校所教育出來之讀書士子，卻與農工商各種社會不相關連，毫無裨益，這樣的教育根本就失去調和鼎鼐之主旨，則國家社會焉有不亂之理？

貳、彖辭（即卦辭）

〈鼎〉：元吉，亨。

〈乾〉卦的卦辭是「元亨利貞」，一般認為〈乾〉卦具備這四德，代表宇宙化生的最高法則。孔子在〈文言傳〉說：「元者，善之長也；亨者，嘉之會也。」我覺得這樣的解釋，一般人很難理解，在此我們不妨用比較通俗的解釋：「元者，始也大也」，就是既創始又博大；「亨者，暢也通也」，就是既流暢又通達。在前面總說的「成卦的體例」裏，我們曾拿〈鼎〉卦的卦辭「元吉，亨」與〈大有〉的卦辭「元亨」來做比對。〈大有〉卦本為乾體，是坤元六五鑽入乾元九五，也就是「黃裳元吉」與「飛龍在天」的結合，即所謂「嘉之會也」，所以說「元亨」。〈鼎〉卦初看卦體很像〈大有〉卦，但是初六是陰爻而非陽爻，所以〈鼎〉卦乾陽開化坤陰的動能稍弱，必須多加一個「吉」字的助力，就是要發展得很順利，才能盡其乾陽開化坤陰之功。再者，〈鼎〉卦的卦體是內巽木而外離火，因為木助火勢，

能夠變腥爲熟，化堅爲柔，而有亨通之象，所以說「元吉，亨」。

參、爻辭

初六：鼎顛趾，利出否。得妾以其子，无咎。

易例：「在上爲首，在下爲趾。」初爻在〈鼎〉卦之最下，有「趾」之象。「顛」字取象於〈鼎〉卦的初爻至五爻有〈大過〉體象，大過者本末弱也，容易傾倒，所以有「顛趾」之象。初爻與四相應，四變正則三四五互震爲出：我們前面談到，〈鼎〉卦之所以不如〈大有〉卦，主要是受到初爻以陰爻居陽位的影響，這個初爻是不好的，稱之爲「否」，所以有「出否」之象。爲什麼要把鼎倒過來，鼎趾朝上而鼎口朝下呢？這是爲了清除前次烹飪所留下來的殘渣，也是革故鼎新的具體行動。

根據卦變，二陰四陽的卦是從〈大壯〉卦或〈遯〉卦來，〈鼎〉卦來自〈遯〉卦，〈遯〉卦內體艮爲少男，變爲〈鼎〉卦之內體巽爲長女而有妻之象；初爻與四爻相應，三四五互兌爲少女，有妾之象，卦象合起來看，有棄妻而「得妾」之象，四變正則三四五互震爲長子，有「子」之象。棄妻得妾，在古代農業社會是常見的家庭問題，例如《詩經》中描寫棄婦的就有十一首之多。通常棄妻得妾，主要考量的是傳宗接代繁衍子孫；而在鼎新之初，面對前朝的汙俗敗政，當然要反其道而行，就像棄妻就妾而得子，這並非正常的途徑，但也不是個大問題。

九二：鼎有實，我仇有疾，不我能即。吉。

　　易例：「陽實陰虛」。〈鼎〉卦中爻二三四互乾爲陽，所以有「實」之象。我們在前面總說中提到：中爻二三四的陽爻，代表鼎之腹，上頭的三四五互兌爲口，把食物從鼎的兌口倒進乾腹，有「實其腹」之象，所謂「鼎有實」，意味著有食物在其中，這也代表九二有濟用的實才。〈鼎〉卦旁通〈比〉卦，〈比〉之中爻二三四互坤爲自身，有「我」之象，「仇」是指配偶，陰爻與陽爻互爲配偶，九二陽爻既與初六陰爻相比，又與六五陰爻相應，這樣的應比關係，難免造成初六與六五之陰相互嫉妒，疾者嫉也，所以有「疾」之象。五爲坎爻，外卦離又伏坎，坎亦爲疾。「即」爲就，是靠近的意思，俗話說：若即若離，就是形容彼此的關係時而親近時而疏離。

　　前面提到：九二與初六相比，又與六五相應，造成初六與六五之陰相互嫉妒，就是「我仇有疾」。這樣的情勢，代表革故鼎新所面對的問題是錯綜複雜，很難應付的，這會讓從事鼎新工作者感到困擾而無從著手。所幸九二以陽剛居內卦之中，是有眞才實學，有解決問題的能力，不會受到這些錯綜複雜的問題之影響，就是「不我能即」。因爲九二能夠認清事實，掌握本末先後、輕重緩急的標準，所以能夠逢凶化吉。總之，「鼎有實」是具備革新的能力，但是還要認清錯綜複雜的環境，不要被環境影響自身的立場。

九三：鼎耳革，其行塞，雉膏不食。方雨，虧悔，終吉。

　　〈鼎〉卦以五爻爲耳，器物只有鼎是用耳來行動，所謂「舉鼎以耳」，所以耳若不行動，鼎就不能行動。一卦六爻的陽位是初、三、五，其中以三爻最爲剛猛，〈乾〉卦九三爻辭「君子終日乾乾，夕惕

若厲」就是動而又動，於是自以爲是鼎耳，因爲三爻變陽爲陰，則內卦變坎，三四五又互坎，坎爲耳，所以說「鼎耳革」。

　　九三在〈鼎〉卦居內卦巽木之極，三與上應，上六又居外卦離火之極，可說是木火鼎盛的時位，熊熊烈火把鼎耳燒燙了，就不能舉鼎而行動了，所以說「其行塞」。〈鼎〉卦外體離爲雉，三四五互兌爲膏，三爻變則內卦變坎亦爲膏，所以有「雉膏」之象。兌又爲口，三爻一變則兌口不見，有「不食」之象。合起來看，鼎耳燒熱了，則鼎鉉不能穿，鼎不能舉，則雉膏不食。

　　〈鼎〉卦旁通〈屯〉卦，〈屯〉之三四五互坤爲方，「方」者偶也。坤爲偶數，二個東西併在一起就是方，例如〈赤壁賦〉：「方舟而下」，就是二船並行，又如我們常說「比方」，就是拿二件事物來相比較。三爻變坎，坎在上爲雲，在下爲雨，「方雨」表示雨勢繼續不斷地滋潤大地。三與上應，〈乾〉卦上九「亢龍有悔」，〈鼎〉卦上九陽爻居上，有「悔」之象。

　　九三的爻象已經解釋了，那麼九三的爻辭是什麼意思呢？木火鼎盛，火燒得太猛烈了，表示鼎新的作爲操之過急，有如苛政猛於虎，這讓那些被鼎新者承受不了，造成施之者與受之者扞格對立，勢如水火，嚴重影響革故鼎新的推動。一般來說，天氣悶熱讓人躁鬱難受，一下雨就會陰陽和而不躁，由於雨的滋潤，可以減損上九亢龍有悔的程度，調和陰陽在鼎革過程中互相敵對的現象，所以「終吉」。

　　例如宋朝王安石變法，百姓不堪其苦，但是王安石剛愎自用，堅持非如此不可，而且用人不當，弄得怨聲載道而天下大亂，就連元祐諸君子像是歐陽修、蘇東坡也反對他的做法。這就是革故鼎新做得太

剛猛所致，最後要靠宋仁宗出來緩頰調和。王安石推行的青苗法，類似現代的農業貸款。

九四：鼎折足，覆公餗，其形渥，凶。

九四與初六相應，初六「鼎顛趾」與九四「鼎折足」的意思相近似。三四五互兌為毀折，九四以陽居陰，爻位不正，變正則三四五互震為足，所以有「折足」之象。鼎足既然折損，必然傾倒，有「覆」之象；九四居公卿之位，有「公」之象；「餗」為美糝，相當於現在的廣東粥，是八珍之膳，取象於二三四互乾，也就是九二的「鼎有實」，是指鼎內的美味食物。

「其形渥」 在《易經》古本的原文是「其刑劓」，到了王弼註《易》時改為「其形渥」，王弼的意思是，因為鼎內的美糝打翻了，弄髒了身上的衣裳，那個模樣狼狽不堪，這樣的解釋在文學上說得通，但是《易經》談的是大道理，而不是在做文章。「其刑劓」是指「覆公餗」係為重罪，而被判殺戮的重刑就是「劓」，所以爻辭的結論是「凶」。三四五互兌為毀折，四爻變正，則外卦變艮為門，而四在門內，合看有「刑劓」之象。古代貴族賜死於屋內，平民則受刑於市上，因為用刑於公卿大夫，不便誅之於市上，以免有損朝廷的威信顏面。就因為是在屋內用刑，所以稱「劓」。

在革故鼎新的過程中，九三操之過急，作法猶如木助火勢而太過猛烈，讓那些被革新的人承受不了，群起反抗，所以「其行塞」而有「悔」。這警告我們，縱然有革故鼎新的基礎，做法上還是要溫和。鼎革的任務是要輔佐君王的公卿大夫去執行的，現在「鼎折足」把鼎打翻了，鼎內的美食灑滿一地是「覆公餗」，代表鼎革的工作被公卿

大夫給搞砸了，這是重大的損失，不能寬恕，當然要用重刑治重罪，所以「其刑劓」。例如日本明治維新六十年，文治武功進展神速，卻因軍國主義煽動侵華，而又淪於破敗。總之，肯做不一定就是好，能做也不一定能夠成功，重點是要能夠調和鼎鼐。

〈繫辭下傳〉：「子曰：德薄而位尊，知小而謀大，力小而任重，鮮不及矣。《易》曰：『鼎折足，覆公餗，其形渥，凶。』言不勝其任也。」古代的君王，通常會將鼎革的任務交付公卿大夫去執行，沒想到卻造成「鼎折足，覆公餗」，表示這位公卿大夫無法勝任鼎革的重任，當然要用重刑治重罪，所以「其刑劓」。孔子的這段話是告誡我們，對於自己的能力要有自知之明，自知智力不足，千萬不要謀大任重，以免招凶，但是一般人通常缺乏自知之明。

六五：鼎黃耳金鉉，利貞。

我們從頭來看革故鼎新的過程，初爻要權衡本末終始與輕重緩急，真是煞費苦心；二爻有革新的能力，還要認清複雜情勢；三爻不能操之過切，要調和鼎鼐；四爻把革故鼎新的工作搞砸了，被懲之以劓刑而為凶。接下來我們談五爻，從鼎的體象來看，五爻是耳的位置，此外，五爻居外卦離伏坎，而且五爻本身就是坎爻，坎亦為耳，〈坤〉卦六五「黃裳元吉」，所以〈鼎〉卦六五稱「黃耳」。三四五互兌為金，鉉從鼎的體象來看是指上爻，是為「金鉉」之象。

黃者色之尊也，金者質之貴也，都是貴重的象徵。〈鼎〉卦到了六五，爻辭提到鼎耳與鼎鉉，表示烹飪的工作，調和鼎鼐五味，到了這個階段已經完成。不但烹飪的工作圓滿成熟，鼎內的美食更是珍饈玉饌，所以要拿鼎鉉來貫穿鼎耳，好把鼎抬著走，去將美食作為祭

祀上帝或畜養聖賢之用。鼎烹熟以養人，就像君王以仁義之道教化天下，能夠穩定在〈鼎〉卦六五，就是止於至善，所以說「利貞」。另有一說，「利貞」是指在抬著鼎去祭祀或養賢的過程中，必須貞正穩固，不要重蹈「覆公餗，其刑剭」的覆轍。

上九：鼎玉鉉，大吉，无不利。

　　我們在前面曾拿〈鼎〉卦的卦辭「元吉，亨」與〈大有〉的卦辭「元亨」來做比對。現在我們進一步發現，〈鼎〉卦上九的爻辭「大吉，无不利」與〈大有〉卦上九的卦辭「自天祐之，吉无不利」也很相似。就〈鼎〉卦的部位而言，上九是鼎鉉，六五是鼎耳；〈鼎〉卦上九與九三相應，二三四互乾，〈鼎〉卦的卦變來自〈遯〉卦，〈遯〉之外卦亦爲乾，乾爲玉，所以有「玉鉉」之象。

　　玉是代表溫潤的、諧和的，中國自古以來都認爲玉比金還要珍貴，所以說「尙玉不尙金」，宋應星《天工開物・珠玉》說：「玉韞山輝，珠涵水媚。」他把玉的特性講解得很詳細。往年婦女喜愛佩戴玉鐲玉珮，因爲玉可以平血壓。上九的「玉炫」是讚美鼎所烹飪的東西既溫潤又諧和，火候達到不老不嫩，不鹹不淡。

　　爲什麼鼎鉉在六五稱「金鉉」，而在上九稱「玉鉉」？因爲就爻位而言，五爻是君王之位，金色黃，在古代是君王專用的尊貴之色，所謂「黃袍加身」，所以稱「金鉉」。上爻是宗廟之位，更是高高在上，因爲玉比金還要珍貴，所以稱「玉鉉」。再者，上九以陽爻居陰位，剛柔並濟，符合玉之溫潤諧和的特性。將鼎的美味抬進宗廟祭祀，表示革故鼎新的任務順利完成，所以說「大吉，无不利」。

肆、彖傳

彖曰：「鼎，象也。以木巽火，亨飪也。聖人亨以享上
帝，而大亨以養聖賢。巽而耳目聰明，柔進而上行。得
中而應乎剛，是以元亨。」

〈鼎〉卦初爻一陰代表鼎之三足，中爻二三四互乾代表鼎之
腹，六五一陰代表鼎之兩耳，上九一陽代表鼎之鉉，整個卦體就像個
鼎，所以〈彖〉曰：「鼎，象也。」〈鼎〉卦上為離卦而下為巽卦，
離為火在上，巽為木在下，中爻二三四互乾，三四五互兌，乾與兌都
是納金，這樣的體象是巽木與離火在外助燃，乾兌之金屬鍋具在木火
之內蒸煮，合起來看就是鼎鑊烹飪之象，所以〈彖〉曰：「以木巽
火，亨飪也。」烹飪的火，在治理國家來看，等同於誠意與熱情，治
國者要如火之入菜，把誠意與熱情滲透到人民心中。

《論語・鄉黨》：「齋必變食，居必遷坐。食不厭精，膾不厭
細。……色惡不食，臭惡不食。失飪不食，不時不食。割不正，不
食。」由此可見孔子很懂得烹調的方法，也很講究祭祀用食物的烹飪
原則。所謂「以木巽火」，巽者入也，就是入味。簡單說就是炒菜要
用大火快炒，燉肉要用小火慢燉，用火的熱度將調味料滲入菜餚裡
面，這樣才有好味道，但是火候如何拿捏，這就看烹飪的功夫。

「聖人亨以享上帝」是什麼意思呢？祀帝貴質，亨字通烹，因
為上帝就是神明，是無形無象的，祭祀上帝貴在誠心誠意，而非僅在
意祭品的多寡。例如〈損〉卦卦辭：「二簋可用享。」就是說祭祀注
重心意真誠，所以即使是簡約的「二簋」祭品，同樣可以用來祭祀。

「而大亨以養聖賢」又是什麼意思呢？養賢貴豐，所以要「大烹」，大者表示特別豐盛，因為聖賢也是人，要過日常生活，所以國家對待謀國有功的聖賢，必須讓他豐衣足食，不可以菲薄祿俸待之。至於卦象呢，〈鼎〉卦旁通〈屯〉卦，〈屯〉之內體震為帝，震又為建侯，有聖賢之象。

〈鼎〉卦外體離為目又為明，離伏坎為耳。巽為入，意思就是從事革故鼎新的工作，要鑽入現象裡面，才能明辨是非而化腐生新。但是鑽入現象時，難免會「不識盧山真面目，只緣身在此山中」，反而被現象給迷惑了，因此孔子告誡我們，必須「巽而耳目聰明」。〈鼎〉卦的卦變是從〈遯〉卦來，〈遯〉卦六二上行而九三下行，則成〈訟〉卦；〈訟〉卦六三上行而九四下行，則成〈巽〉卦；〈巽〉卦六四上行而九五下行，則成〈鼎〉卦；我們通常會略過卦變的過程，而直接說是〈遯〉卦六二上居五爻，九五下居二爻，於是〈遯〉卦變成了〈鼎〉卦，這不就是「柔進而上行」之象嗎？至於漢《易》有採用〈鼎〉卦自〈大過〉卦變來之說，我覺得不妥。〈鼎〉卦是講烹飪的，食物美味是陰，所以孔子特別指出〈鼎〉卦是以柔爻為主，「柔進」則能由烹調食物向上進展，發揮最高的功用，引申為國家維新也是要使社會（陰柔）向前進展。

「柔進而上行」之後，接下來是「得中而應乎剛」。〈鼎〉卦是從〈遯〉卦來，〈遯〉卦六二柔進而居五爻，是位在外卦離體之中，有「得中」之象，擔任革故鼎新的維新工作者，必須把社會開展與國家維新當成首要目標，念茲在茲，才是得中。那麼〈鼎〉卦的陽爻二三四上，群陽的動力都會集中在六五之中發揮作用，就是「應乎剛」。例如燈泡中的鎢絲，要位置恰好居中如六五陰爻，那麼所有正

負電都會圍繞著它，而發揮光明的作用。最後「是以元亨」是說，這樣陽才能化陰，陰才能凝陽，乾元才能亨通。

伍、大小象傳

象曰：木上有火，鼎。君子以正位凝命。

「木上有火」是講〈鼎〉之卦象，外為離卦而內為巽卦，事實上，木上有火，才能發揮其光明的作用，若是木上無火，那只是一塊木頭罷了，無法發光照明。〈鼎〉卦二三四互乾，有「君子」之象，虞翻認為「君子」是指九三，因為〈鼎〉卦六爻只有九三是陽爻居陽位，是得其「正位」，我覺得這個說法太牽強。「正位」是說居得其所，適逢其時，無論在時間上與空間上都恰到好處。〈鼎〉卦內體巽為命，而由六五之陰來凝住群陽，有「凝命」之象。〈坤〉卦初六象曰：「履霜堅冰，陰始凝也。」這是凝字的由來，由此可見「君子」並非是指九三之陽爻，而是指六五之陰爻，因為六五之陰居外體之中，才能凝得住群陽。

「君子以正位凝命」，天賦的結構是命，天賦的本質是性，凝命是能夠把結構凝固得住從物理的角度來看，任何物體終究是會毀壞散失的，國家也是難逃滅亡的命運，但是君子治國的目標都是長久之計，希望千秋萬世，能讓政體結構不敗不壞。正位是要正居其位，能正位才能凝命。就像孔子雖有天縱之才智，但是生不逢時，沒有得到正位，所以無法凝命而施展抱負。木上有火表示火有木可以寄託，那就是正命，君子要像火有木之基礎，才能正位而凝命。一個國家，有才有德者能夠出頭，那就天下太平，否則天下大亂。

初六象曰：鼎顛趾，未悖也。利出否，以從貴也。

初六與九四相應，初六以陰居陽，九四以陽居陰，爻位都不正，互易其位，有如鼎顛趾，則各得正位，所以不會因爲顛趾而產生悖亂。革故鼎新的工作，一開始就是改變現狀，要反其道而行，由奢侈入儉樸，由鬆懈入嚴肅，這樣就像鼎顛趾，所以說「未悖也」。初爻是不好的，簡稱爲「否」，因此以「出否」爲利，貴是否之反，棄妻得妾也是象徵反其道而行，同樣都是爲了革故取新，那麼出舊之「否」而從新之「貴」，就像鼎顛趾是爲了清除前次烹飪所留下來的殘渣，再裝入新鮮的美味，所以說「以從貴也」。

九二象曰：鼎有實，愼所之也。我仇有疾，終无尤也。

「之」是前往或到達的意思，九二變正則內卦變巽爲艮，〈說卦傳〉：「艮爲止。」有「愼」之象。鼎有實，鼎已烹有美味，表示二爻已有能力可以維新，但是化腐生新要愼其所行，確立目標，權衡輕重緩急與先後本末，再決定如何去發展。維新的對象是互相鬥爭對立的，主持教育者認爲教育爲本，主持經濟者認爲經濟爲主，主持國防者認爲國防爲重，由此可見，主持維新工作者必須謹愼取捨，「愼所之也」。途徑，終無毛病。

「我仇有疾」是指九二與初六相比，又與六五相應，造成二個陰爻相互嫉妒，代表革故鼎新所面對的問題是錯綜複雜，很難應付的。所幸九二能夠掌握本末先後、輕重緩急的標準，所以「終无尤也」。尤通憂，指怨恨、憂忿的情緒。《廣韻》：「尤，怨也。」因爲九二以陽居中，有解決問題的能力，所以最後能讓九二與六五都沒有怨尤。

九三象曰：鼎耳革，失其義也。

　　義者事之宜也，是指應該做的事，「失其義也」就是做了不應該做的事。「失」是取象於坤，〈鼎〉卦旁通〈屯〉卦，〈屯〉之二三四互坤為失。那麼，為什麼〈小象〉說九三做了不該做的事呢？因為〈鼎〉卦是以六五為主爻而為鼎耳，但是三爻性最剛猛，有如〈乾〉卦九三「君子終日乾乾，夕惕若厲」就是動個不停，於是自以為是鼎耳，而要擔負革故鼎新的重任，所以說「鼎耳革」。〈繫辭下傳〉：「三五同功而異位，三多凶，五多功，貴賤之等也。」六五才是〈鼎〉卦之主，九三不在其位，應該不謀其政，現在九三卻要強出頭，所以說「失其義也」。

九四象曰：覆公餗，信如何也？

　　〈鼎〉卦以三爻動得最厲害，三爻是動爻，九三變陽為陰，則三四五互坎，且初爻至五爻有大坎體象，坎為信，「信如何也？」就是不信的意思，因為假如把鼎給推倒打翻了，也就是把革故鼎新的任務給搞砸了，這樣還能昭公信於人嗎？這就是孔子說的：「德薄而位尊，知小而謀大，力小而任重。」最後一定會失敗的。

　　另有一說，「信如何也？」是提問「覆公餗」的結果會怎麼樣？王弼的註解認為鼎內的美糝打翻了，弄髒了身上的衣裳，只是狼狽不堪。虞翻則認為「覆公餗」係屬重罪，而非只是形象難看，可能被判殺戮的重刑，那就是「剭」，所以爻辭的結論是「凶」。

六五象曰：鼎黃耳，中以爲實也。

　　從〈鼎〉的體象來看，五爻是耳的位置，爲什麼特別稱之爲「黃耳」，因爲〈坤〉卦六五「黃裳元吉」，〈鼎〉卦三四五互兌爲金，而金色黃。坤爻至五則結構豐滿，外在有光彩。〈鼎〉卦到了五爻，六五居外卦之中，相應的二爻居內卦之中，所以有「中」之象。中是指內在有美德，黃是指外在有光彩，內外皆美，以之爲鼎食，是最豐盛的。

上九象曰：玉鉉在上，剛柔節也。

　　上九的「玉鉉」是讚美鼎所烹飪的東西既溫潤又諧和，火候達到不老不嫩，不鹹不淡。從陰陽的角度來看，那就是既剛又柔，不剛不柔，剛柔皆合符節，所以說「剛柔節也」。〈鼎〉卦之卦體是上離下巽，上離通坎，下巽反兌，那麼火風〈鼎〉卦就變成水澤〈節〉卦，有「剛柔節也」之象，意思是指維新的工作若合符節。

第五十一卦

震卦

周鼎珩講　陳素素記錄

——此係八純卦，又爲四監司卦，司春分節氣，旁通〈巽〉，反對〈艮〉。

壹、總說

佈卦的次序

　　今天向各位先生報告〈震〉卦，〈震〉卦對我們人生，意義比較大一點。前面講〈鼎〉卦，鼎是鼎新，鼎新是一種興隆的氣象。不論宇宙或是社會，任何一種現象，假使經過了鼎新興隆以後，它的內在的力量，一定是很充沛。力量很充沛，它就按捺不住，按捺不住，就一定要向外發揮，於是乎就有所作爲。拿我們人來講吧！我們人如果在家裡經過一段好的休養，好的休養，就是一種鼎新，一種興

隆，於是乎內在的生機一定很健旺。生機健旺以後，就躍躍欲動，接著就有一陣子作爲表現出來了。〈震〉主要的卦象是雷，雷是一種奮發的氣象。〈震〉的卦義是「出」，「出」是向外發揮，所以「震」就是「奮發而向外發揮」的意思。因此文王卦序就在這個〈鼎〉卦之後佈之以〈震〉卦，因爲鼎新興隆以後，就要奮發而向外發揮了。〈序卦傳〉上講：「主器者莫若長子，故受之以〈震〉。」乾坤生六子，乾父帶了三個兒子，第一震是長子，第二震是中子，第三震是少子；坤母帶了三個女兒，第一巽是長女，第二離是中女，第三兌是少女。震在乾坤生六子裡面，他是個長子，長子主器，長子爲什麼主器呢？因爲在後天運行宇宙中間，看不見乾陽這個純陽的氣化，在後天運行宇宙中間，都是陰陽交合的氣化，在陰陽交合的氣化中間，震爲長子，既然震爲長子，在後天宇宙中間，就代替乾陽，執行乾陽一切的功能，因此長子主器。〈鼎〉卦〈象傳〉上說：「聖人亨以享上帝。」可見鼎是祭廟的寶器，是象徵社稷的。中國歷來把鼎看得很神聖，過去在春秋的時候，楚子問鼎，王孫滿就回答他說：「在德不在鼎，……德之休明，雖小，重也，其姦回昏亂，雖大，輕也。」（《左傳‧宣公三年》）隱含譏諷的意思。鼎既然是祭廟的寶器，是象徵社稷的寶器，那麼哪個去主持呢？父親去世以後，就是長子去主持，中國的社會是長子做繼承人的，比方明太祖的大兒子去世，就拿長孫—建文皇帝代替長子來主器。震爲長子，長子主「器」，而鼎是象徵社稷的「寶器」、是祭廟的「寶器」，所以在〈鼎〉卦之後，繼之以〈震〉。所謂「震」就表示一切剛健的動能的現象。

　　這一卦在我們人生來講，就指示我們如何的動，處在動的情況之下，應當怎麼樣應付。共產黨竊據大陸的時候，好多人惶惶然，眼

睛都沒有光，莫知所之，進退無據，不曉得怎麼辦？走呢？還是不走呢？我當時在上海看到很多的朋友都是這樣的表現，有幾個朋友，我就問他：「你走不走？」他說：「我跟美國大使館一陣，美國大使館走，我就走；美國大使館不走，我就不走。」在那個時候，中心無主的很多很多。現在在臺灣，很多的朋友還有這個情況。年老了，退休了，精神沒有憑藉，無所著落。出門，出門到那兒去啊？怎麼走啊？坐什麼車啊？兩個眼睛發楞，不曉得怎麼辦？這就是他自己不曉得安排自己怎麼動，缺乏這個認識，才有這個現象；假如自己了解這個動，如何的動？在動的時候，我們怎麼應付？就不會有這個現象。這個卦就是彌補這個缺陷，凡是有這個毛病的人，對於這一卦要切實去體會。

成卦的體例

　　這個卦的卦體，原來就是坤。乾陽始交於坤，就成為〈震〉。這個乾陽一來，就居於坤體底下。居於坤體底下，什麼意思呢？底下是核心所在，一個東西打進來，一定要從底下打進來，抓住核心，那個東西才能發生作用：如果從高頭、從表面，沒有用，一定要從裡面。坤陰是個死體，乾陽是個活動的動能，這個活動的動能，一聲鑽到坤陰這個死體裡面，於是乎就鼓舞它，這個體就活潑了，活潑了，這個體就膨脹，宇宙萬物生長都是這麼來的，不管是花、草、竹、木也好，蟲、魚、鳥、獸也好，乃至於我們人類也好，凡是有生機的東西，最初都是這個現象。這個卦是乾陽開始交於坤陰，於是居於坤陰核心之所在。乾陽是動能，乾陽的氣化是這樣子（右轉）向外奔放的；坤陰是一個固定的死體，坤陰的氣化是這樣子（左轉）向內收斂

的。因爲向內收斂，所以才有形體的存在；因爲向外奔放，所以才有動能的表現。乾陽這個東西，假使是純陽的話，它沒有憑藉的時候，它自己一個人在那兒轉、在那兒空自鼓舞；一遇到這個體，於是鑽到裡面去，它就附著在那個體裡面，所以「元、亨、利、貞」，最後穩定了，穩定了，它就在體裡頭動，就不往外跑，一直把這個形體擴展成功。形體既經擴展成功，一直到這個形體快要毀了，這裡頭乾陽的動能才會跑掉。

我們人所以有一股子能力，就是乾陽在我們身體裡面藏著，乾陽在我們身體裡面藏著，於是乎支持我們這個身體的動；等到我們這個身體一壞了，心、肝、脾、肺、腎一壞了，運轉不了了，這個乾陽在裡頭存在不了了，它就脫殼而出，就跑了，於是這個身體就謂之死亡。可是以乾陽來講，是不是死亡呢？沒有，它脫殼而出，還在空中鼓舞，自己在那兒轉，找到一個草，或者找到一個花，它就附到那個草、那個花高頭，鼓舞那個草、那個花，佛家所謂六道輪迴之說，就從這兒來的。這個乾陽有這個坤陰的形體，給它做爲憑藉，於是它就盡量的鼓舞坤陰，使令它向外發展，乾陽在花苞子裡面鼓舞，於是花苞子慢慢、慢慢就開開來了。各位先生晚上看曇花，就可以看得很清楚，那個曇花苞子只有這麼大，開開來，這麼大，沒有動能在裡頭，它怎麼張得開呢？那個動能從那兒來呢？從乾陽。乾陽鑽到裡面去，就鼓舞坤體，坤體於是長大了，乾陽的力量也愈來愈大，陰來涵陽，陽也壯大了，於是乎發之於外，發之於外，就由初爻發之於四爻。乾陽在裡面鼓動，鼓動的力量大了，於是乎它就突破變成四爻。它如何的突破呢？本來這個卦是從〈臨〉卦來的，重重的坤陰把乾陽包圍住了，於是乎乾陽的力量激發而出，把那個坤陰重重的包圍激破

了，激破了，第一步走，就變成地火〈明夷〉，第二步地火〈明夷〉再往上走，就變成〈震〉。所以〈臨〉卦一變而爲〈明夷〉，再變而爲〈震〉（見下圖），於是乎由初爻這個陽在裡頭鼓動，鼓動到最後突破了，一突破，就出來了，就表之於外，於是乎就發出聲音來了—砰！變成「雷」，就是那一股子力量。就和放爆竹一樣，那個爆竹，硝在裡面，外頭有這個紙裹著，把它一點燃了，裡頭力量大了，紙包不住了，於是乎一突破—砰！發出聲音來。所以「陰激陽、陽激陰」，陽激發這個重重的坤陰，而發出聲音來，就謂之「雷」，〈震〉卦取象爲雷，就是這麼來的。至於〈震〉卦爲什麼取象爲雷呢？因爲宇宙間只有雷那個動，最像「震」，「震」是向外發動的，向外發動的東西，只有雷最像，所以周公、孔子就拿「雷」來比喻。他並不是爲著「雷」而佈這個卦的，不是這個意思。因爲宇宙間有這一種氣化的表現，於是乎他怕我們子孫不了解這個卦的意境，因此他就在周遭的現象裡面，我們人盡可知的，抽出一種來做比喻。於是乎抽出什麼呢？「雷」，這個「震」的震動很像個「雷」，於是乎就拿來形容這個卦的卦情，不是這個卦是專門講雷的，不要搞錯了。〈乾〉卦講龍，並不是〈乾〉卦是說明龍的，是拿龍來形容那個狀態；這一卦講雷，並不是說明雷的，是拿雷形容〈震〉卦的狀態，這是第一個體象。

臨卦一變而為明夷，再變而為震：

臨卦　明夷　震卦

　　第二個，這一卦內體等於〈復〉卦，外體等於〈豫〉卦，〈復〉卦〈大象〉說：「雷在地中，復。先王以至日閉關，后不省方。」佛家所謂「閉關」，就是從《易經》裡頭學去的。「雷在地中」，還要保養。所以以前的帝王就根據這個雷在地中的現象，「以至日閉關」，到了至日那天就閉關不出去了；現在的帝王就根據以前的帝王的習慣，就「不省方」，不到外頭巡邏去。那個意思就是說「雷在地中」，還是要保養的。〈震〉卦的外體就是〈豫〉卦的外體，〈豫〉卦的外體也是震，〈豫〉卦〈大象〉說：「雷出地，奮豫。先王以作樂崇德，殷荐之上帝，以配祖考。」「雷出地，奮豫」，豫者是和樂通暢的意思。要怎樣才能和樂通暢呢？要很奮發，才能和樂通暢；要不奮發，就不能和樂通暢。什麼道理呢？因為「雷出地」，雷是行坤的。〈復〉卦二爻到上爻都是坤，雷從這個坤裡頭鑽出來，到了四爻，成為〈豫〉卦。〈豫〉卦三、四、五互成坎，坎為艱難險阻，外頭重重的坤卦把他包圍住了，所以有艱難險阻。遇到艱難險阻，所以要奮發；不奮發，就和樂通暢不了。先王就法這個象，「作樂崇德，殷荐之上帝，以配祖考」，要有所作為。〈震〉卦初九講：「震來虩虩，後笑言啞啞。」虩虩是恐懼的意思，啞啞是快樂的意思。這個爻辭就是表示「雷」在最初發動的時候，是很恐懼的，發得動、發不動，還是個問題，等到一發出來了，這個氣化就和諧了。所以這個卦的體象就是要把這個〈復〉卦、〈豫〉卦二個合起來看，在最初是要「至日閉關，后不省方」，在以後就「先王以作樂崇德，殷荐之上帝，以配祖考」，這是第二個體象。

　　第三，孔子在〈震〉卦的〈大象〉講：「洊雷，震。」《說文》：「灛，水至也。或作洊。」《爾雅》：「洊，再也。」「洊

雷，震」什麼意思？就是一而再的雷，才能夠變成震；單純的一個雷，不能變成震。一個雷它發動不了，它接著要有充沛的力量在後頭，才能發動。宇宙間一切的動態，無論個人的動作，或者社會的動作，都不是單純的。我個人的動作好像很單純，但是我個人要發動一個作為，如果沒有社會的配合的話，這個作為發動不出來。既有社會配合，當然是一而再的，不是單面的東西，所以「洊雷，震」。至於社會上要發動一切作為，更是一而再、再而三的，才能發動出來，比方武王伐紂是個大的動作，武王是一面的，紂是一面，就是社會起碼有二個以上的現象配合起來，才能夠構成這個動作，因此孔子說：「洊雷，震。」孔子在〈坎〉卦〈大象〉也講：「水洊至，習坎。」〈坎〉卦是二重坎水，底下一重坎水，高頭又是一重坎水，坎是流水的現象，水之所以流，絕不是一滴水，一滴水構不了流水，一定要後頭，一而再、再而三的，有這個水繼續不斷的來，才能構成流水，所以孔子講：「水洊至，習坎。」水不斷的到，於是才構成「習坎」，「習坎」就是坎而又坎。〈震〉卦講「洊雷」，〈坎〉卦講「水洊至」，都是講「洊」，足見得兩個卦裡頭有相通的。

為什麼有相通的呢？第一點，因為雷的發動和水的發動是一樣的。水的所以發動，是由後頭的水，推著前頭的水；雷的所以發動，是由後頭的力量推著前頭的力量。所以這二卦都有「洊」之象。第二點，〈震〉卦的本身就藏著有坎，三、四、五互坎，坎是個流通的現象。〈震〉卦是要從陰的裡頭把他突出來，所以它一定伏著有坎象。坎才流通，流通才能把它突出來；要不能流通，它老是在地裡頭鼓動沒有用啊！發動不出來啊！一定要「通」，坎有「通」象，因此孔子在這二個卦裡頭都稱之為「洊」，就形容這二個卦裡頭，卦情相關的

情況，這是第三個體象。

　　第四，〈震〉卦的卦義是講「行」、是講「動」，是講「出」，意思就是說〈震〉卦的行動是向外突破的、向外發揮的，所以取象為「雷」。春天春雷一發動，草木跟著春雷向外生長，蟄蟲跟著春雷向外飛舞，所有地面上每一樣生物都向外發動。從這個實際的現象來看，我們就可以體會〈震〉卦的「動」是怎麼個「動法」—向外的動，這是第四個體象。

立卦的意義

　　〈震〉卦主要的意義是告訴我們如何處動。宇宙間、社會上的動，可以分成二方面：一個是客觀方面的動，一個是主觀方面的動。客觀環境的動，又有正常的動、有不正常的動。所謂不正常的動，地震就是不正常的動，這是就宇宙現象來講；就人事社會來講，所謂正常的動，例如武王伐紂，在商紂的時候，有一條不成文法，叫「株連」，就是說這個房子的人犯了法，這個房子周圍四轉、和他二個隔壁的，統統要連坐治罪，所以老百姓怨聲載道，敢怒不敢言。武王伐紂，就把這個暴政摧毀了，當然這是一個正常的動，於是老百姓就可以依附武王伐紂的這個動，獲得生活上的改進。這就像春雷一聲發動，所有的草木都隨著雷的發動而成長，我們遇到正常的環境的動，我們就要抓著正常環境的動，把自己成長起來。至於不正常的動，像秦始皇的暴政，這是不正常的動。處理正常的動，我們是依附這個動，而成長自己；處理不正常的動，我們只有暫時趨避。為什麼暫時趨避呢？凡是正常的動，都是持久的，地球照著太陽走，他永遠是那麼走，一百六十七萬年，都還是那麼走；凡是不正常的動，都不會長

久的，比方地震，它就那個幾分鐘，就完了嘛！既名之爲不正常的動，那種動不會長久的。因此遇到不正常的動，只有暫時趨避一下，固然在趨避的時候，我們自身難免有損失，但是我們趨避一下子，可能在很短期內，就可以恢復正常，這是講我們怎麼樣處置環境的動，這是第一個意義。

　　第二個意義，我們從主觀方面來說明。我們自身感覺要發動一件作爲的時候，那怎麼處置呢？自身任何行動開始的時候，總覺得有所不習慣、或者生硬。例如開車子，剛開始，那個車子的性能總是有一點不熟，可是開久了以後，慢慢的輪機搞熟了，這個車子就開得很順利。例如初學著打拳吧！身上筋骨總有點酸痛，總感覺有點不大自在，可是打拳打久了，就覺得很自然了，沒有什麼了，蹲馬步也好，管他什麼步，蹲著不覺得苦惱。所以任何一種新的動作，在一開始的時候，總歸有些生硬不自然的感覺，經過一段熟練以後，就可以運用自如，我們俗話講「頭難」，就是這個意思。孔子在〈大象〉講：「君子以恐懼脩省。」在初九〈小象〉講：「恐致福也。」就是告誡我們處在動的時候，尤其在動的開始的時候，都感覺有點困難，所以在開始的時候，一定要戒慎恐懼；如果在開始的時候草率了，發生很大的漏洞了，於是乎做到中間，這個動作毀掉了。如果在開始的時候，戒慎恐懼，想得很周到的話，就不會有這個現象。那麼怎樣的戒慎恐懼法呢？這可以拿《中庸》上幾句話來解釋，《中庸》上說：「君子戒慎恐懼乎其所不睹，恐懼乎其所不聞。」我們看得見的地方，比方前頭有一條水溝、有個山坡子」很險難，當然知道戒慎、不敢走哦！可是看不見的地方，我們常常忽略了，每每人動作毀滅了，都是毀滅在看不見的地方，所以我們要「戒慎乎其所不睹」。人家講

我的壞處，我聽到了，當然知道恐懼，不敢犯哦！至於那個我聽不到的—我自己的錯誤、我自己的危險，就不知道恐懼，不知道恐懼，就容易疏忽，所以要從聽不到的地方來恐懼，自己設想，我這麼做，外頭是不是有批評的？老百姓是不是願意我這樣做？反身而想，假使我做老百姓，高頭在上的人這樣做，我是不是願意？要在這個地方恐懼，這樣子恐懼，就不會有錯誤。所以我們處理自己的動，一定要在一開始的時候，戒慎恐懼，而戒慎恐懼，要在看不見的地方戒慎，在聽不見的地方恐懼，這是第二個卦義。

第三，無論客觀方面環境的動，或者主觀方面自身的動，假使這種動一聲到了自己的方寸之中，失了主宰了，就像我剛才所講的，大陸上，卅八年、卅九年突然的共產黨佔據了，突變了，很多的徬徨莫知所措，你看她眼睛，眼睛都沒有光，不曉得怎麼辦？我親眼看到很多人是這樣的表現。如果這樣子，你往前動啊，那禍害一定接踵而來。你已經失掉主宰、莫知所之了，那你一動，就偏差了，就錯了，所以這就不能動。不能動，怎麼辦呢？就反其道而行之，就不是拿〈震〉卦來做，而是拿〈震〉卦的反面的道理來做。〈震〉卦的反面的道理是什麼呢？〈震〉卦的反面的道理是〈艮〉。〈震〉是「動」，〈艮〉是「靜」，在方寸之間，失掉主宰，莫知所之這種狀況之下，要持之以「靜」，這是第三個卦義。

總而言之，這個〈震〉卦是要告訴我們如何處動的，我們自身的成敗，乃至於國家的成敗，就在一個動，所謂「吉、凶、悔、吝生乎動」，動得好就吉，動得不好就凶，所以處理這個動，非常重要。怎麼個動法，我們只是提示一個大要，其他東西還很多，請各位先生自己體會。

貳、彖辭（即卦辭）

〈震〉：亨。震來虩虩，笑言啞啞。震驚百里，不喪匕鬯。

　　第一個講「震，亨」，〈震〉卦是由乾陽與坤陰初交而有通之象，所以震就亨，動才能通得了；不動怎麼通法子呢？沒有法子，死的怎麼通啊？其次，從卦變來講，〈震〉卦是從〈臨〉卦來的，〈臨〉卦二之四，就成〈震〉卦。二怎麼之四呢？二爻經過三爻，三爻再到四爻，就變成〈震〉卦。〈臨〉卦外體是坤，二爻是陽，二爻的陽爻到外體坤陰裡面，天地相交，萬物通暢，所以叫「震，亨」。根據我們人事社會來講，一個現象一定要有所動，才能通暢，老是靜在那裡不動，怎麼能通暢呢？所以「震，亨」。

　　第二，「震來虩虩，笑言啞啞」，「震」為什麼講「來」呢？易例裡頭：自外而內，就謂之來；自內而外，就謂之往。那麼現在這個〈臨〉卦二爻的乾陽，從外頭居於坤陰之內，所以叫做「來」。初爻和四爻這二個陽，我們不要把它看成二個，四爻是初爻的應爻，由初爻發展到四爻，就表示由這個裡面的乾陽慢慢的發展到四爻這個地方。「虩虩」是「恐懼」的意思，又是「蠅虎」的意思，「蠅虎」就是「壁虎」，「壁虎」就是吃蒼蠅，吃蚊蟲的。牠遇到蒼蠅蚊蟲，跳躍不寧、恐懼倉惶的。那麼這個「蠅虎」的象，那兒來的呢？根據卦變，這個卦是從〈臨〉卦來的，〈臨〉卦內體是兌，兌為白虎，所以有虎象；同時，〈臨〉卦的二爻，到著外體的四爻，四爻居坤，坤也為虎；同時，四居坤以後，二、三、四互成艮，艮是黔啄之屬，也有虎象，所以講「虎」，有這麼一個說法，我附帶的說明一下。這個是象。意義是什麼呢？「震來」者是來而居內動。凡是一個動在外頭

動，動的力量小，這個現象不一定發生變化；如果鑽到裡面動，力量就大，這個現象一定要發生變化，所以「震來」者是來而居內動。一聲來而居內動，就「虩虩」，有恐懼之貌。比方我們害病，假使表皮上有這個毛病，那沒有什麼關係；假使傷在裡面，那個病就沉重，所以動在裡面和動在外面不同。「震來虩虩」，就是動在裡面，有恐懼之貌。「笑言啞啞」，震為「言」，本卦來自〈臨〉，〈臨〉內體是兌，兌為口，口有「言」之象。兌為「和悅」；震為雷，雷一聲發動，萬動都和暢了，和暢了，於是乎就「笑」，所以「笑言啞啞」，「啞啞」者和樂之貌也。這是象，意思是什麼呢？就是說「震」開始來到裡面，就恐懼，可是經過一段恐懼之後，就自然和樂了，它並不是永久恐懼的，「震來虩虩」以後就「笑言啞啞」。

「震驚百里，不喪匕鬯」，「震驚」，震為雷，雷突然的霹靂一聲，使人發驚。「百里」，震就是乾陽來居坤，坤為方，里之象也。怎麼叫「百里」？「百」字很有道理，以基本的八卦來講，震卦是一個陽、二個陰，按易例：陽的動爻是「九」，陽的靜爻是「七」，陰的靜爻是「八」，震卦初爻的陽是居於動爻「九」，二、三爻的陰是居於靜爻「八」，四乘九得卅六，四乘八得卅二、二個陰得六十四，卅六加六十四得一百，所以震陰陽三爻之數合稱「百」數，坤為方，里之象，所以叫「百里」。這個雷一動，百里之內，可以聽到聲音，百里之外，聽不到了，所以「震驚百里」，周朝以前，為什麼百里建侯？就根據〈震〉卦來的。震為侯，震又是百里，所以百里建侯，這是卦象。「不喪匕鬯」，這個卦是由〈臨〉卦來的，〈臨〉卦外卦都是坤，坤為表，「坤喪於乙」，在納甲裡面，坤為喪，同時八卦方位到了坤的時候，月亮就無光。可是現在二爻上去居四爻，就把外體

的坤陰打破了，就「不喪」了。「匕鬯」是什麼東西？「匕」者和筷子差不多，比筷子還要長，「匕」是拿棘木做的，中爻互成坎，坎爲叢棘。爲什麼拿棘木來做呢？因爲棘木裡頭是紅的，表示祭神祭祖一片赤心。我們前面一卦講〈鼎〉，是烹太宰這些東西的。鼎烹好了以後，就拿「匕」出來，放在俎上。「鬯」是一種酒，是拿一種芬芳的草做的，那個酒是專門降神用的，特別的香，往年天子諸侯主祭的人，這二件事情－「匕」、「鬯」二個字拿出來，「不喪匕鬯」，就是匕鬯不失。「震驚百里，不喪匕鬯」，這二句合計起來，什麼意思？「震驚百里」就是震動的恐懼的範圍很大。震動的恐懼的範圍雖然很大，但是「不喪匕鬯」，主祭的人手上拿著這個「匕」，倒著這個「酒」，不喪失。這就表示雖是在極度的恐懼之下，而自己祭神的秩序毫不紊亂，非常鎮定。

參、爻辭

初九：震來虩虩，後笑言啞啞，吉。

這個初九是主爻。主爻的爻辭，就在卦辭裡面，不過周公特別加加一個字－「後」。就是說這個震動剛剛開始來，當然虩虩恐懼，可是以後要持之以鎮定，不能老是恐懼。老是恐懼，還得了嗎？以後要「笑言啞啞」，要很和樂、很和暢的樣子，不爲「震來虩虩」而變更自己的態度，所以周公講：「震來虩虩，笑言啞啞，吉。」這一爻沒有什麼，第二爻麻煩一點。

六二：震來厲，億喪貝，躋于九陵，勿逐，七日得。

二爻與五爻相應，二應五要經過坎，坎爲險難，所以「厲」。「億」者數之大者，言其多也。虞翻解釋這個「億」爲惜辭，「億」就是「噫」，「億喪貝」就是「唉！喪貝！」這個解釋不妥當。「喪」者，二居坤，坤爲喪。「貝」，二變爲離，離爲蚌，往年這個「貝」就是現在的錢幣，「億喪貝」就是大喪其貝。

「躋」是往上攀登的意思，二互艮，艮爲山，二乘初，初在艮山之下，所以叫丘陵。爲什麼講「九」呢？初爲陽爻，陽爻居九，所以講「九」。這是「躋于九陵」。

「勿逐」，二爻居震，震本來是往前走的，可是二爻互艮，艮爲止，把行動止住了，所以「勿逐」。「七日得」，我剛剛講〈震〉卦的內體，就是〈復〉卦的內體，〈復〉卦的卦辭是「七日來復」，所以講「七日得」。「七日得」就表示一個循環還可以得到。那這一爻爻辭合計起來，什麼意思？「震來厲」，震剛剛來，來得很危厲。「億喪貝」，「貝」者是代表「陰」，「喪貝」就是喪失那個「陰」，喪失那個「財富」。這個震剛剛一來，陽動得很厲害，「陰」承受不了，損失很多。在這個損失很多的情況下，怎麼辦呢？只有「躋于九陵」，攀附著九陵，暫時逃避一下子。「勿逐」，不要追逐。「七日得」，過一個循環，也許它就回來了。

在這個卦象來講，是陽來得很厲害，陰承受不了，陰承受不了，就暫時「躋于九陵」。「九陵」是代表「陽」，「躋于九陵」就是還要攀附到「陽」。就是說陰承受不了，還要生陽。陽一足，你不要追逐，「扶陽」可以「生陰」。就人事社會來講，例如共匪吧！

「震來厲」，才來的時候，非常危險。「億喪貝」，掃地出門，大喪其貝。「躋于九陵」，我們逃到臺灣，迴避一下。「勿逐」，暫時不要追逐那個財產。「七日得」，也許經過一個循環，他又回復了。因爲這是動態最厲害的時候，不尋常的，不尋常的動態就不會持久的，這一爻是這樣。

六三：震蘇蘇，震行無眚。

在《書經》上講：「后來其蘇。」死而復生曰蘇，「后來其蘇」，這是講夏桀的時候，后來，成湯來了，我們就活命了。六三怎麼講「震蘇蘇」呢？動是以陽爲主，一切的動力，無論是宇宙間的動盪、或是我們人事社會的動力，都是靠著陽，我們每個人能夠動、能夠說話，完全靠著陽，所以動是以陽爲主。講這個卦，我們就要看易例了，易例裡面，初爻和四爻是相應的，二爻和五爻是相應的，三爻和上爻是相應的。所以在講初爻，我們就要注意四爻怎麼說法；講二爻，就要注意五爻怎麼說法；講三爻，就要注意上爻怎麼樣說法。前面講震動是以陽爻爲主，在初爻，它是本身動，是主動的所在，來得很兇，所以講「震來虩虩」；到了二爻，它是乘著陽，距離陽很近，所以「震來厲」，來得很兇；到了五爻，也是乘著四的陽，所以「震往來厲」。三爻距離陽遠，上爻距離陽爻更遠了，所以上爻講「震索索」，索索者蕭索消退的狀態，因爲它距離陽遠，動彈不得了，那個動力微乎其微了。三爻也是距離陽很遠，應當動不起來，不然，三爻它的好處在什麼地方呢？它距離初陽雖是遠，它承著四爻的陽，對於內在這個動力的圈圈，它居在外圍。等於我們拿一個石子丟到水裡面去，那個水裡頭就是一個波紋、一個波紋，最裡頭那個波紋很深，愈

到外頭，那個波紋就愈淺。石子剛丟到裡面，那個是初爻、二爻，是那個波紋很深的地方，到了三爻，是那個波紋外頭了，它很淺，有一點動彈不了的意思，但是四爻接著了，還有後繼支援的動力，於是乎它死而復生，又動起來了。和那個機器一樣，快要停了，後頭又有繼承的力量，把它支持住了，它又動起來了，所以死而復生，有「蘇蘇」之象。

　　爲什麼講「蘇蘇」呢？因爲震爲「反生」，「反生」就有死而復生之象，從底下再生起來了，震而又震，所以有「蘇蘇」之象，這是講「震蘇蘇」。「震行无眚」，三、四、五互成坎，坎爲眚，可是三爻一動變成陽，坎象就不存，所以「无眚」，這是象。意義就是說假使我們居在動的力量的外圍，這個動的力量已經微了，但是繼續的還有其他的動力支持住了，我們儘管去行動，在這種狀態的行動，沒有毛病；可是假使我們動的力量不夠，居在動的能力的外圈圈，就和石頭丟到水裡，在水紋外邊的圈圈已經快消滅了那個樣子的，而又沒有其他力量支持住，就不能動。比方拿我們人事社會來說，我們曉得每一個朝代在開代的時候，大家都很有精神，文治武功各方面都配合得很好，漢朝、唐朝、宋朝都是如此，經過二、三代以後就衰了。什麼道理？這就是剛才講的，拿一個石頭丟到水裡，剛剛丟的時候，那個水紋現得很深，慢慢到了外圍了，水紋就愈來愈淡了，這時候假使有一股子力量再起來，那就是「震蘇蘇」的狀態，依附著這個狀態去發展，沒有毛病，「震行无眚」。

　　比方，商朝到了武丁皇帝的時候，恐怕是很危險了，快要滅絕了，可是武丁皇帝找到傅說做宰相，於是乎把商朝中興了，就是本來衰了，到著武丁一股子力量再起來、支持住了，那就是「震蘇蘇」，

死而復生，這樣子發展，沒有毛病；如果他已經衰了，同時又沒有後繼的力量，那麼這個就要斟酌了。我們學這一卦，要了解這一點，就是宇宙也好、社會也好，沒有一個動作是永遠的那麼強盛下去，只有那個維持常軌的行動，可以維持得久一點，可是到著最後，那個行動還是要消滅的。前幾天報紙高頭，好像英國的天文學家發現太空銀河系那一環有黑洞，這個黑洞是怎麼來的呢？我們看滿天都是星球，可是這個星球裡頭有個系統的，像我們這個太陽，就帶了十二個行星，他們西方講九大行星，事實上，十二個行星。太陽帶著十二個行星，在空中佔著這麼一個角落。這個太陽帶著十二個行星，是不是永久的，不是，到了某一個時期，這個太陽消滅了。太陽消滅了，太陽系這個圈圈，整個的黑暗了。於是從另一個星球來看，這一環黑掉了，我們看到其他的地方，有黑洞，於是其他地方那個太陽系死亡了。這個宇宙間，太陽系不知道有無數萬萬，西方把銀河看成長的，事實上，銀河是個什麼東西呢？銀河是個圓的、不是長的，因爲我們這個太陽系是在銀河東邊一個角落裡面。在這個太陽系裡頭，看銀河，只看到這麼一個角落，於是以爲這個角落就是銀河，事實上，那一邊還有那一大環，我們看不見，可是這個銀河系都是圓的圈圈，宇宙間有多少銀河系這個圓的圈圈呢？無數萬萬的銀河系圈圈，一個圈圈、一個圈圈……不曉得有多少。我們太陽所佔的這個銀河系並不一定是宇宙間最大的圈圈，可能還是小圈圈，我們是在這個圈圈裡頭，第三等的蹩腳太陽，所以講起來我們在地面上，微乎其微的，很渺小，我們剛才講太陽系黑洞，就是這個。所以宇宙間一個行動，一個動態，沒有永久存在的，這個行動消滅了，那個行動起來了。他跟太陽系一樣的，這個太陽系消滅了，那個太陽系起來了。邵康節《皇極經世》就是給我們這個太陽系算命的，不是算小命，是算大命，算這個太陽系

什麼時候死亡，我們這個地球什麼時候消滅。

九四：震遂泥。

　　按照鄭玄的解釋：「遂，進達也。」「泥」，這個〈震〉卦，在爻位看，一段、二段、三段、四段，五段、六段，那要分段來看。在整個卦體上來講，這個外卦的雷就是這個內卦的雷，不是另外還有雷啊！因爲這個內體的雷在地中間，慢慢地孕育孕育起來，奮激而出，就變成外體的雷。我們看四爻周圍四轉二爻、三爻、五爻、上爻都是陰，被陰包住了；同時，這個卦本來是從〈臨〉卦來的，〈臨〉卦二之四就成〈震〉，〈臨〉卦二爻沒上去呢，這個外體都是坤啊！二爻上去就把坤體破了，坤就變成坎，坤爲土，坎爲水，水土交融，就變成「泥」的狀態，所以講「泥」。這是象。

　　「震遂泥」是什麼呢？就是說這個雷的動，往前進，進到泥沼裡去，被重重的陰包圍住了，震爲足，等於腳插進泥沼裡去了。腳插到泥沼裡去，於是乎拖泥帶水的，行動就受阻礙，所以「震遂泥」。這個雷的動到著外頭，我們外表看起來是沒有什麼；假使我們自己是雷的本身，雷一聲奮發出去，他要費很大的氣力，那個時候很苦哦！等於那個小孩子從娘胎裡出來，我們不瞭解小孩子那個境界，但是我們從外表可以看得出來，小孩子一出娘胎，就呱呱而哭。他爲什麼哭呢？是天德使之，是自然而然的，他感受到痛苦，所以哭。任何一個東西，初產生出來，都費了一番心血，都是很苦的。比方要發創一件事情，除非你沒創造過事情，你一輩子做人家底下的公務員，在胳膊窩裡過日子，不感覺到；假使自己做過老闆，自己創造過事業，那個事業要成不成、剛剛才接觸社會的那個時候，自己心裡很痛苦。這是

什麼道理呢？這就表示我們自然有一股動力要發之於外，可是宇宙社會是綜合現象組成的，各有各的宗旨，各有各的趨向。比方我們在座的這麼多人，各人有各人的嗜好，不是大家都是一條線，都是一致的，因此我們這一種動力發揮出來，是不是其他的所有各部門的宇宙現象都能夠調和呢？都願意我們任意的發揮呢？不見得，處處都有障礙，就是再好的一個動作，在剛剛發揮出去的時候，總歸是有障礙。所以假使我們有一種動力剛剛發之於外的時候，就要防備這一點，我們要知道外頭有些方面，可能與我們諧和的，有些方面可能與我們不諧和。不諧和的，我們的行動，他就會阻礙。這個阻礙，我們怎麼辦呢？我們就「雷出地，奮豫」，我們就奮發，奮發才能夠有結果；不奮發就不行，這是「震遂泥」。

六五：震往來厲，億无喪，有事。

　　五爻和二爻要並看，六二：「震來厲，億喪貝，躋於九陵，勿逐，七日得。」二爻講「震來厲」，五爻講「震往來厲」，這兩爻都講「厲」，為什麼？我們先看二爻，孔子在二爻〈小象〉說：「震來厲，乘剛也。」初爻是動的核心，二爻乘著動的核心，等於在炸彈邊上，那個炸彈一下來，當然很危險哦！所以講「厲」。五爻亦復如此，初爻發之於外，變成四陽，五爻雖不是乘著初陽，但是五爻乘著四陽，它接近發之於外的那個動作核心。既然接近發之於外的那個動作核心，照例的，那個力量很厲害，所以也是「厲」。那麼為什麼二爻講「震來厲」呢？易例：自外而內的就謂之「來」，自內而外的就謂之「往」。這個初爻的陽進「來」了，二爻就乘著初爻之上，所以講「震來厲」；初爻的陽是動作的核心，初陽「往」之於外，變成四

陽，五爻就乘著四爻之上，所以講「震往來厲」。

「億无喪」，好多人解釋這個「億」字和那個口字旁的「噫」是一樣，是個嗟嘆辭。事實上，這個「噫」字，當「大」字講，何以當「大」字講呢？孔子在〈小象〉上講：「其事在中，大无喪也。」孔子解釋既是「大」字，當然我們後人不能越雷池一步，不能因為我們解釋上方便，就把孔子〈小象〉上的字義給它變更了。「億无喪」就是无大損失。「无喪」的象是從那兒來的呢？四爻這個震陽是從初爻發之於外的，在沒有發之於外的時候，這個外卦是坤，納甲，「坤喪於乙癸」，坤喪於乙而滅於癸，所以坤為喪。現在陽發之於外，把坤體破了，所以就「无喪」。

「有事」，坤為「事」，五與二相應，二、三、四互艮，艮又為事。這個「事」是指什麼呢？指「祭祀」。往年「國之大事，唯祀與戎」，「祀」就是「祭祀」，「戎」就是閱兵典禮、整理軍備，這二件事情就是天子諸侯親自做的國之大事。五爻與二爻相應，二爻居艮，艮為宗廟，坤為鬼，宗廟裡頭有鬼象，那就是祭祀的意思，所以「有事」指「祭祀」而言。這個「億无喪」就是卦辭裡所講的「不喪匕鬯」，這個有事就是「匕鬯」之事。

從卦辭來看，主爻在五爻，以上是象，意思是什麼呢？我們一切的動，都有二方面，一方面是動的那一方面，一方面是承受動的那一方面。初爻是動的那方面，二爻是承受動的方面；四爻是動的方面，五爻是承受動的方面。初爻這個雷，藏之於內，力量很大的，所以二爻講：「震來厲，億喪貝，躋于九陵，勿逐，七日得。」大喪其貝。四爻那個雷，已經發之於外，表現是很大，事實上，裡頭力量消耗了，所以五爻講：「震往來厲，億无喪，有事。」沒有大的損失。以

上是就動的那一方面來說，再就承受的這一方面來說，五爻是居中的陰，在四爻的動力之下，能夠承受得住。所以這一爻的意思就是說那個主祭的人，在承受四爻動力之下，綱紀倫常還不會損失，還可以繼續維持那個主祭的事情，這是五爻。

上六：震索索，視矍矍，征凶，震不于其躬，于其鄰，无咎，婚媾有言。

上爻複雜一點點，上爻和三爻兩個對看，三爻講的是「震蘇蘇」，三爻距離震動的核心已經遠了，在外圍了，所以它有動彈不了，快要死亡的樣子，但是還有四爻這個陽乘之以動，支持它。我們前面講過，凡是接近動作的核心的，就動得厲害，比方二爻是接近動作的核心，所以「震來厲」；五爻也是接近動作的核心，所以「震往來厲」；三爻雖不接近動作的核心，但是外頭有支持的力量來了，所以「震蘇蘇」；唯有這個上爻，它距離動作的核心很遠，而往前無所依靠，往後也無所依靠，它一個人孤零零的居於卦外，因此「震索索」。索索者，蕭索的狀態，就是力量不夠。為什麼力量不夠？因為上爻距離陽很遠，而外頭又沒有其他的陽來支持它。我們在〈坤〉卦裡講：「先迷，後得主。」就是坤陰在陽的支配之先，就有所動作，它就迷惑了。比方身體要有意識支持他，他這個身體動作才能和諧哦！假使這個身體沒有意識支持他，這個身體就不能動作了。這個上爻的坤陰既沒有陽支持它，所以中心沒有主宰。中心既沒有主宰，於是它就「視矍矍」，「視矍矍」是什麼意思呢？就是眼睛沒有神，瞻視徬徨，眼睛無所著落，不曉得看什麼地方好了。「征凶」，這與三爻要對看。「三爻」講「震行無眚」，可以行動；上爻講「徵凶」，

不能行動，一動就凶。為什麼呢？因為三爻本來位不正，他一動就變正了，變正就破坎為兌了，所以「無眚」。至於三爻呢？上爻本來陰居陰位，一動之三，但三也是陰，兩個不相應；而且，上爻下來居三，要經過坎，坎事險難，所以「震索索」，行動無力的樣子；「視矍矍」，中心失掉主宰，眼睛也沒神了。在「震索索，視矍矍」這種狀態之下，不能行動，一動就凶，所以「征凶」。

「震不于其躬，于其鄰，无咎」，這一句話很有意義。《長短略》有〈假託略〉，就從那兒來的。「躬」，這個卦本來是從〈臨〉卦來的。〈臨〉卦二之四，就變成〈震〉。〈臨〉卦上爻居坤，坤為躬。「鄰」，〈震〉卦外體是震，內體也是震，震居東方；這個卦前身是〈臨〉，〈臨〉底下是兌，兌居西方。震東兌西，有鄰之象。鄰指五爻而言，為什麼呢？因為這個五爻是乘著四爻的陽，正是鄰著動作的核心，所以它首先感覺到動作的驚懼。到了上爻，在外圍了，已經感覺不到了。那個石頭打水的那個圈圈，快要消滅了，震動不了了，所以「震不于其躬，于其鄰」。這是指示我們什麼呢？就是指是我們遇到震動的時期，自己「震索索」—行動無力，「視矍矍」—瞻視徬徨，中心失掉主宰。在這個狀態中，那我們對於這個震動怎麼辦呢？我們就要用假託的方法—「震不于其躬，于其鄰」，把這個震動的驚懼移到別的方面，就「无咎」。也和那個二爻「震來厲，億喪貝」拿那個「躋于九陵」來逃避一樣，這個上爻是拿「震不于其躬，于其鄰」來逃避，縱橫家就從這個地方想出「假託」一略。

「婚媾有言」，我們剛才講這個震動，它是有陰陽兩面的，有主動的—震動之主宰的東西，有被動的—震動的支配下的東西。主動的是陽，被動的是陰。「婚媾」者就是代表陰陽的兩面結合現象，這個

卦上爻居震，三爻如果和它二個相應的話，三爻一變，就變成兌。震是長男，兌是少女，有「婚媾」之象。同時，來知德說凡是《易經》裡頭有震卦的、有坎卦的，就有「婚媾」之象。比方〈屯〉卦是坎、震二卦而爲一體，所以〈屯〉卦裡頭總是講「婚媾」，他是統計的說法，他把所有的《易經》裡頭六十四卦統計了，凡是有坎卦、有震卦二個合在一起的，都有「婚媾」的現象。那是什麼意思呢？坎是一種滋潤的濕氣，震是一種熱的動力，兩個東西在一起，才能生長一種東西。例如雞孵卵，雞卵裡頭須有蛋清─滋潤的濕氣，外頭我們拿孵卵器這個電火─熱的動力給它烤，烤到相當的熱力，於是乎裡頭滋潤的濕氣，承受著熱的動力，就變成小雞。其他如長青苔、化生種種小蟲子，莫不如此，所以濕與熱兩個在一塊，就有「婚媾」化生之象，這是來知德統計的。那麼這個卦，上爻居震，應爻是坎，有坎、震交合之象，所以講「婚媾」，這是他的說法，附帶的解釋一下。我們普通講三爻變，變成兌，兌爲少女，震爲長男，長男、少女有「婚媾」之象。「有言」就是三爻如果變了，變爲兌，兌爲口，口爲「有言」之象，「言」指謫的意思，「婚媾有言」就是說「震索索，視矍矍」中心沒有主宰、瞻視徬徨到了這個程度了，那個陰、陽─震動的主宰者與震動的承受者兩方面合不起來，合起來也是勉強，有詬病。比方我們一個政策一聲下來，天下太平了，那兩個婚媾就無言了；假使這種政策，天下認爲現在不需要，兩個格格不入的人，就是「婚媾有言」。

肆、象傳

象曰：震，亨。震來虩虩，恐致福也。笑言啞啞，後有則也。震驚百里，驚遠而懼邇也。不喪匕鬯，出可以守宗廟社稷，以為祭主也。

〈象傳〉脫了「不喪匕鬯」四個字，這是過去輾轉抄落掉的，程頤夫子已經講過了。我們現在講〈象傳〉，從來每一句都有解釋，唯有「震，亨」沒有解釋，為什麼沒有解釋呢？因為〈震〉是以乾交坤嘛！陰陽相交，當然就通了嘛！任何東西都是從動中生出來的，不動，那裡會生呢？不動，這個社會就死了；我們宇宙這個行星繞著太陽，天天運行，它才能夠活啦！它不運行就死亡了嘛！所以一動當然就生。凡是亨通的現象，都是動的；不動的現象就不會通暢的，因此它「震，亨」沒有解釋。

第二個，「震來虩虩」是什麼意思呢？是「恐致福也」。「虩虩」者，恐懼的樣子。為什麼恐懼呢？因為震是雷象，雷一打起，就有驚動，有驚動，就發生恐懼。「福」字怎麼來的？乾為福，這個卦是以乾交坤，所以講「福」。「恐致福也」，意思是什麼呢？就是因恐懼而致福。福澤的對方面是禍害，禍害的來源就是懈怠，一個人一旦懈怠了，覺得我自己很好，那禍害就來了，一個人天天在那兒奔走，天天在那兒做，內心都有不夠之想，不是感覺得外在的不夠，就是感覺內在的不夠，戒慎恐懼的，這個生命才能夠繼續存在。

第三，「笑言啞啞」是什麼意思呢？「後有則也」。三、四、五互成坎，坎為法則，所以講「則」。我們乍一臨著震動的情況，總是

有驚懼，所以這個卦內卦是「震來虩虩」，可是到著以後慢慢的熟練了，就有方法適應這種情況了，所以到著外卦就是「後有則也」。

第四，「震驚百里」是什麼意思呢？「驚遠而懼邇也」。外卦為遠，內卦為邇。發之於外，於是乎「震驚百里」，動之於內，於是乎「震來虩虩」，發之於外的是「驚遠」，動之於內的是「懼邇」。「震驚百里」這一句話的意思就是說無論是遠近都有驚聚的現象，遠的是「驚」，近的是「懼」。

第五，「不喪匕鬯」是什麼意思呢？「出可以守宗廟社稷，以為祭主也」。震為出，一動就出去了。出去了，於是互成艮，艮是宗廟。這個〈臨〉卦二之四，就開化了外卦的坤，坤為國，坤為邑，坤為天下，所以有「社稷」之象。「匕鬯」是國之大典，就是表示重要的綱紀規則，無論在任何驚懼之下，「不喪匕鬯」，這個重要的綱紀規則，不會變更。這樣子，就「出可以守宗廟社稷，以為祭主也」，如果外頭環境一變了，我自己就會倉皇失措，我自己家裡腳步就亂了，那就完了，當然談不上「出可以守宗廟社稷，以為祭祖也」。

伍、大小象傳

象曰：洊雷，震。君子以恐懼脩省。

「洊雷，震」，意思就是說這個雷，一而再，再而三的發動，構成震驚之象。「君子」，這個卦是從〈臨〉卦來的，〈臨〉是以乾為主，乾為「君子」。「脩」，這個卦是從〈臨〉卦來的，〈臨〉卦外頭都是坤，坤為身，坤身是死板板的，二爻是陽，二爻一上去，

到著四爻，就把坤身開化了，有陽去把它脩身了，這是「脩」之象。「省」，曾子說：「吾日三省吾身。」（《論語·學而》）「省」是省身也，反省自己的身體，所以這個「省」字的象來源和「脩」字是一樣的。「恐懼」，卦本來是震，震驚百里，當然是「恐懼」了，這是象。合計起來，是什麼意思呢？就是看到這個雷的震動的狀態，君子就法這個象，凡是遇到一個動作，就恐懼，但是光恐懼不行，徒徒的恐懼，那是癡人也，恐懼要有個作用啊！要「恐懼脩省」，因「恐懼」而「脩省」。見到這個「震驚」的動作，於是乎自己「恐懼」；因為這個「恐懼」，於是乎自己反身自「脩」，「省」察自己有沒有錯誤，有沒有缺點。假使在這個震盪危疑之下，自己錯誤點很多，那就很危險囉！自己趕緊脩省，彌縫自己，那麼雖是震盪危疑，也可以渡得過，「恐懼脩省」的作用，就是如此。

初九象曰：震來虩虩，恐致福也。笑言啞啞，後有則也。

「震來虩虩」是什麼意思呢？是「恐致福也」。因為恐懼而致福。初九是「震來虩虩」，初九發之於外，就變成九四的「笑言啞啞」，就純熟了，就有方法應付這個震驚的情況了，所以「笑言啞啞」的意思就是「後有則也」。

六二象曰：震來厲，乘剛也。

二爻為什麼來的很威厲呢？因為它乘了初爻的剛，接近動態的核心，所以「震來厲」。

六三象曰：震蘇蘇，位不當也。

　　三爻距離震動的核心太遠，應當是死，爲什麼又死而復生呢？因爲「位不當也」。它是陰爻而居陽位，陰爻而居陽位，是位不當，但是可以死而復生，藉著這個陽位可以生。

九四象曰：震遂泥，未光也。

　　九四這一爻，就是〈屯〉卦的九五這一爻。這一卦由初爻到五爻，就是〈屯〉卦的體象，所以這一卦的四爻，就是〈屯〉卦的五爻。〈屯〉卦的五爻：「施未光也。」意思就是光明沒有發揮出來。光明是離，現在〈屯〉卦五爻是坎，離伏在裡面，所以光明沒有發揮出來。「震遂泥」也是光明還沒有發揮出來的意思，因爲被這個陰霾的企劃把它包裹住了，所以講「未光也」。

六五象曰：震往來厲，危行也。其事在中，大无喪也。

　　「震往來厲」是什麼意思呢？「危行也」。五爻乘著四爻的陽，五爻與二爻相應，二爻乘著初爻的陽，往來都是接近動態的核心，很危險，因此講「危行也」。震爲行，三、四、五互成坎，坎爲險難，這是「危行」的象。「其事在中」是什麼意思呢？「大无喪也」。五爻居君位，居君位就主祭，「其事」就是指的「不喪匕鬯」，主祭的人就是執「匕」執「鬯」的人。「中」者，居中得位，恰到好處。「其事在中」，就是所主祭的事情恰到好處，所以「大无喪也」，在大的方面沒有什麼損失。

上六象曰：震索索，中未得也。雖凶，无咎，畏鄰戒也。

「震索索」就是腳步拖不動。為什麼腳步拖不動呢？因為「中未得也」。內在沒有主宰。「雖凶，无咎」，雖然它是凶，但是沒有毛病。為什麼呢？因為「畏鄰戒也」，在上爻旁邊的五爻先接近震動的核心，已經受了震動的驚懼了。因為五爻受到驚懼，而上爻有所戒備，所以「雖凶，无咎」。

以上〈小象〉交代了，我們再講一講這個卦的六爻要怎麼看？二爻與五爻對看，三爻與上爻對看，初爻與四爻對看。四爻就是初爻，在初爻沒有發之於外，是「震來虩虩」，就在裡面有恐懼之象；初爻發之於外，就變成「雷出地，奮豫」，凡一切關於動態重要的關節，在這六爻裡面，叫我們怎麼迴避、怎麼應付，都指示出來了。

第五十二卦

艮卦

周鼎珩講　桂少庚記錄

艮

艮　艮
上　下

—— 此係八純卦，消息十月，旁通〈兌〉，反對〈震〉。

壹、總說

佈卦的次序

〈艮〉卦在我們個人、國家、社會的保養長成方面，很為重要，尤其是中國道家的所謂觀象，孟子「我善養吾浩然之氣」（《孟子・公孫丑上》）這種養氣功夫，所根據的就是〈艮〉卦。

從前我們講過，宇宙的一切萬有現象，都是動靜相承的，不是動就是靜，我們地球的運轉，有晝有夜，晝就是動，夜就是靜，因為萬物的化生，每一剎那都在動，沒有動，它就不能化生，可是化生以後呢，一定要靜養，不靜則會無法養，所以生要動，養要靜，無論

飛禽走獸，任何現象中，在出生之初是動，出生以後都是靜，即如樹木花草、豆類都是出生是動，出生之後就是靜，這樣才能達到成長的結果。前面我們所講的〈震〉卦，就是主動，〈震〉卦告訴我們如何的去動，可是〈震〉卦的動是從哪裡來呢？是由於乾，乾陽鑽到坤陰裡面，變成核心鼓舞了坤陰而成了動態，可是宇宙的發展，動靜是相因的，動了以後一定要靜，所以〈震〉卦裡頭上爻有明白的啟示，〈震〉卦的上六：「震索索，視矍矍，征凶。」就表示動到最後就沒有法子動了，所以〈震〉卦在最後，如中心無所主宰，莫知所止，就不能再繼續的動了，因之〈序卦〉說：「震者，動也。物不可以終動，止之，故受之以〈艮〉。」艮者止也，止就是靜，《禮記・大學》上講：「知止而後有定，定而後能靜，靜而後能安，安而後能慮，慮而後能得。」能夠止才能夠靜，所以一切的現象，都是內在有股活動的力量，可是力量有時而窮，窮的時候，動就停止了，動停止了，接著就靜，所以在〈震〉卦之後，就接著有〈艮〉卦，〈艮〉卦在〈震〉卦之後佈卦，就是這個道理。有人懷疑說：動以後就是靜，沒有永遠在動的，然而地球豈不是永遠在繞著太陽運行嗎？沒有停止過呀！因此可見不是說動之後一定要靜了，有人提出這個問題，實在是沒懂「動」的涵義，「動」和「行」是不同的，《說文》：「動，作也。」《廣韻》：「動，出也。」從土壤裡冒出來了叫動，《禮記・月令》講：「仲春，蟄蟲咸動。」所以「動」的意義不是經常的，就是一剎那出生的時候，那個表現才叫「動」，它是一時的；「行」則不然，「行」是經常的，地球的運行，好像人走路一樣，那是處於經常性的，與一時之「動」不同，所以不能拿地球的運行來反對動極必靜，這個話是很不對的。

成卦的體例

拿四象來講，一陽附之於太陰之上，就謂之艮，假使陽鑽在坤陰裡面就是震，拿八卦來講，乾三附在坤體的上面就叫艮，所以無論從四象或從八卦來看，這艮卦都是陽附在陰體之上（或外），與震恰恰相反，陽如鑽在坤體裡面，它就向外鼓舞擴張，於是就「動」了，而艮呢？是陽附著在外，陽本來就是向外的，它已經在陰體之外了，再向外擴，它就沒有法子再擴張了，無所往，它只有停頓了，陽是不能離開陰體的，艮卦的陽在外面，它要再擴張，就要離開陰體了，所以只好停住不能再動了。就如我們人在幼年時期，營養積之於內，所以幼年時的體型很結實，等到年紀大了，胳臂粗了，身體碩大了，這就是陰體的膨脹時，陽附著在外面了，小孩子時候陽在裡面，所以形體都很結實，老年時陽能附之於外，形體膨脹到不能再膨脹時，也就不想多動了，所以震卦和艮卦兩個不同的情況就在此，因之〈說卦〉、〈雜卦〉、〈象傳〉，皆訓「艮為止」，這是第一點說明。

第二點呢，伏羲六十四卦方圖圖例、文王八卦方位圖例，艮居東北，我們第一次送給各位講義裡，附的那個圓圖，與這《皇極經世》對照著看，太陽系的運行，完全根據伏羲六十四卦圓圖的那個稿子上，我標的有子、丑、寅、卯、辰、巳、午、未、申、酉、戌、亥，在伏羲六十四卦圓圖裡，寅是東北角，西南角是申，子、丑過了，第三個就是寅，如果拿寅和申畫一條斜線，把六十四卦分成兩部分，在斜線的左上邊，即在東南部分，那些卦位是代表地球的休克時期，即地球的休養時期，從申、酉、戌、亥、子、丑這六個字所代表的時間，一共是六萬年，而這六萬多年，是地球休養的時間，裡頭是不長東西的，在那上半部東南卦位，那個六萬多年呢，即是地球的化

育時期，而我們現在正是在這東南卦位，地球化育時期中一段短短的時代，我們以這個圖來看，尤其是文王八卦圖上，艮居東北，在寅的上面。坤呢？坤就是以申卦來代表，居於西南位置（見下圖），坤、艮在一條線上，艮、坤二卦，遙遙相對，這兩卦若畫一條線，在左上方，就偏木火的氣象，而右下方則有金水的氣象，木火是陽，艮金是水，是陰消而在陽息氣象，地面是化育時期，在陰消的氣象，地面是

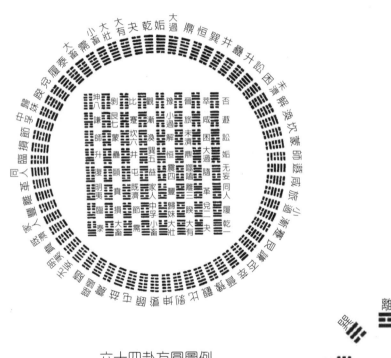

六十四卦方圓圖例

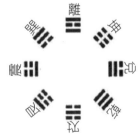

文王八卦

冷卻的時期，從這一點可以看出來，艮、坤（寅申）是陰陽消息的一個界限，所以這兩卦彼此息息相關，故在〈坤〉卦卦辭裡頭：「利西南得朋，東北喪朋。安貞，吉。」那麼在坤卦裡頭兼寅東北，東北是艮卦，在〈坤〉卦裡頭怎樣講到東北呢？這表示坤卦與艮卦有關係，在〈艮〉卦卦辭裡：「艮其背，不獲其身。」艮像背一樣，坤像身一樣，故在艮卦裡面寅身，因此艮、坤二卦，兩相兼寅，本來艮、坤二卦的源頭相同，都是從太陰來的，故其基礎相同，太陰之上加上個陰就是坤，太陰之上加一個陽就是艮，因此在納甲方面，兩個都入土，〈坤〉卦是：「安貞吉」，要很穩定，在〈艮〉卦裡頭，孔子說：「艮，止也。」止就是穩定，所以兩卦的卦情有相通的地方。

　　第三，我們講到卦體，坤卦、艮卦兩個雖都是土，但坤取象為地，地是平平坦坦的，艮取象為山，山是有陽而凸出來的，艮卦所以有別純陰的坤卦，就是它裡頭有陽使它鼓動得凸出於地，有凸起的現象，山固然是向外面凸出來的，但剖開裡面，本質卻仍然是土壤沙石地，坤為地，地又是什麼呢？也是土壤沙石。

　　第四，不僅如此，艮之所以為止，就是艮的大象為山，山呢，是獨立的，止於其所，這座山在這個地方，十百千年後，這座山還在這個地方，故孔子把它解釋為止，就是山為穩定不移的。這個「止」字，後頭我們還要解釋，一般人認為所謂「知止」，就是知道滿足了，其實這個「止」字，不是這個意思，「知足」才是知道滿足了，所謂滿足完全是指物質上講的，與「止」不同，這個「止」完全對心理講的，一般人常把「知足」、「知止」混為一談，其實不然，「知足」，比如說，我今天有這麼些錢，我夠了，我知足了，我滿足了。「知止」呢，《大學》上說：「知止而後有定。」「定」是什麼呢？

那就是對自己精神心靈而講的，心靈要有個著落，「知」者意識，意識要有個安頓的著落，才能定，所以「知止」不是「知足」，譬如，有些人空空洞洞的，徬徬惶惶的不知所止，那就是他的心靈意識不能知其所止，沒有個著落，若能「知止」，則不然矣，《大學》上講的「知止而後有定，定而後才能靜」，這就是說艮有「止」意，是取象於山那種獨立不移的味道，當然就獨立不移了，我自己的意識心靈有個安頓著落的地方，當然別人左右不了我啊！不管你馬克斯、牛克斯也好，我自己心靈意識有個安頓著落的地方，當然你影響不了我，若不知其所止，那麼東邊講的聽東邊，西邊講的聽西邊，搖擺不定，而自己好像沒有腦子一樣，那就是不「知止」，所以「止」是跟著山的「止」而不能移動的。同時，〈艮〉卦是重卦兩個山，山之外又有山，重重疊疊的味道，山者，決沒有孤山的，一定是重重疊疊的，一座山連綿兩里外，必又有一座山，〈艮〉卦是一個重卦，所以它取這個山象，山是連綿不斷的。

其次，艮訓為止，可是這裡面所講的靜止，並非佛家所講的寂滅，它與寂滅不同，我們《易經》中艮的境界，講得很高，和佛家的不同。而道家所講的「無為而無不為」，有很多先生把它講成個人主義，其實道家的無為就是靜止狀態，就是從〈艮〉卦來的，「無為」並不是個人主義，「無為」就是自己沒有匠心，所謂天理昭彰，天理應當怎麼樣做我就順著天裡怎麼樣做，情勢怎麼需要我，就順著民情怎麼做，我自己沒有意思，不拿個人私見攙雜裡面，一本天理，一本民情，怎會做不通呢？老子的「無為而無不為」，是這樣的解釋，這就是〈艮〉卦靜止的意思。〈艮〉卦的靜止並不是佛家的寂滅，因為在卦體上，三、四爻互成震，震為動，裡頭還是在動的，譬如，人

們白天在動，晚上睡眠，就是在靜止，那睡眠的靜止，人體心動心的，肺動肺的，脾動脾的，各動其所動，雖是睡眠，表面看起來是靜止狀態，裡頭還是在動的，這種蘊藏的動，是一種很均衡的動，所以〈艮〉卦的靜止，不是滅寂，也不是無為，它是以靜養動的，任何東西，它動到最後，就動不了啦，力量窮了，它就沒法子動了，所以要靜，靜是養動的，所以〈艮〉卦不是佛家的寂滅，而過去宋儒拿佛家思想來解釋〈艮〉卦，是有偏差的，因為它這種靜止，不是真空的，以後我們還要再講。舉個例來說，因為我們睡眠靜止的狀態，到第二天才有充分的活力，所以從靜養動，這是個顯明的例證。所以〈艮〉卦最後一爻上九：「敦艮，吉。」上九〈小象〉：「敦艮之吉，以厚終也。」靜到最後卻吉，而〈震〉卦的最後一爻上六：「震索索，視矍矍，征凶。」動狠了就凶，所以艮止勝於〈震〉卦的發動，在此兩卦的平衡上講，〈艮〉卦比〈震〉卦重要，以上是交代體象的第四點。

立卦的意義

　　第一，剛才我們講動久必靜，靜之久了，也必定要動，動、靜兩字是相因應的。前面所講的〈震〉卦，是指示我們如何去動，現在講〈艮〉卦，是指示我們如何去靜，可是〈震〉卦的上爻不怎麼好，而〈艮〉卦上爻是好的，所以權衡二卦，〈艮〉卦較為重要。〈艮〉卦取象為山，山是穩定不移的，所以孔子訓之為「止」，這個所謂的「止」含有穩定不移的現象，有山的境界在內，也就是有個安詳著落的地方，有了安詳著落，當然就能夠靜。道家常講觀象，所謂觀象，就是守竅，有的守上竅，有的守中竅，有的守下竅，還有的守外

竅。所謂守外竅。比如，放朵花或放個鏡子，在面前，我們兩眼看著
那花或鏡子，兩眼楞著那花而人就入定了，藉著花把人定下來，以免
自己的心思亂跑，這就叫守外竅。道家的觀象，就是守竅，佛家的禪
定就是守空，守空即什麼都不想，所謂戒、定、慧，把什麼外界的東
西都不想叫戒，於是就定了，定了就生慧。儒家也有功夫，孟子講：
「盡其心者，知其性也。」（《孟子·盡心上》）《論語》上講：
「子之燕居，申申如也，夭夭如也。」（《論語·述而》）孔子在家
裡休息，非常的悠閒，這境界很高，很難解釋。儒家的主敬存誠，是
很端莊、很恭敬的，好像舉頭三尺有神明，不能夠亂想，非禮勿視，
非禮勿動，非禮勿聽，非禮勿言，主敬存誠也是安詳安定，就是把自
己的心靈意識找一個安頓的地方，要不然就會心猿意馬，中國人用這
幾個字來形容最有意思，那心像猴子般，意識像馬一樣動個不停，除
非如猴子似的，手上拿個桃子，牠才會安定了，我們的心也是必須有
個東西給他，它才會有個著落，就如我們現在講《易經》，我們就思
念《易經》，那個境界，我們的心就有了著落。以上都是「止」的意
思，然而究竟要「止」到個什麼地方呢？《大學》上講的：「大學之
道，在明明德，在親民，在止於至善。」就是要「止」到那最好的境
界上；莊子也講：「吉祥止止。」（《莊子·人間世》），「止」到
什麼地方呢？「止」到那「吉祥」的地方，這一點很重要。我們中國
由於孔子思想，使我們有了一個著落，有了主宰，所以才能安定了幾
千年，一個人有了中心主宰，穩定得像山一樣，不為外力所動搖，這
就是我們中國綿延幾千年的道理。我們還記得過去在五四運動的時
候，很可憐啊！那些先生，他們不知道受了共產黨的騙，那個時候有
個馬克斯研究會，共產黨他要打倒摧毀我們，他首先就要打倒孔家
店，打倒孔家店的目的，就是要趁機使馬克斯思想進入中國，這一手

是萬分毒辣的，比英國直接敲我們的大門販賣鴉片更厲害，因為打倒孔家店，就是摧毀我們的靈魂，使我們沒有腦袋了，成為白癡，於是馬克斯，牛克斯都可以進來了，這一點想起來令我們非常痛心！

第二，從〈艮〉卦體象上來研究，可以知道〈艮〉卦的體象是重重疊疊的山，〈彖傳〉曰：「艮其止，止其所也。」這幾個字特別要注意，我們要有安詳的著落，就一定要止於其所，我們不是常有句俗話說嗎？「心要放在腔子裡面」，孟子講：「學問之道無他，求其放心而已矣。」（《孟子‧告子上》）心放在心裡面，不要往外頭跑，也就是說，五臟的官能，心要在心的位置，守心的分際，肝要在肝的位置，守肝的分際，脾要在脾的位置，守脾的分際，肺、腎亦然，各司其守，各守各的分際，這樣子，每個官能，都站在自己的本位上，以發揮它的作用，才能促成我們身體的健康；國家呢，亦復如此，軍公教各守各的分際，讀書的守著做學問的研究工作，種田的農夫守著田畝的工作，工人在工廠發揮他的力量，商人在市場展布他的才能，這樣國家才能達到富強康樂的境界，假設一亂，讀書人不在學習機構研究，跑到市場去做買賣，工人不在工廠，卻跑到外面去亂混，這樣每一類的人都各不守本分，這個國家必不會好起來的。所以孔子在〈彖傳〉上說，怎麼樣止呢？就要止於其所。再其次講到孔子交待的「不相與也」，在〈艮〉卦上怎麼樣靈魂精神才有安定的著落呢？「不相與」，何謂「不相與」？這是從〈艮〉卦體象來的，〈艮〉卦上是山，下也是山，彼此各自獨立的，六爻沒有一爻是相應的，所謂不打交道，那也就是說我們作靜養的功夫，講修持的話，就要不打交道，我們人怎麼會心猿意馬呢？都是由於外界的物慾牽引而來的，現在這個世界夠混亂的了，往後還要亂，非要把人類消去一半，不然不

會安寧，因為現在已越來越不可收拾了，慾念啊！牽動人思想的慾念到處都是，所以孔子講「不相與」的修持，〈艮〉卦「艮其背」，「背」是最沒有感覺的東西，我們人身其各處都有作用，唯有「背」沒有作用，也就是說我們「止」，要以與外界無感應的地方，這個「背」呀，與外界毫無感應，我們的眼、耳、鼻、心各處，都與外界有感應，唯有人身的「背」，與外界毫無感應，因此孔子講「不相與」，「不相與」就是我們要把這對外界物慾之念，排除掉，才能夠安定，有個著落的地方。

第三、〈艮〉象是山，所以訓為止，可是〈艮〉象這個山的表現並不是僅僅的穩定，止在那個地方安也，還有其它很充實的現象，事實上，充實和止意義是貫通的，因為一個東西能夠安定得了，能夠止於其所，才能夠穩重。比如，一個人他內心有主宰，靈魂有著落，外界不能夠動搖他，他於是才顯得很穩動，不會有輕浮的表現，輕浮從那兒來的？內在沒有安頓，心靈沒有主宰，表現出來就浮躁，就輕浮，假使有主宰，有個著落的地方，頭腦裡有個體系，外界動搖不了，利用不了，外界動搖不了，利用不了，於是跟山一樣顯得很充實，《論語》講：「君子不重則不威。」（《論語‧學而》）修己的功夫，自己一定要穩重，但如何才能穩重呢？一定要自己內在心靈有個著落，有個主宰，如果一個人外表輕浮，就是他心裡沒有個著落。

貳、彖辭（即卦辭）

艮其背，不獲其身，行其庭，不見其人，无咎。

〈艮〉卦是從〈觀〉卦來的，〈觀〉卦的五爻到三爻，就變成

〈艮〉。〈說卦〉上說：「艮爲堅多節。」艮是多節的，而「背」呢，人的多節的地方就是背脊骨，一節一節的，所以艮爲「背」。〈觀〉卦內體爲坤，坤爲身，而〈觀〉的五爻之三就變成了〈艮〉，把坤體破了，所以「不獲其身」。〈艮〉卦的三爻居人位，〈艮〉卦的三、四、五互成震，震爲行人，外卦是艮，內卦是艮，艮爲宮闕，外頭是一層房子，裡頭又是一層房子，一層一層的房子中間，當然有「庭院」之象，所以「行其庭」。

　　「不見其人」，「見」，因爲三爻之上，有大離之象，離爲目，有見之象，乾爲人，可是〈觀〉卦的〈乾〉五之三，則乾入戶了，故「人」象不見了，二與三、四互成坎，坎爲隱伏之象，有「不見」之象，所以「不見其人」。「无咎」，沒有毛病。這是卦象，意義呢，宋儒們對於這一句話說得很多，「艮其背，不獲其身」，剛才我們講人身體內各部都與外界相接觸，唯有這個「背」與外界最沒有什麼接觸，我們眼睛所看到的、身體所感覺到的外界形形色色，會引起慾念，這個慾念都是從觀感上引起的，這「背」呢，對於外頭的形形色色，他感應不了，所以「艮其背」，「艮其背」，就是說我們做靜養的功夫，要做到就像「背」一樣，與外頭無觀感，既看不到外頭的一面，也感覺不到外頭的一面，我們人體如眼睛、耳朵、手各部位都能觸覺到外界，唯有「背」是與外界相「背」的，「背」到什麼程度呢？「不獲其身」，就連自己的身子都沒有了，這就是莊子所講的「坐忘」，什麼都沒有了，宋‧陸象山對於這個講的特別多。

　　「行其庭，不見其人」，又是什麼意思呢？「庭」者，房子與外界接觸處，但「行其庭，不見其人」，就是說，假設我們有所行動，走出庭院，亦不見其人，仍與外界沒有什麼接觸，前者「不獲其身」

是亡我，後者「不見其人」是亡物，物我兩亡，要作到這種功夫就「无咎」，沒有毛病。這是拿個人的修持來講，至於說到國家社會，亦復如是，就是說一個國家、社會各做各的事，士者士，農者農，工者工，賈者賈，各守其位，如種田的種到連自己都忘記了，他田不是為了外界的原因而種，就是為種田而種，這就到了物我兩忘的情形，一個國家能夠厚到這種程度，這個國家就不得了，一切只是為做而做，不為我亦不為外界物慾而誘，那麼一切當然无咎，這就是〈艮〉卦的境界。

參、爻辭

初六：艮其趾，无咎，利永貞。

「艮其趾」，在易例裡面，初爻是「腳」，而它的應爻四，四爻居震，震也是腳，止於「腳」，「腳」是根基，我們從基本上來靜止，不隨便動，「无咎」，就沒有毛病。「利永貞」，利於永遠的穩定。在這個地方，〈艮〉卦和〈咸〉卦一樣，〈咸〉卦是拿人體作象，〈艮〉卦也是拿人體作象，所以初爻都是講「腳」，基本要永遠的安定，不要亂動，這是初六。

六二：艮其腓，不拯其隨，其心不快。

第二爻就是「腓」，「腓」，就是腿肚子，「艮其腓」，二爻在初爻之上，所以有「腓」之象。陰有隨陽之象，陰爻是跟著陽爻走，二爻在三爻下面，三爻是陽爻，所以二爻有隨三爻而動的現象，二一動就變成〈蠱〉，〈蠱〉卦反過來就是〈隨〉，所以有「隨」的

意思。清‧段玉裁《說文解字注》：「拯者，上舉也。」艮為手，前頭（三爻）是動，手在動，所以有往上舉的意思。二、三、四互成坎，坎為心，坎又是加憂，所以有「其心不快」之象，同時，它旁通為〈兌〉，兌為悅，現在由〈兌〉變成這個〈艮〉卦，和悅之象不見了，所以有「不快」之象。意思就是說，做靜養的功夫是很不容易的，「艮其腓」，止到腿肚子了，腿肚子是沒有主動作用的，故二爻的陰有隨陽之象，如是隨著陽往上走，而三爻是居震的，有向外動的意思，可是二爻自己又居艮，艮有停止的意思，於是又想跟著三爻動，又不能動，有一種或動或止，徘徊不定的味道，所以這種沒有主見的人，「不拯其隨」，不上舉，其心不決，就像現在一般沒有主見的青年光跟著別人亂跑，你要叫他不跟著人亂跑，他還不高興呢。所以我們在止的時候，做靜養功夫的時候，要有一個著落，他自己是被動的、盲從的，你若要他不盲從，他還不高興呢，所以我們做靜養功夫的時候，要防備這一點。

九三：艮其限，列其夤，厲熏心。

〈艮〉卦是以身體為象的，第一爻是腳，第二爻是腿肚子，第三爻呢，就到了腰，「限」者腰胯也，三爻互成坎，坎為腰，這個三爻從那兒來的？是從〈觀〉卦的五爻來的，五爻跑到三爻來，於是把這個卦給分成了兩半，腰據人體之中部，把人體分成上下兩半，所以「艮其限」。

「列其夤」，「夤」就是腰間的肉，列通裂，把腰間的肉分成兩半，就是「列其夤」。為什麼列其夤呢？因為三爻剛好在卦體的中間，內外之間如同人體的腰一樣，把人體從腰部分裂，正好是上下各

一半。

　　「厲熏心」，「厲」者，危也，三居坎，坎為危，坎為險難，故有危險的狀態；同時，三爻在內為艮，在外為震，它居於艮、震之間，艮為止，震為動，在這動、靜之間，又正居於中間，列其腰間之肉，有危險性。「熏心」，坎為心，坎中有離，離為火，所以有火來熏心之象。「熏心」，就是有危險，故使其內心焦躁不安。整個來看，就是說我們做靜養功夫的時候，這三爻在這中間，它是陽剛，它靜不了，想動，但是本身又是〈艮〉卦，要靜養又靜不住，於是乎心煩躁，把自己背脊肉都分裂了；也就表示，自己的動靜在互相排斥，不能決定，究竟是靜還是動，靜不下去，於是心裡焦躁不安；這就是說當我們做靜養的功夫時，有時候碰到自己的陽剛很強，就會靜不住，內心很煩燥不安想動。前面這三爻，除了初爻從基本上安定起，它要「利永貞」，永遠的穩定著，可是二、三爻就安定不了，慢慢的就想動了，在靜養的過程，有這些毛病，所以道家的觀象，佛家的坐禪，常常靜著靜著會走火入魔的，或忘參，都是從這半腰裡來的；國家也一樣，往往靜養靜養到中途，自以為可以，靜不住了，認為可以發作一下了，就是這個境界，二、三爻就是這樣。

六四：艮其身，无咎。

　　三爻「艮其限」，是腰脊啊，腰以上就是「身」了，且因為〈艮〉卦是從〈觀〉卦來的，〈觀〉卦的五之三，就變成了〈艮〉卦，〈觀〉卦四爻居坤，坤為身，而坤為身，所以有「身」之象；假設就人體來講，統而言之，都叫身，要分開來講呢，腰部以上謂之身軀，這裡的「身」是分開來講的，因為這個卦一直從腳到腿肚子，再

到腰際，再到股之上，四爻就是到了腰股之上，當然就是身軀，有身軀之象。《易經》是為了國家，為了社會，為了宇宙，為了整個的人類而講，《易經》不是個小東西，所以六四「艮其身」，只不過「无咎」，並沒有講到它有什麼好處，只是一「无咎」而已，為什麼？因為艮「身」還只是限於個人，並未推已於他人，要知道這個靜養的功夫，不僅只限於你個人，要化及所有的飛禽走獸、萬事萬物，要輔助一切都能靜養才對，只是自己一身還是不夠的，所以「艮其身」，只能「无咎」，不過到了四爻，已經是與前頭不同了，已經經過前頭那個動靜不定的時期，本身已經安定了，沒有毛病，在此還沒能發揮，其極是在最後，最後必須無所不靜，無所不養，到那個境界才行。

　　「艮其身」，就是止其身，「止」就有養之四勿的想法－非禮勿視，非禮勿聽，非禮勿言，非禮勿動，自動能夠很安詳的定著，不妄動；不妄動，自然是「无咎」。不過止其身，只是自身不妄動，還是不夠的，因為〈艮〉卦就是要我們宇宙間萬物各安其份，各守其職，都能各止其所，這才是〈艮〉卦最高境界，若只是「艮其身」，這是不夠的，〈艮〉卦的最終使命，在什麼地方呢？假設拿一個社會來講，男女老幼各安其份，士農工商各安其業，社會有個安詳的著落，有個安定的止境，這樣子天下國家才能定，所以艮卦不僅是個人「非禮勿動」就夠了，所以在四爻只是「艮其身」，只能說「无咎」而已。

六五：艮其輔，言有序，悔亡。

　　「輔」者，面上的輔頰，和那個〈咸〉卦上六「咸其輔頰舌」是一樣的，因為〈艮〉卦和〈兌〉卦是相通的，五居兌，兌為「輔」，

有輔頰之象，「輔」代表嘴，嘴是說話的地方，有言之象，同時，三、四、五互震，震也有言之象。「言有序」，這個「序」字，宋《易》的本子是「序」，虞翻所講的是「孚」比較妥當一點，他們認為言有倫序，有倫次，講得很對，很止確，很有條理，這「序」是倫次的意思，但在卦象上都看不出倫次的現象，卦象上，五爻是坎爻，五、二相應，二也是坎爻，坎為「孚」，「孚」者融洽也，所以「言有孚」，就是說得很融洽，很透徹，針針見血的意思。虞翻的本子是「孚」，為什麼清儒以後變成「言有序」呢？或許是「序」、「孚」形相近的緣故而抄寫錯了，「序」、「孚」兩字都可講得通，只是「孚」字在卦象上較有根據，而「序」呢，在卦象上看不出來就是了。「悔亡」，因為五爻不正，沒有當位，五爻本為陽位，現在陰爻居陽位，就失位，失位就應當有悔，但因「言有孚」，則「悔亡」。

　　整個意思，就是我們自身的涵養，就靠著飲食，社會的涵養，就靠著言語，人與人之間的相處，首先靠著言語，文字是輔助言語的，我們本身那種安詳的功夫，要把它發揮到外面去，就靠著言語，所以「艮其輔」就表示止其口，止其口是什麼意思呢？就是你嘴裡所說的，僅僅只乎你當說的，那不該說的，就不要說，因為人與人之間的交通，就靠著言語，言語一發生錯誤，那麼人與人之間就發生障礙，言語要說對了，人與人之間的交通就親密了，就可以增加社會的團結，所以言語一定要中肯，要合乎道理，所以要止乎你所當言，故孔子說：「吉人之辭寡，躁人之辭多。」（〈繫辭下〉）很有道理的人，它講話講得少，因為他談得都很有道理嘛，講多了，反倒把意見搞分歧了，因此為政不在多言，說多了，反而使百姓失去信用，因為說多了，或不能兌現，或前後矛盾，人民一聽反感不正確，謀國大

君應該怎樣呢？言語要「艮其輔」，就是說輔頰呀要止其所當止：「言有孚」，就是話言融洽，「孚」就是眞實的意思，就是《老子・第二十一章》所講的：「道之爲物，惟恍惟惚。惚兮恍兮，其中有象；恍兮惚兮，其中有物；窈兮冥兮，其中有精，其精甚眞，其中有信。」的那個「信」字，「信」就是眞切，「言有孚」那個「孚」字，就是恰好，非常的眞切，你所說的和那個道理，恰好是一致，一點也不差，既然你說的話正好是宇宙間正當的道理，那聽的人當然就相信，當然就首肯，當然就心悅誠服囉，聽的人心悅誠服，這個社會自然就融洽了嘛。社會團結性加強了，所以「悔亡」，本來五爻失信是有悔的，但這樣一來沒有悔了，沒有懊惱了。

　　這一爻比四爻就進步了，四爻「艮其身」，只是靜其身，現在「艮其輔」，就是由我們自身拿語言已經推進到別人，推進到社會了，能使社會漸漸安定，止於其所，就由個人已經達到社會了。本來〈艮〉的大象是取象於宇宙間，宇宙萬有現象，雖林林總總，但都能各止於其所，不亂，假使亂起來，還得了，人豈不都被毒蛇猛獸吃光了？要不亂，雖有毒蛇猛獸，但各止於其所，它不傷人，所以宇宙萬有現象，看起來複雜得不得了，但是裡頭條理分明，各止其所，謀國的大佐們，就要法這個象。〈艮〉的功夫，小而言之，是我們個人自身的修養，大而言之，是宇宙萬有的好生之德。

上九：敦艮，吉。

　　〈艮〉的功夫，愈到後頭愈好，就是說做靜養的功夫，愈靜養愈好。有人也許說靜得太久了，這人不就消沉下去了嗎？不然，這就是宇宙的奧妙，也就是《易經》的奧妙，這〈艮〉裡頭，中爻互成

震，這是表示什麼呢？就是說你在艮止的中間，也就是靜止的中間，裡頭有動態，不是像佛家所講的寂滅，就如同我們人睡覺一樣，睡覺是靜止囉，但裡頭有震，有三、四、五的震，也就是有動，睡覺之動，就是天德之動，靜養就是在培養動能，睡覺也就是在培養內在天德之功，睡覺的時候，第一，你頭腦不動了，第二，身體休息了，第三，呼吸也不亂，有人問我做道家的功夫怎麼做？我就告訴他，就仿照睡覺的方式去做，人一睡覺睡夠了，第二天早晨起來很有精神，什麼道理呢？就是以靜止培養了次日的力量；這三點之中，呼吸不亂最重要，我們睡覺時呼吸均勻得很，任何音樂的節拍都沒有它準，假使睡覺時呼吸不平均的話，必不是翻身就是醒了，足見呼吸平穩，對人的靜養很為重要，所以我們打坐就要練習這個呼吸不亂，如果你能有二十分鐘的呼吸不亂，你就等於睡了一覺，其作用就有那麼大，足見呼吸平穩，對人的靜養很為重要，佛家《大藏經》裡講了千千萬萬的法門，其實就這三點：頭腦不想、身體不動、呼吸不亂，如此而已。我們睡覺以後，因為頭腦不想、身體不動、呼吸不亂，於是五臟六腑各止其所，各做它分內工作，第二天早晨，滿身都是精神，所以靜養，外表看起來是靜，事實上它是在培植動力，我們講艮字的功夫，艮止是艮止，但不是佛家的寂滅，艮止裡面還有動。

上九，為什麼「敦艮，吉」？艮為土，上次我們在八卦裡講，艮居東北，坤居西南，艮、坤之間畫條線，就是土居中央，等於我們講十天干，十天干就是後天八卦的卦位，前四個甲、乙、丙、丁，完全是木火，木火居東南，後四個庚、辛、壬、癸，完全是金水，金水居西北，而戊、己呢，戊、己是土，土居中。艮為土，土到了上爻，它就厚實了，「敦」者厚也，就是說土堆積到上頭，越積越厚實，所以

「敦艮」，就「吉」。

　　凡事我們在最初都煞有介事的，想找個安詳的著落定著，都認真。譬如，歷史上每個朝代開國的時候，典章文物，都條條是道，很有秩序，很有條理，可是慢慢的久了，過了三四代以後，就越來越亂了；我們個人做事也是如此，譬如，做一件事，就說寫《易經》吧，最初寫的時候，聚精會神，到後來精神不濟就亂了，一切事情都是如此。可是艮止則不然，它愈到後來愈厚重，那就是宇宙運用萬有的現象，宇宙運用萬有是愈來愈複雜，比如，花草吧，最初一種草而已，但是由這種草又變成了那種草，變成了萬萬種的草，由最初的一種花變成了萬萬種的花，又好像我們人一樣，最初有黃種、白種、黑種，一雜婚，於是人種顏色愈來愈複雜了。宇宙化生萬物，就是愈來愈多，雖多，但仍安詳而有條理，所以「敦艮」，就是厚實，愈到後來愈有條理，愈能止於其所，盡量發揮了宇宙的大象，所以宇宙才能夠繁榮；假設相反的，愈到後來愈亂的話，那就滅跡了。因此我們個人做做功夫，乃至於處社會國家，愈到後來愈要厚實，到最後那精神還是愈來愈強，那條理還是很分明。但我們每個人做事，往往都有這個毛病，比如，寫文章吧，寫到最後，精力不夠了，就潦潦草草把它收尾算了，現在我們學了〈艮〉卦，就要把這個毛病去掉，社會國家之所以亂，所以敗，就是這個毛病，因此我們做事，尤其是給公家做事，就要愈到後來把握得愈緊。我們看古人的書，孔子他就是這樣，不管〈繫辭〉也好，《論語》也好，《家語》也好，前頭是這樣，後頭也還是這樣，一點也沒有鬆懈，這就是「敦艮，吉」，就是愈到最後愈能厚實，愈能夠穩定著這種功夫。講起來很容易，做起來卻很困難，所以我們看看每個朝代，到後來都亂了，就是愈來愈鬆懈了。比

如，我們小時候寫文章，老師就從文章中看出這個孩子，有的孩子還好，文章到最後還有收場，這個孩子將來還有結果，有的他到後來精力不夠了，就瞎寫了，簡直就莫知所云了，這樣的孩子沒有出息，一定沒有什麼結果，後來老先生們管教子弟，就從這個地方鑒別那個孩子有沒有出息，一看就知道了；寫字亦復如此，頭裡寫得安安穩穩的，後來就潦草了，就亂了，這不行，如此治理國家一定要敗，要頭裡寫的安安詳詳，而愈到後來愈好才有辦法，所以謀國大君務必要有這種精神，否則國家就不行，這個六爻就是這樣。

現在我們來總結一下，凡事我們一開始都很認真，所以我們〈艮〉卦初六：「艮其趾，无咎，利永貞。」艮止於腳底下，這什麼意思呢？從基本就開始，艮止當然沒有毛病，任何人凡事一開始都像是煞有介事，不會有毛病，毛病就出在不能長遠，所以〈艮〉卦它要「利永貞」，就是要永遠的穩定，因為人情每在開始的時候，都很安詳，不會出毛病，不會壞，就怕後來壞。〈艮〉卦到了第二爻，就是六二：「艮其腓，不拯其隨，其心不快。」就是我們不跟著人家動呀！我心裡就不快樂，艮止的功夫到了第二爻，就有點亂了。到了第三爻，心裡就更亂了，又想動又不能動，一會兒想這樣，一會兒想那樣，七上八下的，一方面想止於其所，一方面又想動，於是更亂了，「艮其限，列其夤」，任何現象開始的時候都穩定，到了開始以後，就漸漸的穩定不住了，因為三爻的上面是兩陰爻，下面也是兩陰爻，它居在空隙之中，從中間把它切斷了，同時，三爻是〈艮〉卦的主爻，艮為門檻，上頭一畫，下頭一畫，中間把它斬斷了，就是說，我們做艮止的功夫，七上八下的，這邊動，那邊靜，弄成利欲薰心，心裡焦躁得不得了，一種危險的情形，膠著於心頭，這就是說明艮止的

功夫，在二、三兩爻，有這分困難，這是最要注意的時期。若能把這兩個階段定下來，到了四爻，那就好了，本身才能安定，但個人的安定仍不夠，必須到最後，各方面都很止於其所，很牢固的，「敦艮，吉」，才是最高的境界，才是〈艮〉的大用。

肆、象傳

象曰：艮，止也。時止則止，時行則行，動靜不失其時，其道光明，艮其止，止其所也，上下敵應，不相與也，是以不獲其身，行其庭，不見其人，无咎也。

陽是動的，坤是靜的，乾陽鑽到坤體裡面，慢慢發展，一直前進，進到不能再進了，只好止著，所以解成「艮，止也」。在卦象上，如人體各部，都可以有動作，唯有背是不能產生動作的，所說「艮其背」，背即止也，因為人的物欲都是從面前來的，靠背是與物無所感的，是停頓的。「時止則止，時行則行」，這是什麼道理？因為〈艮〉卦有「成始成終」之象，是遇於東北的，而東北是在丑與寅之間，物始於寅，物終於丑，丑、寅之間正是物之終始的。艮是佈之在寅，萬物都是在寅時開始慢慢的動，寅、卯、辰、巳、午、未這六個時辰，就是地球的生育時期；坤是佈之在申，到了申、酉、戌、亥、子、丑，這六個時辰，是地球休克的時期。〈艮〉卦呢，正好是在寅、丑之間，也就是地面開始化生與休息完結之間，寅是正月，正月萬物開始化生，所以有「行」之象，丑是十二月，到了十二月，萬物都休息了，所以有「止」之象，所以「時行則行，時止就止」，此其一也（見下圖）。

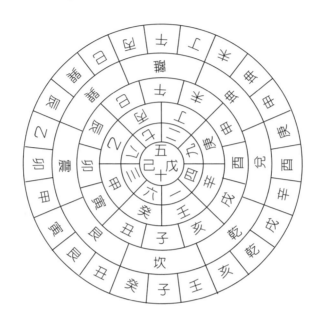

五行十天干十二地支圖

　　另一方面，〈艮〉卦外卦是艮，是止，但裡面呢，蘊藏著震，
震是行，我們剛才講過，〈艮〉卦是止於其所，並不是佛家所講的寂
滅之論；佛家所謂的參禪打坐，就是儒家所講的主敬存誠，儒家所講
的盡心知性，就是佛家所講的明心見性，其實都是一樣的，明心見性
也好，盡心知性也好，並不是完全寂滅，固然是在做靜養的功夫，但
並不是空無所有，因為〈艮〉卦外表雖是靜，但裡頭是震，還是在行
動，應當止的時候就止，這是外表，可是止到相當程度，應當行的時
候，它還是行，所以「時行則行，時止就止」。同時，這個卦有四時
之象，因為〈艮〉卦裡頭有坎，坎為冬；它又與〈兌〉卦相通，兌中
有離，離為夏；同時，此卦中爻互成震，震為春，旁通卦是〈兌〉，
而兌又為秋，所以有四時之象，故「時行則行，時止就止」，這兩句

話非常有意義。

　　「動靜不失其時」，這個功夫很大，就是說，它應該靜的時候它就靜，因為「成終」，到了十二月天寒地凍，萬物都應該休息了，它就停止了，因為「成始」，到了正月，萬物都應該發芽滋長，它就開始運行了，所以一動一靜，它都是跟著那個時候，在那個時候，當動它就動，在那個時候，當靜它就靜，所以「動靜不失其時」，這個功夫很難，當然宇宙是做得很巧妙，可是我們人類社會國家的發展，想要模仿宇宙那種「動靜不失其時」的現象，談何容易，那可真不是一件小事，這一點十分困難。所以昔日當宰相的，他要懂得《易經》，就是這個道理，因為他必須懂得按照宇宙化育消息的情形，我們究竟何時該動，何時該靜，那的確不是一件簡單的事，不讀書不懂得中國《易經》的人，實在沒有辦法，現在全世界沒有政治家，沒有懂得這道理的人，所以把世界搞得亂七八糟。拿我們個人來講，若能把握著時間、空間的關係，能夠「動靜不失其時」，則「其道光明」，〈艮〉卦旁通〈兌〉，二、三、四互成離，它的本卦，上爻有大離之象，離為光明，又三、四、五互震，震為大途，即大道，「道」就是道路，宇宙發展的道路，故「其道光明」。在孔子講解《易經》的裡面，常用「光明」二字，然而怎麼才「光明」呢？「動靜不失其時」，凡動態動到最妥當的時候，它就要發生「光明」，假使一個人的作為一點詭譎都沒有，從頭到尾，你的心裡都是純正的，那你的作法一定是很明朗，人家必定可以一目瞭然，看得很清楚；假設你的作法人家看不清楚，那就是裡頭藏得有東西，要不然，必不會看不清楚，必是光明的，這是只能在國家的內部來講，而兩國之間，要是互用策略，那就又當別論了。總括來說，如果「動靜不失其時」，那麼

發展的路線必定是「光明」的。

「艮其止，止其所也」，卦辭上講：「艮其背。」孔子在〈象傳〉上講：「艮其止。」有人說這個「止」字是「背」字抄寫的錯誤，但我們不敢苟同，總之，孔子是以「止」來釋「背」，因為「背」是停止的，是「止於其所」的，它根本是一切的動態都沒有，所以以「止」來釋「背」。取象來講，〈艮〉卦是取象於人體，第一爻是講人的腳，二爻是腿肚子，三爻是腰胯，四爻是身體，五爻講輔頰，六爻最後是「敦艮」，總之，除六爻作結論以外，其他五爻都是拿人體來作象徵的，所以「艮其背」而拿「止」來釋「背」字，因為人體唯有「背」是靜止狀態，其他都是有動作的，而「背」是毫無動作，所以「艮其止」，是「止其所也」，「止其所」就是止於其所。前面在卦上我們已經講過，就是各守其分際，士、農、工、商各就其本位，去發展，絲毫不亂，就是各止於其所；人體五臟六腑亦各就本位進行，這就是止於其所，若一亂就不行了，譬如有的人肝臟的陽太旺，就會使脾臟發炎，脾臟弄壞了，腎臟也就受到影響了，這樣就亂了，這樣五臟六肺就沒有各安其分了，所以要止於其所，就是各安其分。國家無論男、女、老、幼、士、農、工、商，各安其分，國家自然富強，宇宙就是各生其生，草木是草木，蟲魚是蟲魚，互不侵犯，所以宇宙才能生存，這就是「止其所」的解釋。

「上下敵應，不相與也」，因為這個卦是背靠背的，上面「艮其背」，底下「艮其背」，這背靠背就是「不相與」了，也就是六爻都不相應，初爻是陰，四爻還是陰，二爻是陰，五爻也是陰，二爻是陽，上爻也是陽，凡是應該相應的爻，都是互相對峙著，一點也不相調和，所謂「敵應」者，就是不相應，不相應者，就是「不相與

也」，不相往來也。也就是說外面的聲色犬馬，這些東西使我們慾念亂了，於是我們才往往有不正常的現象，假設我們能「艮其背」，能夠像背一樣，不管聲色犬馬也好，不管功名利祿也好，一切承之以背，就不會發生感應，不發生感應，就「不相與也」，如佛家、道家講修持，要到山上去，爲什麼？那就是以環境來輔助自己的修持，就是「不相與也」，不和這些功名富貴、聲色犬馬相接觸，獨居在山上，可以不起這些慾念，不起這些慾念，就可以增強安定的力量，「不相與也」，就是這個意思。這樣才能「不獲其身，行其庭，不見其人」，因爲我們若能止於其所，我們的心就在我們的心腔子裡，不往外跑，不與外界任何事體相接觸，於是到最後「不獲其身」，把自己身體都忘了，那麼即使「行其庭」，行動一下，走到庭院去，仍「不見其人」，對外面一切人世現象看不見，不相干，所以道家有修持者，他縱然是偶而到城裡來一趟，亦是一切無動於衷，這樣當然也就不會有什麼毛病了，故「无咎」。

伍、大小象傳

象曰：兼山艮。君子以思不出其位。

　　我們曉得重卦有這個：兩個雷，震爲雷；兩個風，巽爲風；兩個水，坎爲水；兩個火，離爲火；兩個澤，兌爲澤；兩個山，艮爲山。這個兩雷、兩風、兩水、兩火、兩澤裡頭，互相都有往來的，唯有這個〈艮〉卦，是兩個山背靠背，不相往來的，兩個火在一塊還往來，這個火影響那個火，兩個澤在一塊兒，這個澤流到那個澤，還可以往來，唯有兩個山在一塊兒，就是背靠背的，根本不相往來，所以「兼

山」就「艮」了，兩個山互不相往來，所以就成止於其所的狀態，各
自獨立，永遠不移的。

　　「君子以思不出其位」，這句話很重要，因爲〈乾〉卦的九三：
「君子終日乾乾，夕惕若厲。」所以這裡頭的第三爻有君子之象，又
二、三、四互成坎，坎爲思，所以有思的現象，而三、四、五互震，
震爲出，故有出的現象；三爲君子之位，君子就居於君子之位，所以
「思不出其位」。《禮記・中庸》講：「素富貴則行乎富貴，素貧賤
則行乎貧賤。」就是說我們原來是怎樣的地位，就行怎樣的地位，不
超過自己的分際，比方說，我現在做了縣長，我就想些縣長的事情，
如果我做了州官，我所想的，就該是州官的事情，現在若是市長，我
就只想市長的事情，這個君子之「思」，不是指身而言，而是講的
心理狀態，不是一定說我今天做了總統，做了縣長，不是講這個，是
講心理，比如我們現在講《易經》、學《易經》，我們那思想就要在
《易經》上頭，如果說你想到別的地方去了，想到明天去買彩票或股
票，如果你心裡在想那些，你《易經》一定談不好，所以我們的思想
要有一個範圍，所謂「思不出其位」，就是指我們的思想對象，不要
超過範圍，說《易經》就在《易經》範圍內用腦筋，超過《易經》範
圍就出位了，所以「思不出其位」，是對心理而講的，對運用頭腦而
講的。過去一般老先生對這句話是以身言的，並不全對，應該是以心
言的才對，爲什麼呢？因爲艮是要止於其所，所以我們的思想也要有
個範圍，在這個既定範圍內，思想就止於其所。

初六象曰：艮其止，未失正也。

　　這個「正」字就是爻辭上講的「利永貞」，我們剛一上來做艮止

的功夫，當然都是從基礎上開始的，但就怕穩定不了，所以要「利永貞」，若能穩定就好了；也就是說我們做艮止的功夫，在一開始的時候還沒有失其穩定的功夫，所以「未失正也」，因爲本來初爻爲坤，坤有喪失之象，但〈觀〉卦的五之三，破了坤卦的喪失之象，就沒有喪失之象了，因此「未失正」。

六二象曰：不拯其隨，未違聽也。

漢本是「未違聽也」，宋以後改成「未退聽也」，這兩個字都可以講得通。六二爻辭說：「不拯其隨，其心不快。」就是不拯不快，就是不上舉而隨著人家動，其心不快。凡卦中往上叫「進」，往下叫「退」，「未退聽也」是什麼呢？在〈艮〉卦裡頭，二爻是居艮，而三爻呢，雖是居艮，而又互震，三爻是主剛的，陽剛互動的，二爻跟著三爻也想動，可是它自己又是在艮止止中，所以「不拯其隨」，而「其心不快」，這就表示想動，但是三爻未退聽也，不聽它的，不但它不能跟著三爻動，三爻也不聽它的，所以叫「未退聽也」，且因二、三、四互成坎，坎爲耳，有「聽」之象，二爻想跟著三爻動，而三爻不聽它的，於是三爻不能動，因三爻不帶它。就好像我們在做靜養功夫的時候，有時看到外界的聲色犬馬，也就蠢蠢欲動，可是呢，又打不進外界的環境裡去，於是心裡就不快了，可以說是外界狀態不聽它的，而他也只有還在靜止中。而「未違聽也」，又該怎樣講呢？剛才講「未退聽也」，是說三爻不退而聽二爻的，而「違聽」是就二爻本身來講，二爻雖想動，但並沒有跟著三爻動，沒聽自己艮止的主宰，所以沒有違背聽自己的主宰，所以「未違聽也」。

九三象曰：艮其限，危熏心也。

「限」者腰胯也，「艮其限」，就是三爻居於〈艮〉卦的中間。「危熏心也」，「危」是有危險的，「心」呢，坎為「心」，因三爻是坎，而它的旁通卦三爻居離，離為火，故又有「熏」之象，「熏心」者就是有焦灼象，因為危險而焦灼，怎麼危險呢？因為想動而又不動，搞得七上八下的，心中不定，那是很危險的，在這種為難當中，焦灼熏心。

六四象曰：艮其身，止諸躬也。

爻辭上講「身」，而孔子在〈小象〉上以「躬」來解「身」。為什麼要講「躬」而不直接講「身」呢？因為他恐怕人家誤會了，「躬」字從身弓，彎著腰，延其身叫「躬」，卦辭講「艮其背」，如果講「身」，也許人家會以為是正面的身，正面的身還可以看到接觸到外界呀，所以他講「躬」，「躬」是彎著腰，彎腰就只看到背呀，所以說他怕人誤會了，誤會成正面的身，由此可見孔子是很精細的。「止諸躬」就是就僅僅把你自己本身安定。

六五象曰：艮其輔也，以中正也。

書上「中正」乃倒置了，為什麼？因為四爻：「止諸躬也」，六爻：「以厚終也」，與五爻：「以正中也」，它有叶韻作用，所以是「正中」而不是「中正」，五爻不是居正得中，因五爻是陰居陽位，並沒得位，所以不該是「中正」而是「正中」也，那是對的，因為五爻正在四、六爻的中間，那就對了。「艮其輔」就是由個人能夠發揮

到社會上，為什麼可以呢？因為它自己正居於中間，恰到好處，可以用語言輔助別人。

上九象曰：敦艮之吉，以厚終也。

到了最後，還能夠保持著厚實，是很不容易的，世間任何事物一經長久，它總是要消損的，例如，我們用的這個杯子，用久了，它內在的東西就會消失，衣服穿久了，紗就會消損磨毀，所以人的精神也一樣，到了最後定會逐漸消損，可是這個艮止是靜養，養到最後，愈厚實，所以「厚終」才能「敦艮吉」。

第五十三卦

漸卦

周鼎珩講　桂少庚記錄

漸

巽　艮
上　下

——此係〈艮〉宮歸魂卦，消息正月，旁通〈歸妹〉，反對〈歸妹〉。

壹、總說

佈卦的次序

　　宇宙化生萬有，首先一定是生機的發動，發動以後，接著就是一段時間的靜養，靜養以後，第三個階段才接著漸漸成長。一開始的生機發動，就是我們過去講的〈震〉卦，震者動也，「震」是陽能鑽到陰體裡面，陽開始鑽到陰體裡面，它就能鼓動發展，因此生機發生活動變化；譬如禾苗，那個稻子出頭，當那剛剛開始出頭的時候，那力量很大，那就是一陽鑽到陰體裡面，鼓動出來了，震就是一陽鑽

到坤體裡面去，於是發動出來了。接著第二步就是〈艮〉，艮就是靜養；艮就是陽附在陰體的外面，一如太陽的光，照在禾苗樹木之上，於是禾苗樹木就靜養，動是靠著陽，養是靠著陰，胎兒的形成靠著陽，既成胎以後，就要靜養，那個靜養的表現，就要靠著陰。凡是萬物的成長，都是先有陽的發動，接著陰的靜養，經過這兩個階段以後，就是漸漸的成長，這就是今天我們要講的〈漸〉卦。漸的狀態是怎樣的呢？〈漸〉在〈艮〉之後，它的基礎還是艮，但它表現出來的，本來是震是動，但因經過靜養以後，就不那麼動了，於是代之以巽，巽是長、是高、是順，代之以順序的成長，所以「漸」呢，就是有順序的一步一步的成長，成長看來是在陰體上，但它的基本還是在陽的孕育，這樣就形成了宇宙的發展。宇宙的發展就是動靜相息，原來是動的，經過一段時間的靜養以後，就慢慢的成長，這就是漸，所以〈序卦〉上講：「漸者，進也。」也就是慢慢的逐漸向前進行，所以〈序卦〉上講：「物不可以終止，故受之以〈漸〉。」所以生機發動的震，它動的力量很強，表現是陽的力量，至於靜以後的「漸」，它也是動態，但這個動是徐緩的，它表現在陰體的成長之上，宇宙的發展，如果陽的力量不強的話，就不足以促進生機的發動，如果陰體不是緩進的話，就不能獲得均勻的發展，若太快了，那種成長就變奇術了，一定要慢慢的成長，四面八方很均衡的發展，所以禾苗草木在出生的時候，那種突出很猛，可是到後來呢，就慢慢的成長了，就不像初生時那麼猛了，所以〈艮〉卦以後，接著是〈漸〉卦，「漸」就表示一切萬有的逐步成長，逐步行進，這是說明〈漸〉卦為什麼佈在〈震〉卦、〈艮〉卦之後的道理。

成卦的體例

第一，〈漸〉卦是內艮外巽，內部是止於其所的艮，是表示很穩定的基礎，很穩定的主宰，外卦是巽，巽是順、又是長、又是高，很順序的往前進，內卦是有穩定的基礎，外卦呢，是表現出來很順序的往前進，是很安詳、有步驟的往前進，在文王卦位（後天八卦）裡，由艮至巽左行，中間經過震，意思就是說在靜養之中，必須要有動，然後才能逐漸的生長，所以由艮到巽中間，暗附著有動態，可是這個暗附的動態，不是那種開始生機的那種蓬勃的動，是徐緩的表現於外，是巽順的現象，這種暗附的動表現出來，又是很巽順的樣子，那不就是漸進嗎？所以〈漸〉以艮巽成卦，本來萬有的化生，是動靜相生的，〈震〉後為〈艮〉，〈艮〉後為〈漸〉，內附有震而表現出來的是巽，就是動而順，動而順，那就是漸進了。

第二，內在的艮為山，外在的巽為木，所以〈大象〉上講：「山上有木漸。」山上有木就可以成漸。底下是山矗立而出的表現著高，同時，巽又為柔，柔是柔之於內，這表示山上有木，木生長在高山的裡面，可以不受人民砍伐之災，可以暢續它的生存，順利成長。可是高山上的木，雖然可以順利成長，但它不是一下子就長成的，是逐漸長成的，再大的棟樑巨材，開始時也都是小小的樹苗，絕不是今天一棵小小的樹苗，明天就變成千丈大樹了，它是積年累月逐漸成長的。這就是說我們拿高山有木，逐漸成長，來表現我們這〈漸〉卦的意義。

第三，根據卦變，〈漸〉卦是根據〈否〉卦來的，〈否〉卦的三爻到四爻，四爻下來到三爻，就構成〈漸〉。這是什麼意思呢？〈否〉卦本是天地不交、萬物不通的現象，可是三、四兩爻一交，就

變成了內卦的艮，內部就有了穩定的基礎，三爻到了四爻，就變成了外卦的巽，就可以有順序的成長；〈否〉卦原來內坤外乾，乾卦一直往外發展，坤卦一直往下鑽，天地互不相交，故萬物不生，現在好了，三、四兩爻一換位，不但是內外體變成了艮巽，且中爻互成坎離，由先天的乾坤不交，而變成了後天的坎離，高頭是離，底下是坎，所以由萬物不通的現象，一變而為萬物逐漸成長的現象。〈漸〉卦的陰陽相交，止於三、四兩爻，影響卦體的能力很小，影響卦體的能力多半都是二、五兩爻，二爻是代表內體之中，五爻是代表外體之中，所以三四兩爻影響卦體的力量小，這在一般卦象是如此，它影響的力量小，雖是生長，但其生長的幅度必是不大，所以是逐漸成長，同時，三爻上去了，使陽能發動在陰體之上，而四爻下來，陽能覆蓋在陰體之上，使陰體有了熱能，也可能發生動態而成長。無論三爻的陰體上去或四爻的陽體下來，都使得本卦發生了動機，有成長的現象，但它均止於一爻，所以表現了漸進的意思。這個第三點是從卦變上看卦體的現象，這是真正的卦體的現象，這一點較為複雜。

　　第四，〈否〉三之四，〈否〉四之三，這個作用在什麼地方呢？本來天地不交，四爻下來，就是化解坤陰，本來坤陰是個死點，這個三爻乾陽下來了，覆蓋於坤陰之上，就使坤陰有了活力，才能上長，所以三爻下來的意思，就是止於其所，如果沒有坤陰的話，乾陽在空中是空自鼓舞，自己在那而空動，但動不出個名堂來，所以陽一定要附著在陰體上，才能發生作用，因此〈否〉卦三爻下來，乾陽才有個附著點，有個附著所在，慢慢的才能產生動的作用，才能有所發展，這是第四點。我們再重複的講這個卦體的現象，卦體的意義。

立卦的意義

　　第一，〈漸〉卦主要的是交代我們一個漸進的發展。凡是任何東西的進行，都要有個程序順序，任何事情的發展不是一蹴即就，不是一口氣就吹大了的，是要一步一步的，有程序的；這種程序就是立於陰陽相從之上，任何發展的具體現象，都是陰，這個陰，必須依附著陽，陰從於陽，必須依賴著精神動力，陰體才能成長。譬如，國家的強盛就好比陰體，是表現於外的，而使國家強盛的因素，卻是國家內部的經濟文化以及人民在那兒拼命努力，這個努力的力量就是陽，但國家能發展到富強康樂，決不是一口氣可以吹大的，裡頭一定有一步一步的程序，女子于歸在古代有六禮：一、納采，二、問名，三、納吉，四、納徵，五、請期，六、親迎。以往所謂抬頭嫁女兒、低頭娶媳婦，娶個太太很不容易的呢，那像現在，現在就是因為太容易了，所以不慎重，今天結婚，明天就離婚，以往不是這樣的，是很慎重的，所以〈漸〉卦就是說，像女子于歸一樣，必須一步一步，慢慢的來，不能越軌，躐等就不行了，所謂欲速則不達，往往追求的速度太快了，那麼退的也就快，所以凡事都要循序漸進。

　　第二，萬有現象，有了發動生機以後，必須要經過一段艮止的修養，才能夠逐漸生長，所以〈漸〉卦的卦體，內在就是艮止為基礎，而卦的次序呢，也在〈艮〉卦之後。〈漸〉卦的內卦是艮卦，艮卦是止於其所，內在有至於其所作基礎，外卦才能有循序漸進的現象，所謂止於其所的意思，就是說凡是我們作一件事，你必須是全神貫注，念茲在茲，才能有所成功，這種全神貫注，念茲在茲，就是止於其所，我們學這個卦的重點，是要指示我們循序漸進之外，就是這個全神貫注，止於其所的精神，凡事能如此，才能有所成就，這是我們學

〈漸〉卦的第二個意義。

　　第三，想要使我們人生有進步，但已有了進展以後呢，我們就要牢牢的守著這個進展，不使其絲毫有所退化，至於怎樣才能得寸守寸、得尺守尺呢？起碼我們得進一步，守一步，如不能守，就要退了，既退，豈不是白進了嗎？所以必須要好好的守著，因此孔子在〈象傳〉上說：「進得位，…進以正。」所謂「進以正」，就是得到的進度，要把它穩定著，「正」者穩定，如何穩定呢？就要「進得位」。原來〈否〉卦的三、四兩爻都不得位，現在四爻來到三爻，三爻進到四爻，就都得位了，就是一種「進得位」的現象，這是卦體。至於事理上呢，何謂「得位」？就是說一種事業，在時間、空間上進展得都非常的恰當，就叫「得位」，所以唯有在時間、空間上都配合得很好很恰當，才能守得住，至於怎麼樣才叫時、空配合得很恰當呢？那就要看其事體而各有不同了，譬如說，進修《易經》吧，要是前三十年在大陸上，你要修養《易經》，人家會把你踢到茅坑裡去，因為時間不對，時還受五四的影響，而現在呢，大家已經有點覺悟了，而且外國那一套也似乎不見得怎麼行了，所以研究《易經》沒人罵你，這就是得位。

貳、彖辭（即卦辭）

〈漸〉：女歸吉，利貞。

　　孔子解釋：「漸，進也。」慢慢的緩進，孔子的解釋是根據文王的卦辭來的，文王是根據這象上來的，象上，天地構成〈否〉，原來不交，現在三爻上去了，女子以出為歸，女子想歸就是出嫁，而

且，四爻下來了，乃有夫妻之象，內在變成了水火相濟的坎離；原爲天地不交之象，現在變成陰來相交了，女代表陰，在〈否〉卦裡，三爻爲坤，三爻出去了，女子出去了，有「女子于歸」之象，但〈漸〉卦不是只爲了講「女子于歸」，而是拿「女子于歸」來說明我們辦事必須如「女子于歸」般一步一步的循序漸進，這樣才「吉」。「利貞」者，我們講〈漸〉卦以艮爲主，艮是內卦，艮是止於其所，就是穩定得住，因爲三爻上去了，四爻下來了，都得位了，都居正了，所以是「利貞」，也就是宜乎穩定的意思，這是卦象的來源。其意義就是說，我們辦一切的事情，都要像「女子于歸」那樣的程序，一步一步的求進步，且進步中宜乎穩定得住，女子出嫁是從一而終，就如鴻雁，鴻雁是從一而終的，假設一對鴻雁飛著，雄雁被人射死了，那雌雁就變成了孤雁，它永遠不會再配對。

參、爻辭

初六：鴻漸于干，小子厲，有言，无咎。

爲什麼講「鴻」呢？「鴻」字又是從那兒來呢？初爻與四爻相應，而四爻呢，與三爻、五爻互成離，離爲飛鳥，四爻居巽卦之陰，巽爲木，陽爻爲木，陰爻爲草，而底下的二、三、四又互成坎，坎爲水，所以這是一種水草的的現象，四爻的這種鳥呢，是在水草間的鳥，水草間的鳥，正是鴻雁，而且，它是從陽的，是跟著太陽走的，爲什麼是跟著太陽走的呢？因爲三、四、五互離，而離又爲太陽，二、三、四互坎，坎又爲北方，中爻互爲離，離爲南方，故有南北之象。鴻雁飛行是有秩序的，正、二月鴻雁就往北飛，到了八、九月天

氣漸漸要冷了，鴻雁就往南邊飛，因為八、九月以後，太陽偏南，在南邊運行，所以我們蓋房子要朝南，就是因為夏天的太陽是靠北邊運行，而冬天的太陽呢？卻是靠南邊運行，朝南的房子夏天沒有太陽，冬天有太陽，鴻雁呢，就跟著太陽跑，太陽夏天在北，牠就往北，冬天太陽在南，牠就往南，所以周公以鴻雁來說明這個卦氣是很正確的；他並且說，假使正、二月鴻雁不北來，就代表陽氣不夠，那麼這個地方的政府必不得長久，國家一定會大亂，這在《周公時訓》（《逸周書‧時訓解》）裡說得很明白，過去那些做宰相的，就必須要注意這些事情，要看氣象，這就是以鴻雁來形容漸漸的情況，因為鴻雁一切都是有秩序的。

　　「鴻漸於干」，「干」是什麼？「干」是江干，「干」就是水邊上，二、三、四互為坎，坎為水，而初爻正在水之下，即江之「干」也；且在〈否〉卦中，在坤之下，在地的下頭，在最低的地方，所以「鴻漸于干」。「小子厲」，「小子」即年幼無知，初爻居於艮之下，艮為小，為少男，少男有「小子」之稱；同時，初爻居於最下，故有「小子」之象。「厲」是危險，為什麼「厲」呢？因為四居坎，初爻上面有坎，坎為險難，所以有危險。「有言，无咎」，因為這個卦通〈歸妹〉，〈歸妹〉初居兌，兌為言，所以「有言」，「有言」就表示有批評。合起來什麼意思呢？就是說凡是剛剛要求進展，要像鴻雁一樣有秩序，從陽而行，要跟著這個時間一步一步的前進，初爻為開始，開始要從最低的地方做起，而那般無知的人，不懂得慢慢從基層做起，只知躁進，於是就有危險，假設能承受別人的批評指責，仍可以沒有毛病，這是第一爻。

六二：鴻漸于磐，飲食衎衎吉。

　　「磐」是大石頭，二爻居艮的中間，艮爲石，有石之象，在江干之上，有個大石頭，表示比江干高。「飲食衎衎」，「飲食」，二、三、四互成坎，坎爲酒食，同時，二爻的旁通卦爲〈兌〉，兌爲口，也有「飲食」之象，在卦變裡面代表坤，坤爲釜，釜是個大鍋子，也有飲食之象；「衎衎」，表示和樂自得，因爲二爻居於坤，〈坤〉卦六二爻說：「直方大，不習无不利。」同時，旁通卦的〈兌〉爲悅，有和樂之象，因此「衎衎」有和樂自得之象。意思就是說從初爻最低的地方漸進，如果不躐等的話，進到二爻，就有「磐」而「飲食衎衎」了，即表示有所收穫了，可以和樂自得了，所以「吉」。

九三：鴻漸于陸，夫征不復，婦孕不育，凶，利禦寇。

　　這一爻較爲麻煩，因爲三爻在卦變裡頭，居於坤之上，坤爲地，地的最高點就是高陸之象、高原之象；再則，三爻變成了陽，就是說由陸地變成了小山小丘。三爻原來是〈否〉卦的四爻，〈否〉卦四爻一動，就變成了艮的三爻，二、三、四互成坎，三爻就陷在坎卦裡面，三爻爲陽爻，陽是「夫」，「征」者，動也，所以有「夫征」之象，不再回復了，所以「夫征不復」。「婦孕不育」，「婦」者，〈否〉卦的三爻到了四爻，四爻是婦，四爻爲離，離是大肚子，所以是「孕婦」，可是三、四爻雖是陰陽各正，但它兩個不是正當的配合，四爻在外，三爻在內，丈夫在妻子的底下，這樣兩個人不大合，所以有「婦孕不育」之象。婦孕不育，表示失其爲婦之道，夫征不復，表示失其爲夫之道，到了三爻，陰、陽兩個不大相合，故「凶」。「利禦寇」，本來二、三、四互成坎，坎爲寇盜，這裡到了

三爻，因爲與四爻這個陰、陽配的不諧合，所以是「寇盜」；「禦」爲止，爲防止，爲防備，三爻是艮，艮爲止，「止」者「防禦」，所以講「禦寇」，這是卦象。意思就是說，我們由〈震〉而〈艮〉，由〈艮〉而〈漸〉，到了漸進的情狀，是以陰體爲主，那逐漸的進步，我們所看到的是陰體的表現，所以遇到陰就吉，就自得其樂，可是遇到陽呢，就不得位了，這個三爻是很剛的，本來這個卦是陰柔漸進的，到了三爻，它有躁，它很剛猛，不能按照循序漸進的法則行進，所以「鴻漸于陸」，就是在高原，高原太高了，鴻雁是水鳥，要在低的地方，若在高原就不適宜了，所以進得太高，就是進的不得其所，此其一也。再者，「夫征不復」，夫動了，陷在裡面了，「不復」呢，是不回頭，這裡頭有〈復〉卦的卦象，陽陷在坎裡頭了，它不能回來；而婦呢，「婦孕不育」，婦雖然有個大肚子，卻不能生，這意思就是夫婦各不能成其道，夫婦不諧和，所以「凶」。在這個時候，「利禦寇」，宜乎防禦寇盜，這就告訴我們說，我們無論做什麼事，本來是漸進的，到了某一階段，自以爲很好，於是就是剛猛的前進一步，這就不好了，使得陰陽不合，不但不能漸進，反而有害，在這個時候，就宜乎防禦寇盜，然後再接再勵。

　　所謂「夫征不復，婦孕不育」有兩個說法，一個是說這個卦本來是從〈否〉卦來的，〈否〉卦的三、四兩爻動了，三爻到了四爻，四爻到了三爻，在〈否〉卦原來是乾體的四爻，下來就變成了艮，坤卦的三爻上去了變成了巽，因此使原來不交的乾坤，一變而陰陽相交了，同時又互成坎離，二三四互坎，三四五互離，於是由先天的乾坤不交，變成了後天坎離相交之象，因此在三爻講夫婦，以夫婦之象說明陰陽相交了。「夫征不復」，雖是陰陽相交有夫婦之象，但乾陽

一動變成艮，艮爲止，就停住了，同時又陷在坎中，夫動了，但陷在坎中，本來初爻到四爻有〈剝〉卦之象，〈剝〉卦是〈復〉卦的反對卦，所以「夫征不復」，有「不復」之象，三爻上去了，變成四爻，互成離，離是妻子，是婦，同時，三爻上去了，構成了外卦的巽，巽也爲婦，離爲大腹之象，大肚子當然是懷孕了，這兩個陰陽雖相配，但是三爻一動，這個離卦的體象就完了，所以離是大肚子卻生不下來，這表示兩個陰陽雖相交，並不順利，所以「夫征不復，婦孕不育」，這是一個說法。再一個說法呢，是根據本卦的說法，這一卦的陰陽相交，就靠著三、四兩爻，由三、四兩爻相交，才變成〈漸〉，才有女歸之象，女子歸不是歸到家裡，女以出爲歸，女子歸是出嫁，是歸到丈夫家裡，四爻是陰爻，陰爻是女的，以陰居陰，得之正位，所以有「女歸」之象；從外卦來看，三爻是夫啊！「征」者，往也，往外行動，如果三爻這個陽爻往外行動呢，就變成〈剝〉卦，〈剝〉卦是〈復〉卦的反對卦，所以「夫征不復」。「婦孕不育」，本來四爻在這卦中互成離，所以有大肚子象，但是夫征呢，夫一升上去呢，離卦的卦象就毀掉了，所以生不下來，故「婦孕不育」，這是第二個說法。若根據著爻象來講呢，仍以第一說法爲是。

我們再講這個意思，就是告訴我們，〈漸〉卦就是指示我們進展的程序，一切的進展都是有規律、有順序的，不是漫無規律亂跑的，是要有一定的程序的，既是有層次，就必須陰陽諧和；〈漸〉卦就是說明一切現象的進展，都表現在陰體上，如果我們要國家富強康樂，不管是草擬計畫，不管是任何作爲，一切人民的努力，其目的都表現在國家的富強上，國家富強就是陰體的表現，而這些進展是漸進的，絕不可能今天才出生，明天就變成七尺高的大人，必須慢慢進展，這

慢慢進展中，必須陰陽調和，這個三爻，就是陽太旺了，陽旺傷陰，所以「夫征不復」，就「婦孕不育」，這「婦孕不育」，就表示陰的發展中途受到阻力，婦人帶著肚子當然是發展啊！可是她「不育」，就是生不下來，生不下來，就是中途夭折嘛，這就是在發展的過程中，腰被人斬斷了，為什麼會發展的途中受傷害呢？那就是因為陽太壯了，使陰不能成長。這指示我們無論對國家，對自己，都要注意，當你圖謀進展的時候，如果陽太旺了，而陰體跟不上時，就趕快不要進了。「利禦寇」，「寇」是什麼？凡是陰陽相諧，就叫婚媾，就可以結婚，凡是不相諧，就叫寇盜，比如，現在我們全世界陰發展得太軟，而陽跟不上，陰盛陽衰，就是不諧和，就要生寇盜，拒寇盜宜乎防禦，因為它不是陰陽相合，而是一種不合的現象，故宜防寇盜，這是第三爻。我們能體認明白這一爻的道理，對於我們發展任何事業，都會有所助益。

六四：鴻漸于木，或得其桷，无咎。

「鴻漸於木」，「木」的象從哪來的？四爻居外體，外體為巽，巽為木，所以講「木」；「鴻」，大者為鴻，小者為雁，為什麼我們于歸要拿鴻雁作比譬呢？因為取其不再偶的意思，一隻公雁死了，那隻母的絕不再偶，永遠是單獨的，所以過去男女婚配，納采，拿鴻雁就是這個道理。

「或得其桷」，「桷」，《說文》曰：「椽方曰桷。」這個四爻是陰木，陰為方，所以是「桷」；陽圓陰方，何以說方呢？因為我們過去講「天圓地方」，後來人家不懂，說我們講「地方」，講錯了，還說地球怎麼會是方的呢？其實不是這樣說，方就是講的陰體，因為

兩個東西接在一起的就是方，偶者爲方，奇者爲圓，偶數是方的，所謂「方舟而下」（《梁書·武帝紀上》），就是兩條船併起來，順流而下，所謂「比方」，就是兩個東西相比。爲什麼用「桷」？其他鳥類的爪子落在圓木上，它可以鈎住，而雁的爪子它不能夠在圓木枝上，它停不住的，必須要落在平穩的方桷上。這表示什麼呢？這個象從哪兒來的呢？剛才三爻我們講到兩個陰陽不大配合，四爻乘在三爻的陽之上，三爻的陽是陽之剛猛者，陽在初爻是剛剛發展的，陽在五爻是最成熟的，在三爻呢，就沒有到成熟的火候，而力量又最大，所以猛勇得很，就像那剛學武的人，力量很大，但德性還不夠，所以是剛猛的，因此四爻在它上面是站不住的，就等於妻子把丈夫踩在腳底下，如果這個丈夫是個懦弱、和平的，倒好一點，若是個非常剛猛，什麼事都不怕的一個丈夫，這個妻子要騎在他頭頂上，那夫妻倆一定要吵架了。

　　「或」從那兒來的呢？因爲四爻居巽，巽爲或，「或得其桷」，或者可以得到一個平方的木頭，可以棲息一下。爲什麼有這現象呢？因爲三爻太剛，四爻在它上面站不住，於是它只有仰存於五爻，或者可以給它一個棲身之所，在象上是這個意思。在意義上呢，就是說，我們在進展的時候，沒有著落，安頓不穩，或者可以得到另一個境界，棲息一下，「无咎」；這也就是說，三爻過於剛猛，自己腦子裡想得太狂妄，到了四爻，站不住了，妄想不能實現，只好放棄自己原有的虛構妄想，採用外界較爲合理的辦法，另謀發展，或許還可以再找個棲身之所，這就是「或得其桷」，「无咎」，這樣就沒有毛病，這是這一爻的意思。

九五：鴻漸于陵，婦三歲不孕，終莫之勝，吉。

　　從初爻到五爻漸漸的高，初爻鴻漸于「干」，二爻鴻漸于「磐」，三爻鴻漸于「陸」，更高了，四爻鴻漸于「木」，比「陸」還要高，第五爻，鴻漸于「陵」，「陵」，高阜，在山的半腰中間，那就更高了。因爲二、五相應，二爻居艮，二爻在艮的中間，有近「陵」之象，五爻要是變的話呢，外卦也變成艮，五爻也在半山中間，所以「鴻漸於陵」。

　　「婦三歲不孕」，三爻講的「婦孕不育」，與五爻講的「婦三歲不孕」，那「婦」字都是指的四爻。「三歲」從那來的呢？因三、四、五互離，離爲三，所以稱「三歲」；凡是《易經》裡謂「月」，代表時間的陰，「日」呢，是代表陽，而「年歲」則是講純粹的時間性；同時，五爻與二爻相應，五應二要經過三個階段，所以有「三」之數。「不孕」就是因爲離體變了，離體變了，就不帶肚子了，故「不孕」。「終莫之勝」，「終」，在卦體裡，二居坤，坤爲終，所以有「終」之象，同時，五爻與二爻相應，在卦體裡，二居坤，坤爲終，所以有「終」之象。「終」是從「婦三歲不孕」引伸來的，就是說三歲都不孕，到最後還是會孕的，也就是說這個「陽」漸于陵，表示發展的太高了，水鳥在山陵之上，牠怎麼待得住呢？牠要在水邊才行。

　　這個「婦三歲不孕」，跟三爻的「婦孕不育」有分別，「婦孕不育」表示已經發展了，到中途夭折了，而「婦三歲不孕」呢，即根本不能發展，必須延遲到「三歲」之後，這兩個是不同的，爲什麼不同呢？因爲陰是要靠陽發展的，陽在三、五爻都是指著四爻的陰講的，三爻的陽太剛猛了，根本不能爲四爻的陰所用，因此「婦孕不育」，

五爻呢，也是陽啊！而五爻的陽德比較好，因爲它得位、它守正，它很正確，得乎中正之道，因此四爻對三爻不能用，對五爻呢，或者還可以借它棲息一下，所以「婦三歲不孕」，只是延遲三歲，最後終不能阻止它的發展，所以「吉」；就是說，我們遇到一個事情，本來無法進展了，但延遲一段時間，或是它的旁枝事業仍是可以得到補償的。

上九：鴻漸于陸，其羽可用爲儀，吉。

這一爻較爲麻煩點，「鴻漸于陸」，這個「陸」是什麼意思呢？因爲外卦爲巽，而上九呢，已經是居於巽的最高位置了，巽爲進退，又爲高、爲長，在巽卦的最高位置，它已是無法再高了，前途沒有地方了，只有回過頭來，保守內部的基礎，內部的基礎是九三，九三是內卦最高處，它的爻辭是「鴻漸于陸」，所以上九仍爲「鴻漸于陸」，這就是知進知退的意思。這是告訴我們進展的程式，進展到沒有進展的地方了，就只好退，知退就是進，知進而不知退，那是沒有法子進的，所以又講「鴻漸于陸」。

「其羽可用爲儀」，「羽」字是怎麼來的呢？羽就是鴻的毛嘛，鴻之所以能夠飛，就靠著兩個翅膀，兩個翅膀就是羽嘛，鴻雁的翅膀是個實在的東西，本質是個陰體，而它的作用呢，卻是陽的作用，因爲它可以往前飛嘛，是一種動態，凡是有動態的都是陽。爲什麼上九講到羽毛呢？因爲二、四、上是陰位，上九是陰位，但這裡陽爻居了，實質是陰位，但現出來的是陽，就跟鴻雁的羽毛一樣，本質是陰而發生的作用卻是飛、是陽，所以上九取象爲「羽」；「儀」是儀容，往日的舞蹈，有表示文德的，有表示武德的，「羽舞」是表示

文德的，一切的舞都是講究姿態儀容，所以拿「羽舞」來講「儀」字。可是這種講法有人反對，有人認爲應該拿它本身來講，這個鴻雁的羽毛可伸可縮，知進知退，有一種儀容可觀的現象，巽卦到了上爻，沒有可進的地方，就退，這種知進知退的儀容，可以做爲發展，所以「其羽可用爲儀」，有這種說法，我很贊成。這一爻的意義是什麼呢？就是說進展到了最後，要回過頭來審察一下，看看那個用來進展的道理，要「可用爲儀」，要合乎道理，可以爲發展就「吉」，所以我們進展一定要有規律，合乎程序，因之要「女歸吉」，如同女子出嫁，一步一步要合乎禮制，一點也不能躐等，不是這樣，進展的力量就不夠，這一卦就是講這些道理。

肆、彖傳

彖曰：漸之進也，女歸吉也。進得位，往有功也。進以正，可以正邦也。其位，剛得中也。止而巽，動不窮也。

「漸之進也，女歸吉也」，是解〈漸〉卦整個的意思，後面是講怎樣進行的條件：「進得位，往有功也」是第一條，「進以正，可以正邦也」是第二條，「其位，剛得中也」第三條，「止而巽，動不窮也」是第四條。水有層次的流，就是「漸」，所以漸從水，有水流之象，漸怎麼個進法呢？所謂「女歸吉也」，要像女的出嫁那個樣子就「吉」，其實漸與女子出嫁是不相干的，這裡只是拿女子出嫁來說明如何的漸進，女子于歸要經過六儀，漸就是要這樣一步一步的進展，不要越等，爲什麼會拿女的出嫁來解〈漸〉卦呢？因爲〈漸〉卦是由

〈否〉卦來的，〈否〉卦的三爻之四，原來的三爻跑到四爻去了，這就是「漸之進」啊！三爻跑到四爻去是陰體的表現，陰進展了，而且這一進展，使原來的乾坤不交，變成了坎離之交，就象徵女子出嫁了，有于歸之象，故曰「女歸吉」。

　　光是以女子出嫁來解釋〈漸〉卦仍是不夠的，所以進一步要說明「進得位，往有功也」。何以「進得位」？〈否〉卦的三爻居陰，是不得位的，而今進到四爻了，四爻應該居陰位，所以它這一「進」就「得位」了，「得位」就表示這一進展無論在時空上，都非常的恰當。所謂「往有功也」，三爻之四，由內而外是「往」，這一「往」使原來不交的乾坤變成了坎離相交，陰陽相交，才能化生萬物，所以這一「往」是「有功」的；同時，三、五同功，三爻這麼一「往」，使得三、五能同「功」，故「往有功也」，這「功」字是這麼來的。

　　再看「進以正，可以正邦也」，「進以正」與「進得位」，兩者是不同的，雖然在卦象上都是一樣的，都是三爻往前進，但意義稍有差別，所謂「進得位」，只是講它的「位」，也就是說它的外在表現，時間、空間它都進的對了，可是「進以正」呢？卻是內在的本質，發諸內心的本乎正道，完全純正的，「進得位」是講進的作用，所以「往有功」也，「進以正」是講進的本質，本質既正，正己而後正人，既然自己能正，所以可以「正邦」。為什麼講「邦」呢？因為坤為邦，現在三爻上去，四爻一定下來，四爻下來，於是這個邦國有了陽，而四爻一下來就變艮，艮為止，止是穩定的，於是這個邦國有了依傍了，所以可以「正邦」，坤陰如果沒有陽，它是死的，有了陽而且止住了，把坤陰化了，於是可以「正邦」，「正邦」就是這個意思。這就表示謀國大君，一定要先自己正，滿腦子都是國家人民，純

粹的爲國爲民，而且進的時間、空間都很合適，就可使民富國強。

「其位，剛得中也」，這一句有兩種講法，一說九五，另一說不是講九五，而是講九三，這個卦它主要的是講三、四兩爻，因爲「剛得中」，講九五不大適宜，九五眞正是「中正」，不是「得乎中正」，「得中」者本來不中而「得乎中」，所以講九三比較適宜。九三爲什麼是得中呢？因一、三、五是陽爻，三爻剛剛好得乎陽爻的中位，有人是這樣解釋，「其位，剛得中也」，也就是說，你所作所爲，所表現出來的，剛好合乎你所居的位子。

「止而巽，動不窮也」，這個卦內卦是艮，艮是止，「止」代表安詳，外卦是巽，巽者順也，內在很安詳，外在很順，這種情形，不動則已，要動必是好的，決不窮，這表示我們可以逐漸的一步一步的求進展，前進，但有個條件，就是要內部很安詳，而外面很順利，這樣的動，就不會窮困；巽卦裡伏得有震，艮卦裡伏得有兌，兌爲悅，震爲動，所以「止而巽」，就是悅以動，動不窮。

伍、大小象傳

象曰：山上有木，漸。君子以居賢德善俗。

木在山上，就是木得其所了；山上有木，是木止其所了，能夠止於其所，它的根基就很安詳，很穩定，所以可以很順利的進展，因之就成了「漸」；木之所以能成長，它也要有個著落的地方，木如在村莊裡頭，便很危險了，會被人砍伐，木在山上，就可以很安穩的進展，所以就「漸」。「君子以居賢德善俗」，君子是從〈否〉卦來

的，〈否〉卦的乾，乾爲君子，〈否〉卦爲「賢德」，艮爲「居」，乾爲「善」，坤爲「俗」；坤很柔弱，乾怎麼來，坤就怎麼化，所以坤是通俗的，就靠著乾陽來化坤。

「君子以居賢德善俗」，因爲木在山上，可以順利的生長，所以君子法這個象，必須找個很好的著落自居，居者守也，就是守著賢德，於是乎可以把風俗弄好，在上位的怎麼歡喜，這風俗就怎麼成長。比如，楚王喜歡細腰的女人，那些宮女就拼命的餓肚子，所以風俗在乎上位的人，故君子能「居賢德」，就能「善俗」。漢代察舉科目繁多，其中最常設又最受重視的科目是「賢良方正」，還有一科是「茂才異等」，「茂才異等」呢，就如現在的科學家、方技之士，你會修橋補路，你有專長；「賢良方正」呢，是有品德的人，毫不苟且；以往用人，首重「賢良方正」，就是你有「茂才異等」，有特殊技能，也是擺在「賢良方正」之下，因爲往年用這種「賢良方正」的居高位，自己一點都不苟且，當然底下的風俗就好了，所以「君子以居賢德善俗」。

初六象曰：小子之厲，義无咎也。

我們前面講到過，小子爲什麼會危險呢？鴻雁是大的在前面飛，一路呼叫「危險哪！危險！你要緊跟著飛呀！不要離群哪！」好了，小的雁子在後面有了警惕，所以雖危險，但「義无咎」，不會有什麼毛病。拿人的例子來說，小子就比那些凡是不知進退，只求躁進，糊裡糊塗的人，若有人告誡他說：「這樣危險哪！」他能知道危險而加以警惕，那就「无咎」了。

六二象曰：飲食衍衍，不素飽也。

「素飽」就是素餐，沒有白吃飲食，「衍衍」就是表示有作用。

九三象曰：夫征不復，離群醜也。婦孕不育，失其道也。利用禦寇，順相保也。

〈否〉卦的四爻是「夫」，下來陷於坎內，外頭群陰包圍，「離」，麗也，附著也，「醜」為陰，這個陽附著在群陰之中，所以「夫征不復」。「婦孕不育」，婦雖有孕，但生不下來，所以「失其道也」，乾為道，「失其道也」，也就是失去乾陽，失去乾陽，怎可能生孩子呢？這表示夫婦兩個都各不合道。什麼叫「順」？陰陽合然後才「順」，陰陽不諧，就不順，因不順，才夫婦失道，所以必須求「順」，求得「順」，才能相保，如何順法呢？〈否〉坤為順，三陽在四陰之下，也就是坎居於離下，就變成火水〈未濟〉，未濟就亂了，就不順，陰陽不順就成了「寇盜」。

六四象曰：或得其桷，順以巽也。

「鴻漸于木」，是鴻不得其所，表示四陰居於三陽之上，不安於位，必須得到一個平方的木頭，方能有一棲息之所。「順以巽也」，什麼意思？就是說原來四陰居於三陽之上，不安，但外卦為巽，巽乃柔順之象，所以還可以順，承九五以得安也，就是說內在狂妄而虛構的想法，只好放棄，而順著外界環境之勢，或可得以棲息。

九五象曰：終莫之勝吉，得所願也。

　　九五與二爻相應，二爻互坎，坎爲心志，坎爲「願」，所以五爻也有心「願」之象，到了五爻，最後還是不至於阻撓它的志願，仍能得償其所願。

上九象曰：其羽可用爲儀，吉，不可亂也。

　　因爲三爻本來是正邦，但三爻是動爻，它不能不動，它一動就變成坤，坤爲亂，亂了，上爻下來，就可以使坤體安定了，就把它穩動住了，所以「可用爲儀」、「不可亂」，「儀」爲發展，上爻一下來，可以用來發展，就可以正邦了，就不會亂了。

第五十四卦

歸妹卦

周鼎珩講　陳素素記錄

歸妹

震　兌
上　下

—— 此係〈兌〉宮歸魂卦，消息九月，旁通〈漸〉，反對〈漸〉。

壹、總說

佈卦的次序

　　今天報告〈歸妹〉卦。我們知道宇宙任何現象的發展，我們人類眼睛看的見的，都是有形體的。事實上，那個有形體的裡面，有一股力量，支持它發展，那個力量，我們看不見的。所以講到現象的發展，在我們的感覺上，就是一切的形體的發展，不能一步登天的。陽的動作，可以有快、有慢，動作快，發展的時間短；動作慢，發展的時間長。可是陰體的發展是遵照一定的程序，一步一步，漸漸長大的，絕沒有今天有個現象，明天就長大了的，不可能的。比方我們看

栽稻子，先播種，播種以後插秧，插秧以後施肥，然後才能結成禾苗，然後才抽穗子，然後才收割，總是一步一步的來，總要經過三個多月，一百天的時間，於是乎稻子才能成功。我們人類所經營的一切事業，也是如此，在最初總是慢慢的開創，籌集資本啊！擬定經營計畫啦！於是爭取市場，擴充市場，最後利潤豐富，而企業公司擴大，都是一步一步的來，沒有今天剛剛開張，明天就擴大了，都是有一定的程序的。在前面我們所講的〈漸〉卦，就是指示宇宙一切的有形現象的發展，都要經過一步一步的程序的。經過一步一步的程序以後，在最後一定有結果的，這種結果，在《易經》裡就稱之為「歸」。就是說這些動作、這些經營、這些計畫、這些發展，最後有個歸宿的著落了，所以在〈序卦傳〉說：「漸者進也，進必有所歸，故受之以〈歸妹〉。」〈漸〉和〈歸妹〉這兩個卦都是拿「女子于歸」來說明卦情，〈漸〉卦說：「漸，女歸，吉。」〈歸妹〉卦說：「歸妹，征凶。」為什麼拿「女子于歸」說明卦情呢？因為「女」是屬於「陰」，表示這兩個卦是「陰體」。宇宙一切現象的發展，當然有陰就有陽，可是陽在裡面支持住了，我們看得見的，都是「陰體」的現象在那兒進展。「陰體」一定要「陰體」的程序，才能進展。我們宇宙的法則，有經就有權，有常就有變。〈漸〉的女歸是經過六禮的程序的，所以〈漸〉卦是說明宇宙經常的法則；〈歸妹〉是〈漸〉卦的相反的那一面，就是不經過六禮的程序，而就「歸」了。所以〈歸妹〉是宇宙常法則裡頭的一個權變，因此〈漸〉卦以後就繼之以〈歸妹〉。

成卦的體例

　　「歸妹」這二個字，在〈泰〉卦裡曾經講過，〈泰〉卦的第五爻就是「帝乙歸妹」。〈泰〉卦為什麼第五爻講「帝乙歸妹」呢？因為三、四、五互成震，震為「帝」；五爻居君位，也有「帝」之象。五爻居坤，坤納甲是納「乙」，所以講「帝乙」。「帝乙歸妹」的意思就是說這個五爻下來遷就九二之陽，這個五爻的陰是很成熟的陰，五爻在〈坤〉卦裡面是「黃裳，元吉」，「黃裳，元吉」表示它的陰體已經到著飽滿豐隆的境界。既然它的陰體已經飽滿豐隆，所以它可以使用內在的陽剛之氣，這個內在的二爻是代表整個內卦的乾陽；如果陰體本身不飽滿豐隆的話，它消化不了陽剛之氣。就比方一個企業發展沒有到那個程度，你弄一個虛構的擴充的構想，沒有用，它消化不了。那麼現在呢？它陰體本身飽滿豐隆，這個內在整體的乾陽，儘管力量很大，它「帝乙歸妹」，它能夠消化的了，「帝乙歸妹」是從這兒來的。

　　這個「妹」的象從那兒來的呢？因為三、四、五互成震，五爻是在震卦的後頭，震為兄，在震卦的後頭，有帝乙的妹妹之象。「歸妹」是天子下嫁諸侯。我們過去講過，往年一般的士昏禮是經過六禮的程序；可是天子的妹妹，或者天子的公主下嫁諸侯，他不經過納采的程序。納采的程序是女方被動的，男方主動的，所謂「抬頭嫁女兒，低頭娶媳婦」，都是男方向女方請求，可是諸侯怎麼敢向天子請求呢？天子尊貴啊！只有天子授意諸侯，我這個女孩子，我這個妹妹嫁給你，好不好？由女方主動的，所以叫「歸妹」，這個名稱從〈泰〉卦講，是這麼來的。我們現在〈歸妹〉這個卦體是從〈泰〉卦來的，所以它用〈泰〉卦的名字，〈泰〉卦的四爻來而居內，〈泰〉

卦的四爻是個陰，陰是個女的，所以講「歸妹」。這個陰是什麼陰？是坤卦初爻之陰，所以講「妹」。四爻下來居三爻，三爻就上去了。三、四既經易位，外頭三、四、五互成坎，裡頭二、三、四互成離，坎離相交，有婚嫁之象。但是這個〈歸妹〉卦與〈泰〉卦「歸妹」不同的在什麼地方呢？〈泰卦〉歸妹是五爻下來就二，這個〈歸妹〉卦是〈泰〉卦的四爻下來就三。五爻的陰是「黃裳，元吉」，已經豐隆飽滿了；四爻的陰是「括囊，无咎无譽」，「囊」是個袋，「括囊」是把袋口紮起來，那就表示它陰體還沒有成熟，還在涵養，既然還在涵養，所以「无咎无譽」，沒有壞處，沒有好處。四爻這個陰體既然在涵養期間，所以還消化不了三爻那個陽剛之氣。

我們知道一、三、五是陽位，初爻陽剛是「潛龍勿用」，比較嫩，三爻陽剛是「終日乾乾，夕惕若厲」，它的力量超過初爻，而德行還不及五爻，因為它剛猛魯莽得很，不像五爻雖是這個力量，但它已經融和了。九三既是這樣剛猛的陽剛，四爻「括囊，无咎无譽」的陰體，怎麼能夠消化得了呢？所以〈歸妹〉的卦辭，就不像〈漸〉的卦辭，〈漸〉的卦辭：「女歸，吉。」意思就是按照六禮的程序一步一步的漸漸往前發展就吉。〈歸妹〉不像〈漸〉卦一步一步的，它四爻的陰因為與三爻的陽相近，於是乎就突然下來相交起來了，所以〈歸妹〉的卦辭：「歸妹，徵凶。」你要動就凶，「无攸利」，沒有好處。為什麼呢？因為你這個陰體還沒有成熟，等於女孩子十三、四歲天癸還沒有來，就給她許配婆家，那怎麼行啊！比方那個雞蛋是陰體，孵卵器是陽，雞蛋藉孵卵器來開化它，於是這個雞蛋裡頭就變成小雞，這個陰體就可以發展起來了，可是這個陰體要六五才行。六四這個陰體是什麼呢？是在老母雞肚子裡剖開拿出來的雞蛋，那個雞蛋

殼還是軟的，還沒長得成熟，那麼你就拿到孵卵器底下烤一輩子也烤不出小雞出來，所以「征凶，无攸利」，沒有好處。

它這個卦說明陰體發展的程序要很自然的，在卦辭裡頭就可以看得出來，二爻「利幽人之貞」，叫你不要動；三爻「歸妹以須」，叫你要等待；四爻「歸妹愆期」，叫你要延期，就表示你還沒成熟；一直到了五爻，才合乎〈泰〉卦的「帝乙歸妹」。「帝乙歸妹」底下是「月幾望」，「月幾望」什麼意思呢？就是月亮快要圓了。月亮快要圓了，就表示陰體快要飽滿了。陰體快要飽滿了，那個時候，你才能夠「帝乙歸妹」，才能夠出嫁啊！因此從這裡可以看到〈泰〉卦的四爻下來居三，這種「歸妹」就表示沒有成熟，妄越的行動，這是第一個。

其次，〈歸妹〉和〈漸〉卦兩個又是反對，又是旁通，可見這兩個卦的關係非常密切。可是〈漸〉卦裡面講：「女歸，吉。」〈歸妹〉裡面講：「征，凶。」一個是講「吉」，一個是講「凶」；一個稱之為「女」，一個稱之為「妹」。這個究竟是什麼道理呢？這個〈歸妹〉和〈漸〉卦都是以三、四兩爻構成卦體的，都是從〈泰〉、〈否〉兩卦來的。〈漸〉卦是來自於〈否〉，〈否〉三、四二爻易位，就變成〈漸〉；〈歸妹〉是來自於〈泰〉，〈泰〉三、四兩爻換位，就變成〈歸妹〉。總而言之，〈漸〉也好，〈歸妹〉也好，都是中爻三、四兩爻換位變化而成卦。三、四兩爻在六畫中間是居於人位，同時，三、四兩爻的動作都是陰位為主，〈漸〉卦是〈否〉卦的三爻上去進而居四，於是原有的四爻就下來；〈歸妹〉是〈泰〉卦的四爻下來，於是乎三爻上去了，所以它的動作都是在乎陰爻。因為這兩個卦都是以三、四兩爻換位而成卦體。三、四兩爻是居於「人」

位，而三、四兩爻的換位、動作都是在乎「陰」爻，人而陰者是女子也，女子在家裡是小姑獨處，出嫁以後，就變成主婦，身上就大了、高了嘛！生兒育女了嘛！於是乎當母親、當祖母，這個陰體一直發展得無限，所以文王就拿「女子于歸」來形容卦情。

〈漸〉卦是從〈否〉卦來的：〈否〉卦的三爻原來是陰爻，上去居於四爻，四爻是陰位，陰爻居陰位；〈否〉卦的四爻原來是陽爻，下來居於三爻，三爻是陽位，陽爻居陽位。三、四兩爻一變，都各得其正，而且中爻互成坎離，二、三、四互成坎，三、四、五互成離，離為中女，坎為中男。「男下於女」，在婚嫁的時候，應當男子卑躬屈節的請示女家，因為女家的人到男家去，要主持家的；如果在婚嫁之先，女家都遷就男家，女子到了男家，就根本沒有地位、吃不開了。在婚嫁之前，男家卑躬屈膝的請求女家，這個女子到了男家來，才有地位！才有面子！所以在婚嫁的時候，男子居下，女子居上，是對的。

那個〈歸妹〉則不然，〈歸妹〉是從〈泰〉卦來的，〈泰〉卦的三爻本來是得位的，上去居四，變成陽爻居陰位；〈泰〉卦的四爻本來是得位的，下來居三，變成陰爻居陽位。陰居陽，陽居陰，兩爻都失位，都不得其正。而且，中爻互成坎離，底下二、三、四互成離，上頭三、四、五互成坎。坎為中男，離為中女，男的在上，女的居下，這是女子以容取悅於男方，這是不正之合也，不像〈漸〉卦是經過六禮的程序，正當的結合。同時，三爻代表兌，四爻代表震，兌是少女，震為長男，四爻是陽，什麼陽？「大壯之陽」，這個〈泰〉卦再長一爻上去，就是四爻，四爻就是「大壯之陽」，三爻是「幼嫩之陰」，四爻是「大壯之陽」，以「幼嫩之陰」來消化「大壯之陽」，

不諧和。比方企業很小、資本很小，而經營的構想太大，經營的構想與經營的企業基礎根本脫了節，那個構想要把企業拖垮掉的，因此卦辭講：「征凶，无攸利。」以上是講〈漸〉卦和〈歸妹〉卦二個情況不同。

其次，〈漸〉卦是經過六禮的程序，漸以進，就可以「吉」了。周公繫爻辭拿「鴻雁」作比喻，鴻雁的頭腦子相當的強，牠是向陽而行的。夏天，太陽在地球的南邊走，冬天，太陽在地球的北邊走，因此到了冬天，太陽往南邊走，鴻雁就跟著往南邊走，夏天太陽往北邊走，鴻雁又從南邊往北邊走，牠很有條理的；而且，每一天、每一個時間走多少程序，牠非常有計畫，所以周公就拿「鴻雁」作比喻。表示它這個陰體的發展的程序，是非常有秩序的。可是這個〈歸妹〉則不然，〈歸妹〉內卦是兌，外卦是震，兌為悅，震為動，「悅以動」，表示本乎內在的熱情向外發動，不經過正常的秩序，完全「動之以情」；不像那個〈漸〉卦，內在是艮，外在是巽，艮為止，巽為順，「漸以進」，表示內在有安詳穩定的主宰、步驟，於是到達外在很安詳順利的發展，完全「動之以理」。我們發展一切的事業，要「動之以理」，不能拿我們自己的感情，我們覺得這個事情應當擴大就擴大，不可以的，在這一卦，陰體的發展，它「動之以情」，所以它「征，凶」；在〈漸〉卦，它「動之以理」，所以它「歸，吉」。

其次，過去講士昏禮，就是說一般人娶太太應當在黃昏的時候，這個在此地大家不知道，在大陸上，都是黃昏的時候，快點燈了，把轎子抬進來，沒有個早上的時候，把轎子抬進來的，沒有的，一定是迎之以昏。為什麼要「昏」呢？黃昏的時候，太陽走了，月亮

起來了，表示陽往陰來，女的來了，迎之以昏，就是取這個意思。我們這個〈歸妹〉卦，是〈泰〉卦的三爻上去，陽往，〈泰〉卦的四爻進來「歸妹」，陰來，陽往陰來，所以有婚配之象；同時，二、三、四互成離，離爲日；初、二、三本來是兌卦，兌是西方，這個表示日落西方，陽往陰來，也有婚配之象。來知德有個錯誤，他說〈漸〉卦是娶媳婦的，〈歸妹〉是嫁女兒的。因爲〈漸〉卦是〈否〉三之四，女的往外跑，是納婦；〈歸妹〉是〈泰〉卦四之三，女子來歸，是出嫁。他圍於這個「歸」字，什麼叫做「歸」呢？卦體上，自內而外，就謂之往；自外而內，就謂之來。「來」者就是「歸」，「往」者就是「出去」。那麼這個〈歸妹〉從〈泰〉卦的四爻下來，陰來了嘛！陰來了，所以講「女歸」。這個〈漸〉卦它不是「歸」，它〈否〉卦的三爻出去了，女的被外頭娶走了，在卦體上來講是如此。事實不然，「女子以出爲歸」，我們從「納甲」就可以看出這個道理：乾卦納甲是「子、寅、辰、午、申、戌」，乾卦的長子是震卦，震卦是長子代父，納甲也是「子、寅、辰、午、申、戌」；坤卦納甲是「未、巳、卯、丑、亥、酉」，坤卦的長女是巽卦，巽卦是長女代母，但是納甲與坤卦不同，它換過頭來，變成「丑、亥、酉、未、巳、卯」。這什麼道理？「女子以出爲歸」，既是「女子以出爲歸」，所以這個〈漸〉卦是出嫁的，出嫁才是女歸嘛！女子不是藏到家裡叫歸，女子藏到家裡，那叫大歸，被丈夫家休掉了、出妻了，於是乎「大歸」，那不是女歸。所以來知德說這個〈漸〉卦是娶嫁的，錯了，兩個都是講「出嫁」，來知德誤會就是這個「歸」字，「歸」字應該往裡啊！怎麼往外叫「歸」呢？他不知道「往外歸」是講女子出嫁的歸，「往裡歸」是講卦體往來的歸，「歸」字兩個意義不同。這個也是出嫁，那個也是出嫁，假使講那個〈漸〉是娶婦，那無寧講這個〈歸妹〉是

納婦，這個〈歸妹〉把它〈泰〉卦四爻變回來了嘛！

　　其次，〈歸妹〉以震兌成卦，外在是震，內在是兌，震為長男，兌為少女，有歸妹之象。因此歷來先儒們解釋這個卦為震兄嫁兌妹，《京房大傳》裡頭講「帝乙歸妹」─成湯嫁妹妹；我們這個〈歸妹〉五爻也是「帝乙歸妹」，也是成湯嫁妹妹，有這個說法。又有兌是少女，震是長男，兌嫁給震。此外，外體是震，震為雷，內體是兌，兌為澤。〈歸妹〉的卦氣是九月卦氣，〈歸妹〉的主體─兌，兌是八月卦，到了八九月中秋以後，很少的打雷，假使有雷的話，那是時令不常，八、九月雷要收聲了，雷收聲藏在什麼地方？藏之於澤，這話什麼意思呢？〈說卦〉講：「山澤通氣。」所謂「山澤通氣」就是地球裡面水分，什麼氧囉！什麼氫囉！從最低漥的澤冒出來，所以我們看颱風都是在海上形成，海上是什麼呢？海上是兌澤，兌澤是什麼呢？兌澤是陰卦，它所通的氣是陽─雷、風之氣，陽氣聚則為雷，散則為風，雷風這兩個東西是通的，它是從兌澤裡頭冒出來的：「山澤通氣」，山是陽，它通的氣是陰氣，所以山頭上常常積雪。

　　我們臺北二個雨根：一個是木柵，一個是基隆。基隆那一群山通氣的，通什麼氣呢？通地底下水氣，地底下水氣往上噴；木柵那一群山通氣的，地底下水氣往上噴。這兩個雨根，木柵的雨根也好，基隆的雨根也好，這個裡頭穴道都不太大，冒出來的氣都很有限，我們在夏天可以看基隆的雨圈圈只有那麼大，到了中山南路就沒有了；木柵那個雨圈圈也只有那麼大，到了中山北路就沒有了。我們常常看中山南路下雨，中山北路沒有雨：中山北路有雨，中山南路沒有雨。什麼道理呢？因為它所發洩的雨根的地方不同，它那個雨的力量只有那麼點大，這個雨雪的氣是從山上來的。當然也有例外，這是講經常

的，山上總是積雪的，沒有講海上積雪。這個雷風藏澤的，到了八、九月以後，這個雷就收聲，就反歸於澤；震為雷、兌為澤，兌在震之後，所以澤是妹，「歸妹」就是「歸之於妹」，有這個說法。同時，在八宮裡頭，〈兌〉宮是第八宮，〈歸妹〉卦是〈兌〉宮的歸魂卦，是〈兌〉宮的八卦的最末一卦，兌為妹，所以講「歸妹」。歷來解釋〈歸妹〉卦象，從這些地方解說的很多，我們並存作參改，事實上，〈歸妹〉是從〈泰〉卦來的。卦的體象在這兒交代完了。

立卦的意義

前天有一個小姐講我所講的都是偏重人生的現象，那為什麼呢？《易經》本來是講宇宙的，不是講人生的，可是我們講學問，假使不把人生講進去，有什麼用處呢？沒有用處啊！因此孔子在〈大象〉裡頭總是把宇宙的現象套到人生方面，作為人生的法則。本來〈乾〉卦是講「天行健」的，可是孔子把它套到人生方面—「君子以自強不息」，要君子法這個「天行健」的象，來「自強不息」。本來〈坤〉卦是講「地勢坤」的，可是孔子把它套到人生方面—「君子以厚德載物」，要君子法這個「地勢坤」的象，來「厚德載物」。我們現在交代「卦體」—說明卦的本體的現象，交代「卦義」—說明卦的意義，作為人生的標準，就是根據孔子〈大象〉來的。

現在我們說明〈歸妹〉的卦義，我們曉得〈繫辭〉裡面：「乾知大始」、「坤代有終」（〈坤〉卦〈文言〉），我們過去在易例裡面講：「〈乾〉卦有始而無終」，任何現象開頭都是乾來創造，但是最後的結果呢？「退藏於密」。比方那個花，乾陽在裡頭鼓動，把花開開，可是花開開，乾陽就退回去了，只看到花，看不到乾陽，因此

「乾知大始」。「〈坤〉卦有終而無始」，坤卦是沒有開頭的，開頭靠著乾，最後的結果都在坤，所以最後花苞子開了，我們只看到花，花苞子開了，是誰把它弄開了？是乾陽把它弄開了，可是表現呢？表現在花苞上，所以「坤代有終」，坤代替乾來作最後的結果。我們剛才講坤陰的成長需要陽，但是陽無終，陽沒有最後的結果，坤有終，最後表現的結果，都在坤陰之上。所以〈漸〉與〈歸妹〉兩個卦以「女子于歸」為辭，就指示陰體成長應有的程序：〈漸〉卦是從正面指示陰體成長的程序，〈歸妹〉是從反面指示陰體不經過程序而妄越的形成。因為〈歸妹〉卦是由〈泰〉三、四兩爻易位而成的，六三失位不正，它是代表兌，兌是和悅，同時《說文》上講：「妹，女弟也，从女未聲。」楊凡夫曰：「妹从女未聲，聲兼意也。」〈歸妹〉為什麼不說「女」而說「妹」呢？就表示六三這個陰體還沒有成熟。六三這個陰體既然還沒有成熟，所以它只是拿和悅之情來動九四這個陽，九四是大壯之陽。由這樣來看，卦體上，陰陽兩爻不和諧到了極點。

　　拿人事來講，就是我們所經營的事業，還是兌陰，還是少女，還沒成熟啊！可是理想是大壯之陽，非常高，理想和事實脫了節。如果從這個理想去擴張呢，不但於事無補，反而把原有的那個基礎給毀滅掉了。我們了解這一點，從事一個事業，希望這個事業發展，就不能夠有脫節的構想，依這個次序一步一步的來，不能太妄越了；很多人把事業搞垮了，就是他太妄越了，沒有著著實實的從根做起。可是我們辦事業的人，今天一分，明天總想變成二分啊！總想天天把他壯大啊！你說這個辦事業不能夠有超越性的理想，那這個事業永遠的就這麼小規模的去做，不是阻礙了進展嘛？這又不然，我們剛才講三爻

陰不正，承受四爻大壯之陽，當然不行；假使你到了五爻「黃裳，元吉」的那個陰體，事業基礎已經到了飽滿豐隆的時候，當然就可以，再龐大的構想都可以消化得了。因此你想發展，先要使令事業的本身飽滿豐隆，在基礎上著想，不是在狂熱的構想上來打主意。有多少人不明瞭這個，不從基礎上著想，總是在那狂大的妄想，那個決不會成功的，這是第一點。

其次，五爻不是講「帝乙歸妹，……月幾望，吉」嗎？就是說你事業基礎已經飽滿豐隆了，你才可以配合狂大的構想。可是假使你等到事業的基礎飽滿豐隆，在時效上，來不及，而又想進展，也就是說我們自己基礎還沒到達那個地步，但是我們計畫超過我們基礎。那個時候，我們放棄我們這個計畫呢？那太可惜；可是我們要執行我們遠大的計畫，基礎又不夠。那個時候，怎麼辦呢？就採取「偏鋒側進」的辦法，這是〈偏正略〉上的話。

什麼叫做「偏鋒側進」的辦法呢？我們打個比喻，蘇俄有個龐大的構想，它的構想是什麼呢？就是赤化全世界，所謂世界無產階級革命。這種構想，就是大壯之陽。可是它自身還是六三之陰，力量還不夠，它想一口氣把全球都併吞下去，那辦不到。固然它現在天天在那進展，但是自由世界如果真正合併起來，力量還是超過蘇俄。所以它就採取偏鋒側進的方法：自己躲到後面，拿古巴、東德，拿其他地方的力量去蠶食鯨吞，今天在這個地方放一把火，試探一下子，試探快成了，進一步，吃一口，明天在那個地方放一把火，試探一下子，試探快成了，再進一步，吃一口，它是這樣子做法。總而言之，我們要想把這個事業擴大，當然我們要有個遠大的計畫、龐大的構想，可是我們事業基礎不夠，不能夠因為龐大的構想把自己的事業拖垮掉了。

那我們第一個辦法，就是慢慢的培植事業基礎，使令事業基礎到第五爻「帝乙歸妹」那個階段，事業基礎已經豐隆了，可以消化龐大的構想了，這個時候，我們就配合著龐大的構想進行，這是第一個穩健的辦法。第二個辦法，就是假使我們事業基礎不夠，而又有龐大的構想，這個龐大的構想距離事業的基礎還遠的很，我們要從事業基礎著手，而事業基礎不是一下子立刻可以豐隆得了的，可是時間上迫不及待，我們又一定要發展。在這個時候，就用偏鋒側進的方法，用其他的力量側面前進，自己立於不敗之地。成功了，更好；不成功，於自己沒有損失。以上是第二個學這個卦的意義。

第三點，要注意即使我們陰體基礎成熟了，我們可以使用龐大的構想而擴張了，可是這個龐大的構想並不是漫無標準的。這個龐大的構想，要與自己已經豐滿的基礎互相諧和才行，不諧和還是不行。我們五爻這個陰和二爻這個陽是正應，所謂正應，就表示那個龐大的構想和這個事業恰好符合。那個龐大的構想，並不是漫無標準的，亂七八糟的瞎想，和這個事業的基礎要諧和配合。怎麼諧和配合呢？比方防癌藥品，先拿老鼠、兔子來實驗，如果實驗不正確，我們可以放棄，但是於人無損。這就說明我們發展一切的構想，要和事業互相諧和，如何的諧和，先要用種種的方法試驗，以上卦義交代完了。

貳、彖辭（即卦辭）

〈歸妹〉：征凶，无攸利。

〈漸〉卦卦辭是：「女歸，吉，利貞。」這個卦剛剛和〈漸〉卦相反，這個卦是「歸妹，征凶，无攸利」，自內往外謂之「征」，

〈泰〉三之四成震，震為足，又為行，足在行動，「征」之象也。三爻是以陰爻而居於陽位，四爻是以陽爻而居於陰位，兩皆不正。不正而往前行進，兩個配合，所以就「凶」。三爻自身既不安，而與上沒有正應，又下乘九二之剛，上承九四大壯之陽，不安之至，所以講「无攸利」。那個意思就是說「妹」是女之少者也，就是還沒有成熟。沒有成熟，它就「歸」，這個「歸」就不恰當，就不合乎道理，所以「征凶」。因為這個不成熟的「妹」而「歸」，它的行動都是不好的，所以「无攸利」。我們卦辭上講「凶」，再講「不利」的，只有這一卦。其他的各卦，講「凶」，沒有講「不利」；講「不利」，沒有講「凶」。足見得文王對於陰體不夠的基礎而就妄越行事，認為不但是一時「征凶」，而且永久的最後沒有利益，戒辭是很嚴的。

參、爻辭

初九：歸妹以娣，跛能履，征吉。

「娣」，我國往年有「妾媵制度」，我們現在認為男的娶妾，很不對，但是這是由於沒有了解歷史。了解歷史，對於設「妾媵」的制度與裹小腳的風氣，就知道這是我們民族最慘的兩個階段。過去黃帝帶領我們漢人一族人想佔領這塊地方，身經五百七十仗，死亡太多，於是乎立下了規矩─妾媵制度，諸侯一娶九女，目的是講民族主義。至於後來裹小腳是什麼時候呢？是南北朝的時候。往年裹小腳並不普遍，到著南北朝的時候裹小腳的才普遍。南北朝的時候，漢人被殺的太多，一般的有心人沒有辦法，就仿效過去設妾媵的辦法，就從女的身上打主意，於是乎把女的裹小腳。小腳一裹，腿肚子很細。沒有大

腳肚子，血就不下行。血不下行，就回到臀部。所以裹小腳的女的，臀部特別發達。臀部發達，就表示她的子宮發達。子宮發達，於是生殖能力就增加。裹小腳是這麼個意義，是民族在重大的戮殺之後，爲著恢復民族的繁衍，不得已而爲之的。現在一般的讀書人，他不懂得歷史，尤其在五四運動的那些先生，毀古鳴高，他利用一般的年輕人不懂，他罵祖宗，表示他的高，現在一般的年輕人就跟著罵祖宗。我附帶講這個妾媵的歷史，並不是男的站在統治立場上，要高貴，要多娶女的，我們不要誤會。我們古人創造這個制度，能夠流傳下來，當然有他的道理。

　　「歸妹以娣，跛能履」，先講象，兌爲妹，初爻居兌之下，是少女的幼者也，故曰「娣」。初爻是震爻，四爻應位也是震爻，震爲「足」，初爻和四爻是應位，四爻互坎，坎爲「搖曳」，足陷在坎裡頭，足在搖擺不定，「跛」的象徵。〈坤〉卦初六講：「履霜，堅冰至。」初爻有「履」的現象，初爻是足，足是走路的，所以講「履」。以上講象，那個意思是什麼？我們〈漸〉卦是講：「女歸，吉。」女子出嫁的時候，是一步一步的，要六禮成章。而且，男下於女，要男的來求，並不是女子自動去歸男的，要男的來親迎，過去魯哀公問孔子：「冕而親迎，不已重乎？」孔子講不然，因爲「合二姓之好，以繼先聖之後，以爲天地、宗廟、社稷之主，君何謂已重乎？」（《禮記‧哀公問》）我們冕而親迎這個女子回來，是爲了繼接祖宗的香煙，爲了廣人類的後嗣，爲了能夠調理室家。我們來請她負這麼大的責任，我們在親迎的時候，應該很禮貌的，這並不重。〈漸〉卦「女歸，吉」是講六禮親迎，非常有秩序的，男下於女。至於〈歸妹〉呢？不然，〈歸妹〉是〈漸〉之反，女子悅以動，女子自

己感到情欲之動而要出嫁，沒有等到夫家的六禮親迎，自己就出嫁。〈歸妹〉是這個現象，那是表示什麼呢？就是拿這個女的出嫁來說明宇宙間陰陽相結合的現象。宇宙間陰陽相結合，本來是這個陽去找這個陰，陰是不動的，陽氣化向外奔放去找它，所以我們親迎的時候，一定要男下於女，這是宇宙的正常現象。可是宇宙有這一面，就有那一面，有一種情況，就是陰氣化已經成長太熟了，沒有等到陽氣化來放射，來干擾它，它自己遷就陽氣化的。〈漸〉卦是一般的這個陽氣化來找陰氣化來結合；〈歸妹〉是說明陰氣化在某一種情況之下，它過份的盛旺，自己有自動的能力了，於是乎它來遷就這個陽。我們這兩個卦並不是講女孩子出嫁的，是拿女孩子出嫁做個例子來說明。「歸妹」是不經過六禮的程序，而自動的歸於陽，在初爻因為是陽爻，這個時候，表示這個陰體有一點燥，有一點自動的氣氛，所以周公爻辭就講「歸妹以娣」啊！你這個時候「歸妹」不能「歸」啊！「歸妹以娣」就是以「妾」先去試探一下子。

「跛能履」，「跛」者就是不正之行也。不正之行，就是偏跛之行。以妾媵先去出嫁，妾媵是個不正之行嘛！無所謂的嘛！這個是什麼意思呢？就是說明一切陰陽氣化交合的狀態，它並不是一個陰就單純的配一個陽，也不是一個陽就單純的配一個陰，有的時候是縱錯複雜的。比如話，有個陽氣化在這兒，於是這個陰氣化來找它，那個陰氣化也來找它，但是這些陰氣化裡頭，有些和陽氣化相應，有些和陽氣化不是正應。比如話，我們需要各種的飲食，來調理我們的身體，來助長我們精神，使頭腦子有活力。但是我們吃的東西是不是每一樣都可以增加我們頭腦子的活力呢？不是每一樣都可以的。在我們所吃的飲食裡，其中一定有某些成分是我們身體裡面不太需要的，有某些

成分是我們身體裡面最需要的。但是需要的固然是吸收，不太需要的也吸收了。那個不太需要的，不是正應的，是不正之行也，就是「歸妹以娣」。「歸妹以娣」就是《長短略》裡的〈偏正略〉—「偏鋒側進」。戰國時候，就發揮這種方法，就是我們這個力量，我們這個時間，我們這個位置，我們正面還不能夠發揮，於是乎運用側面的方法去試。比方，我們前頭講過的，蘇俄是抱著要赤化全世界的構想的，固然它的力量現在逐漸的在那兒成長，可是真正要把全世界一口吸乾，現在它的力量還辦不到，因此它就用偏鋒側進的辦法。昨天丁先生和我談世界戰爭，他認為將來第三次世界大戰，蘇俄先發動。我說蘇俄不會發動大戰的，美國怕蘇俄什麼核子潛艇、什麼核子戰，這是笨得不得了的。蘇俄膨脹力量，這是赤化世界的本錢，擺在那兒，做給你們看，它的戰爭是什麼呢？今天叫古巴在非洲吃一口，明天叫東德在那個地方又吃一口。它現在所謂戰爭，就是這個步調，一套本錢擺在這兒，你看我有兵力，我有海軍，力量很大，利用你們自由世界的矛盾，一口一口地吃，吃到最後，差不多吃得快乾了，然後才一股消滅。它的戰爭的觀念絕不是像過去傳統式的，你一兵，我一卒，你一槍，我一砲，兩個對比著打，蘇俄戰爭的觀念已經改變了，它認為現在這就是戰爭，所以美國怕蘇俄挑起世界大戰，這是最笨的一個恐懼。它不會發動戰爭的，就這麼慢慢打打談談，就這樣和平共存，拿和解做外衣，裡面一口一口的吃，它的政策就是這樣，一直到吃乾為止。所以要打仗只有自由世界結合起來先發動，還可以，其實真正的自由世界一發動起來，蘇俄就縮回去，縱然它現在的軍事力量大了，它也絕不會打的。我們附帶的講這個例子，藉以說明「歸妹以娣」，就是「偏鋒側進」。

九二：眇能視，利幽人之貞。

先講象，二、三、四互成離，離為目，內卦為兌，兌為毀折，離居兌上，目已經毀了，那就是「眇」。二、三、四互成離，它本來還是離，所以「眇能視」。二、三、四互離，離居兌之上，兌是西方，太陽已經落於西方了，就表示幽暗了，二爻是在人位，幽暗的人位，所以講「幽人」。過去〈履〉卦的第二爻也講「幽人」，〈履〉卦的外卦是乾，內卦是兌；這一卦，外卦是震，內卦是兌。兌在乾、震之下，乾是陽，震乃是後天長子，代父行道的。一樣的，乾卦第一個結合就是震，所以〈履〉卦的二爻是講「幽人」，〈歸妹〉的二爻也講「幽人」。這是講象。我們過去在〈履〉卦三爻裡講：「眇能視，跛能履。」「眇能視」、「跛能履」都在同一爻裡講；現在在〈歸妹〉卦裡，是分開來講：初爻講「跛能履」，二爻講「眇能視」。這是根據象來的，前面已經講過。

「眇能視，利幽人之貞」，是什麼意思呢？眼睛要成雙，才能發揮作用，現在眼睛缺了一隻，雖然還「能視」，可是功用就差了很多了，因此「利幽人之貞」，宜乎規規矩矩保守你的閑靜之德。第一爻是陽，它告訴你，你不能夠「歸」，要「歸妹以娣」。第二爻還是陽，陽裡頭有動向，怕你動，所以它就講：「眇能視，利幽人之貞。」還不能夠「女歸」，還不能夠和陽兩個結合，因為你自己還沒有成熟，你自己「眇」嘛！你以為一隻眼睛可以看，一隻眼睛看不遠的，宜乎守幽人貞靜之德，不要妄動。那個意思就是勉勵這個陰體在這個階段，要自己守著安靜的德行，不要不經過六禮的程序，勉強的去結合。除非那個陰到了最盛的時候，沒有到極盛的時候，那個陰不能自動的找陽的。以國家來說，國家力量太豐盛了，我們可以發揮我

們崇高的理想，根據我們的理想去做；可是我們國家現在力量還不夠的時候，我們不能妄越行動。我們國家強盛了，我們可以實行世界大同，可以實行世界革命，可以發揮出去；可是我們自己還站不穩呢！怎麼談世界問題呢？所以只有安靜自己。推之於個人事業也作如是觀。

六三：歸妹以須，反歸以娣。

這個「須」字，很有幾個解釋，第一個，兌卦是「巳、卯、丑、亥、酉、未」，四爻納甲爲「亥」，「亥」的爻辰在「須」，「須宿」就是「女宿」，二十八星宿有個「女宿」，「亥」是「女宿」的位置。我們過去易例裡面有那個二十八宿的圖，各位先生可以翻開看看就曉得。這個「女宿」在二十八宿中是個賤星，所以它講「歸妹以須」，就是賤的可以去試試。第二個說法，就是「嬃」「須」通，嬃，大姊也。爲什麼「須」是大姊姊呢？因爲這個卦的反對卦是〈漸〉，這個卦的三爻就是〈歸妹〉的四爻，〈歸妹〉四爻居巽，巽爲長女，所以有大姊之象。

「反歸以娣」，「娣」的像是從哪兒來的？〈歸妹〉三爻居兌，所以講「娣」。這兩個說法很牽強，我都不取。這個卦，初爻：「歸妹以娣」，二爻：「利幽人之貞」，三爻：「歸妹以須」，四爻：「歸妹愆期」，它都是一貫的，這四爻都叫你不要歸，你陰體還沒成熟，不能夠找那個陽。國家沒有到達那個富強的地步，不要談世界革命啦！不要勉強實行你那個龐大的構想啦！那個龐大的構想就是陽，這是這幾個爻一貫的精神。三爻照虞翻的解釋，從初爻至五有水天〈需〉的象。需者須也，有所待也，不要那麼急於歸。這個「須」

應當作這個解釋，比較通順點點。那麼「反歸以娣」是怎麼說呢？初爻是「娣」。這個卦由〈泰〉卦三、四爻易位而來，〈泰〉卦的三爻變成四爻，〈泰〉卦的四爻變成三爻，於是乎就變成〈歸妹〉。〈歸妹〉外卦為震，震為反生。為什麼震是反生呢？這個古人沒有交代清楚，震是一陽初交於坤陰，那個意思是什麼呢？本來是坤卦，坤卦已經剝落了，於是乎在地下發生生機了，所以震為反生。好比這個果子落下地了，在地上重新發芽，再長苗，因此震為「反」。「反歸」，如果四爻還「反」過來「歸」它原來的位置，三爻於是乎就進四爻。三爻進四爻，四爻就變成陰。四爻變成陰，初爻就可以上去和四爻相應，於是乎「反歸以娣」，初爻出嫁了。〈歸妹〉既是由〈泰〉卦來的，所以〈泰〉卦裡頭有「帝乙歸妹」，〈歸妹〉裡頭也有「帝乙歸妹」，這「歸妹」二個字就從〈泰〉卦來的。在六十四卦的中間，只有這一卦，天地陰陽的氣象最完備。因為這一卦裡頭，震、兌、坎、離都具備了：外卦是震，內卦是兌，這是「春秋」，中四爻互成坎離，二、三、四互離，三、四、五互坎，這是「冬夏」，春、秋、冬、夏四時具備。而且，它卦體的源頭是乾坤，乾坤是天地，天地四時之象齊備。六十四卦中只有這一卦天地四時之象最完備，所以名為「歸妹」。以上是我附帶的交代「歸妹」這個卦名的由來。

　　第三爻的象前面已經交代過了，其次再交代這一爻的意義。這一爻是告訴我們，既然是「妹」，「妹」是女的，應當「歸」嘛！陰應當歸之於陽，陰要從陽，這是不成問題的，陰無陽，他不能化生，女的沒有男的，不能生孩子，所以陰一定要歸陽，不過這個〈歸妹〉所講的陰要自動歸陽，一定要到陰很成熟，夠資格了，才能自動歸陽。比方我們辦事業的人，前頭一定有個圖案，有個構想，這個構想

帶著事業一步一步地往前進，可是你這個構想要和事業比較接近點才行，你事業的基礎要夠，才能夠實施你那個遠大的構想；基礎不夠，不要勉強。〈歸妹〉到第三爻，還是不能夠急於圖成，不能夠妄越行事；你要「歸妹以須」，你要有所待，最好是「反歸以娣」。「反歸以娣」是告訴你方法，反過來把這個妾滕去配，自己還要守「幽人之貞」。就是說事業沒發達到那個程度，不能夠實施較遠大的計劃，但是你可以把事業中間某一部分，試驗一下子，嘗試一下子，是不是可以更進一步了，可以這麼做，這是第三爻。

九四：**歸妹愆期，遲歸有時。**

先講象，四爻與初爻居應位，四爻如果反正了，初爻就上去和它交合，就可以有婚嫁之象，有「歸妹」之象，可是現在四爻並沒有反正，還是九四，初爻沒法子上去結合，所以講「愆期」，還沒到時候。這個卦中爻互成坎離，坎離有日月之象，日月就有「期」象。四爻互成坎，坎是搖曳之象，四爻居震，震為行，行動搖曳不定，有「遲」之象。「歸」就是行動，四爻居震，震有行動之象，但是四爻陷於坎卦之內，坎是搖曳不定，行動而搖曳不定，所以說「遲歸」。我剛剛講這個卦春、秋、冬、夏四時具備，所以有「時」之象，這是講四爻的象。至於意義呢？〈歸妹〉到了四爻，還沒有成熟，可是已經快要成熟了，有個期望了，就是有一定的時間了，已經可以計算出這個時間了，所以說「遲歸有時」，但是你還要「愆期」，還要延期。這一爻的意義就比三爻「緩」一點了。三爻叫你要等待，你不能夠自己歸，要「反歸以娣」，要拿「初爻」出去。四爻呢，它不講「反歸以娣」了，可以不要等待了，就是說你啊！要愆期、要延期，

有一定的時間了，快了。

六五：帝乙歸妹，其君之袂，不如其娣之袂良，月幾望，吉。

「帝乙歸妹」，是從〈泰〉卦來的，前面已經講過，〈泰〉卦的五爻也講「帝乙歸妹」。這卦為什麼講「帝乙歸妹」呢？這個卦，五爻居震，震為「帝」，這個卦是由〈泰〉卦來的，〈泰〉卦的五爻是居於坤，坤納甲是「乙」，所以「帝乙歸妹」。在《京房大傳》裡講成湯嫁妹的時候講：「勿以天子之尊而驕諸侯，勿以天子之貴而侮諸侯，女之事夫，如陰之從陽，往事爾夫，必以禮義。」為什麼會有「帝乙歸妹」之象呢？這個五爻下來遷就二爻，有「帝乙歸妹」之象。一般的士昏，要男下於女，男的求女的，納采、問名。這個五爻，天子的妹妹嘛！位置很高很貴嘛！哪個敢問名呢？你跑去冒冒失失的說：「你這個妹妹是不是可以嫁給我啊？」那不是個大笑話嗎？是不是？天子的妹妹沒有那個敢問名的啊！那只有天子自己主動看到那個諸侯的孩子或兄弟很好，我們結為親家，把我的妹妹嫁給你的兄弟或者你的兒子，那諸侯受之不遑，恐怕我們承當不了，天子一定講，這個沒問題。天子嫁妹，那當然是五爻屈它的尊位來就二爻，這是「帝乙嫁妹」之象。

再講「其君之袂，不如其娣之袂良」之象，往年，「公主」—天子的妹妹，稱之為「君」，她雖是個女的，可是居君位，所以稱之為「君」，往年對於太太常常稱之為「君」，對於小太太講「細君」，「你的細君怎麼樣啊？」就問你的妾怎麼樣？五爻居君，它是個陰，所以稱之為「君」，也等於〈泰〉卦裡稱之為「后」，這個陰居君位的意思。「袂」是袖口，裳者是下身的，所以〈坤〉卦講：「黃裳，

元吉」，兌為「口」，乾為「衣」，所以講「袂」。「娣」，它的妹妹，不成熟的陰稱之為「娣」，或者妾媵稱之為「娣」，底下這個整個兌卦就稱之為「娣」，尤其是「三爻」。「其君之袂，不如其娣之袂良」，底下這個兌卦有袖口裝飾之象，高頭這個五爻居震，居於君位，沒有袖口的裝飾，所以講：「其君之袂，不如其娣之袂良。」

再講「月幾望，吉」之象，我們過去講，初爻震，二爻離，三爻艮，四爻巽，五爻坎，上爻兌，所以五爻是坎爻，坎為「月」；五爻又與三爻、四爻互成坎，坎為「月」。這個卦是從〈泰〉卦來的，〈泰〉卦的內卦是乾，乾是月十五望，現在由乾變為兌，所以有「月幾望」之象。

以上是交代象，至於這個第五爻是什麼意思呢？初爻是「歸妹以娣」，不行，不能夠歸；二爻是「利幽人之貞」，不能夠歸；三爻是「歸妹以須」，不能夠歸，「反歸以娣」；四爻是「歸妹愆期」，不能馬上就歸；五爻「月幾望」，五爻陰已經成熟了，可以「帝乙歸妹」。「帝乙歸妹」就表示這個陰成熟了。就好像黃帝嫁妹妹一樣，它可以主動了，可以遷就陽了。普通的女的出嫁都是男的「冕而親迎」，不僅是親迎，還著著宮衣戴宮帽，有禮貌的去親迎她，才行呢。可是天子嫁妹呢，她可以主動，不要男的去「冕而親迎」，她可以降尊來求教，那個味道就表示那個陰太成熟了，它可以把陽吸收得住。例如我們國家到著非常強盛的時候，而且裡頭很有道理，所謂「萬國衣冠拜冕旒」，所有天下的國家，都來歸了，這個時候，你可以放大構想去做，這是「帝乙歸妹」的意思。

「其君之袂，不如其娣之袂良」，什麼意思呢？就是說「其君」—五爻的好顏悅色，不及「其娣」—三爻妾媵的好顏悅色那麼

好。比方中國大戲裡頭，那個「旦角」很有道理，「旦角」有「青衣」、有「花衫」，那個「青衣」走路一步一步一步，「青衣」裝飾呢，都比較簡單；但是「花衫」走路「滴得得」扭，特別的漂亮，就表示他的身分不高，他就要拿顏色來吸引人家。那個「青衣」，身分貴重，就不需要了。現在女孩子看了電視，大家都學「花衫」，沒有一個學「青衣」的，這個很不好，所以「其君之袂，不如其娣之袂良。「其君」—五爻的好顏悅色，不及「其娣」—三爻妾媵好顏悅色那麼好，爲什麼呢？它尊貴嘛！它不需要好顏悅色的。「充實之謂美，充實而有光輝之謂大」（《孟子・盡心下》），孟子講凡是一個陰體的東西，它內在充實了，就美了，不需要外在裝飾；外在有裝飾，就代表內在並不充實。「月幾望，吉」，是什麼意思呢？就表示你那個陰好像月亮一樣，快圓了，那不需要裝飾，可以「帝乙歸妹」了，這是五爻。到這個階段，才能夠歸妹，其他的前頭四爻，不行，後頭上六一爻也不行，只有五爻這個情況之下才可以。

上六，女承筐，无實。士刲羊，无血，无攸利。

　　先講象，上爻與三爻相應，三爻是兌卦的主爻，兌爲少女，所以有「女」象。上爻居震，震爲竹。這一卦是由〈泰〉卦來的，上爻本居〈泰〉卦的坤體，坤爲方，又爲器；竹製的方器，就是「筐」。陽實陰虛，坤爲虛，所以講「无實」。上爻居震，震得〈乾〉卦初爻而成卦，〈乾〉卦的初爻是「元士」，所以有「士」之象。〈乾〉初曰「元士」，〈乾〉二曰「大夫」，三曰「公卿」，四曰「諸侯」，五曰「天子」，六曰「宗廟上皇」。上爻與三爻相應，三爻居兌，兌爲「羊」，二、三、四互成離，離爲刀，所以說「刲」。三、四、五

互成坎，坎爲「血」，二、三、四互成離，離爲火，坎血被離火燒乾了，所以有「无血」之象。三爻和上爻相應，如果上爻一變，坎象也不成，也有「无血」之象。三爻和上爻相應，如果上爻一變，坎象也不成，也有「无血」之象。

以上是象，意思是什麼呢？上與三相應，兩個都是陰，不諧和，不諧和的陰陽的配合，就等於「女承筐，无實」，女的承受了一個筐筐，這個筐筐裡頭，沒有東西，表示那個陽，不爲你所用。「士刲羊，无血」，士殺了個羊子，那個羊子沒有血，不能用，表示陰陽不調和，根本兩皆損失，兩无所利，所以「无攸利」，那就是陰陽要諧和配合才行啊！

〈歸妹〉一卦，只有五爻陰盛了，吸引了陽，這個時候，陰陽配合起來可以。其餘的各爻都不行，在初二、三、四還沒成熟，到上爻超過五爻這個標準了，他與三爻不諧和，不諧和就不行。因此我們從這個六爻體會，我們經營事業，這個事業當然要有個遠景的計畫，這不成問題。當國的大君子對於國家的前途一定有個圖案，沒有圖案的國家，頭痛醫頭，腳痛醫腳，今天局面這樣子，就這麼應付一下子，明天局面那樣子，那樣應付一下子，國家搞不好的，一定要有個圖案。可是這個圖案要與這個國家的陰體配合諧和才行，陰體到了程度，這個國家的圖案才能擴大一點；陰體沒到那個程度，不行，不能勉強。這一卦六爻就是這個意思。

肆、彖傳

彖曰：歸妹，天地之大義。天地不交而萬物不興。歸

妹，人之終始也。說以動，所歸妹也。征凶，位不當
也。无攸利，柔乘剛也。

　　先講「歸妹，天地之大義」，在後天我們運行的宇宙，純陽、
純陰是看不出來的。這一卦，它先天是〈泰〉卦，由先天的〈泰〉
卦的乾坤，變成後天的坎離水火來運行。也就是由後天水火代替先
天乾坤來運行，於是萬物就生化了，所以講「歸妹」。〈歸妹〉既
是由〈泰〉卦來的，〈泰〉卦的外卦是坤，坤爲「地」，泰卦的內
卦是乾，乾爲「天」，「天」「地」兩爻相交以後，於是裡面春、
夏、秋、冬四時體象具備：外卦爲震，震爲「春」，內卦爲兌，兌爲
「秋」，二、三、四互成離，離爲「夏」，三、四、五互成坎，坎爲
「冬」。由〈泰〉卦的天地來化成這個現象，所以說：「歸妹，天地
之大義。」

　　其次再講「天地不交，而萬物不興」，這個在〈泰〉卦裡講
過，〈泰〉卦內卦乾體的三爻交於外體的坤，變成震，外坤的四爻交
於內體的乾，變成兌，於是乎陰陽相交。陰陽相交，於是乎才形成水
火。有〈既濟〉的現象，萬物才興；假使天地不相交，萬物就不能
興。

　　其次再講「歸妹，人之終始也」，〈歸妹〉來自〈泰〉卦，
〈泰〉卦內卦的乾體，以三爻上去交坤，外卦的坤體，以四爻下來交
乾，這兩個相交有「終始」之象。因爲乾陽交坤，是乾陽的初爻，
坤陰交乾，是坤陰的最後一爻，這震是「始」交之象，這兌是交而
「終」成之象。也就是說震卦是乾陽「始」交於坤，兌卦是坤陰
「終」交於乾，所以有「終始」之象。此外，女孩子在出嫁那個階

段，是為人女之「終」，為人婦之「始」，所以講：「歸妹，人之終始。」這是就「女」的來講。就「人」還講呢，「歸妹」是陰陽相交，「陽」是人之「始」，「陰」是人之「終」。比如話，我們人結胎的時候，是靠男的精子，男的精子是人之「始」也，可是結成胎以後，靠女的卵子給他孕育成功。孕育成功，出生以後，這是人之「終」也。所以「人之終始」就靠了人這個精子、卵子的結合。所以女孩子出嫁，要講求對方的血統，因為「種」是藏在男生身上，這個「精子」是構成人體的原始的東西，假使男的血統不好，他成就的孩子是不會好的，所以女孩子出嫁一定要找血統好的。

其次講「說以動，所歸妹也」，這個卦內卦是兌，兌為「悅」，外卦是震，震為「動」，所以說「說以動」。「說以動」是什麼意思呢？就是這個陰靠著心情的喜悅愛好而動，是發之於情的。前頭講〈漸〉卦「女歸，吉」是發之於禮的；「所歸妹也」，按孔子的解釋，是「妹之自歸」，「妹之自歸」有淫奔之象，而不是發之於禮，依照六禮的，是發之於情的，所以「征凶」。那麼發之於情的，有可能在什麼時候，我們允許呢？在陰已經最成熟了，而且陰居在很高的位置，很貴的，它可以有吸引陽的能力，在這個時候，可以的，除此之外，都不可以。

其次講「征凶，位不當也」，為什麼「征凶」呢？因為「位不當也」。三爻是陰，它據的是〈乾〉卦九三的位置，〈乾〉卦九三是「君子終日乾乾，夕惕若厲」，一天到晚在那兒動個不歇的，以陰居陽，所居的位置不正，所以往前進就凶。此外，我們看為什麼「征凶」？三爻是不正之陰，四爻是不正之陽。換句話說，你這個陰是兌卦少女之陰，九四這個陽是大壯之陽，我們陽到了四爻就大壯，大壯

之陽是陽之壯者也，少女是個嫩陰，配這大壯之陽，所以「征凶」，你往前發展，一定是不諧和的。那就是上爻所講的：「女承筐，无實，士刲羊，无血。」不諧和的，所以「征凶」。

　　其次再講「无攸利，柔承剛也」，爲什麼「无攸利」呢？因爲「柔承剛也」。三爻本來是個嫩陰，高頭是大壯之陽，底下呢，乘著九二之陽，六三之陰乘著九二之陽，所以說「柔承剛」。三爻所居的位置，上下都是陽剛，往前發展則「凶」；不往前發展，也沒有好處。那個意思是說你不能靠著這個陽，你動是往前頭發展這個陽—四爻，交合這個陽的；不動是藉著這個陽—二爻。因爲你自己條件不夠，你動往這個陽—四爻，固然是凶；你不動，乘著這個陽—二爻，也沒好處。換句話說，就是要你自己發展，你自己本身的陰體不夠，不能夠靠著這個陽，你要穩定你自己，〈坤〉卦三爻是「含章可貞」，把你的光華要包含起來，要穩定，三爻的陰是應當這樣子。這是「无攸利，柔承剛也」。

伍、大小象傳

象曰：澤上有雷。君子以永終知敝。

　　《漢書·五行志》劉向說：「雷以二月出，其卦曰〈豫〉，言萬物隨雷出地，皆逸豫也。以八月入，其卦曰〈歸妹〉，言雷復歸入地，則孕毓根核，保藏蟄蟲，避盛陰之害。」我們知道春、夏地下水往外冒，秋、冬回去了。這個雷、這個陽氣，地心的熱力亦復如此，到著夏天，熱力統統都跑出來，發生雷，到了秋、冬呢，於是乎它收聲了，這是劉向講宇宙的狀況。雷爲什麼要回去呢？避盛陰啦！這

個時候，陰太盛了，怕那個陰傷害它。〈歸妹〉這個卦，初、上兩爻正，中間四爻都不正，如果初、上兩爻一變，就變成火水〈未濟〉。〈未濟〉就震陽入地，雷這個陽就入到地底下去了，於是乎這個地溫就低了。打井的話，夏天打井，這個地溫高一點點，冬天打井，地溫就漸漸低一點。可是打到裡頭，地溫高了，因為地氣收到裡面。地溫收到裡面，就不能與上頭這個天氣銜接。地氣不能與天氣銜接，於是乎天地之氣漸漸不通。天地之氣不通，於是乎萬物凋敝，所以秋天落葉子，就是這個道理。這是劉向解釋這個「雷」。這一卦〈大象〉「澤上有雷」就是講到這個時候，「雷」收聲了，反歸於「澤」。在〈說卦〉裡講：「山澤通氣。」地球上，凡是高的地方，低的地方，都是地球的穴道。人身是地球的具體而微，人身體的穴道，不是高的地方，就是低的地方。比如話，乳房是個高的地方，這是個穴道，太陽穴是個低的地方，這是個穴道。地球高的地方是「山」，低的地方是「澤」，是地球的穴道。這個穴道是通氣的，但是所通的氣，有偏陰、偏陽的不同：兌為澤，「澤」是陰，所通的氣比較偏於陽，當然也有陰囉！但是偏於陽。艮為山，「山」是陽，所通的氣比較偏於陰，當然也有陽啊！不過陰多一點。所以雨啊！雷啊！多半落之於「山」，雷啊！風啊！多半落之於「澤」。這一卦〈大象〉講「澤上有雷」，所以「歸妹」，「妹」者是陰啊！高頭是雷，雷是陽，底下是兌，兌是陰，陽歸之於陰。

其次講「君子以永終知敝」，「君子」是取象於〈泰〉乾，這個卦是從〈泰〉卦來的，〈泰〉卦內體為乾，乾為君子，所以有「君子」之象。「永終知敝」，因為這個卦是從〈坤〉卦來的，〈坤〉「利永貞」，有「永」之象。「坤代有終」，坤有「終」之象。「永

終」者，就是久於其終，能夠貫徹到最後的終點。「知敝」，乾爲
「知」，坤爲「敝」，「知敝」，就是曉得他的毛病。因爲〈歸妹〉
是人之終始，所以〈歸妹〉要法這個象─「終」，一切事情要貫徹到
底，一切事情要看到最後。「知敝」，了解他的毛病，防備他的毛
病。防備他的毛病，才能夠貫徹到底。

初九象曰：歸妹以娣，以恆也。跛能履，吉相承也。

　　這卦與〈恆〉卦有相通的現象，雷澤〈歸妹〉，雷風〈恆〉，這
個〈歸妹〉的兌，反過來就是〈恆〉卦的巽，所以有「恆」之象。同
時，〈泰〉三之四就成〈歸妹〉，〈泰〉初之四就成〈恆〉，統統都
是〈泰〉卦的一個源頭來的，它兩個有相通的現象，所以講「恆」。
爲什麼講「歸妹以娣」呢？因爲兌─妾媵是不待時的，不論長幼
的，不需要六禮的，它可以出嫁，這是不失常情的─「恆」。「跛能
履」，就是不正之行。爲什麼「跛能履」呢？因爲「吉相承也」。我
們剛剛講一個陽，有好多陰來和它兩個相和的，其中有正應的陰，有
非正應的陰，假使不是正應的那些陰能輔助它正應的陰去做，那就是
「吉相承也」。比方，站在蘇俄的立場上，這個古巴能代替它蠶食鯨
吞其他的地方，就是古巴「承」著蘇俄，很「吉」的，這是兩個相符
合，很吉的，所以說「吉相承也」。

九二象曰：利幽人之貞，未變常也。

　　「利幽人之貞」是什麼意思呢？「未變常也」，還沒有失掉常
態。兌爲「常」，因爲二爻本來是人位，本來是要不動的、本來是要
很穩定的。〈乾〉、〈坤〉兩卦中，二爻都要很穩定的，所以「利幽

人之貞,未變常也」。

六三象曰:**歸妹以須,位未當也。**

「歸妹以須」,就是你要有所等待,爲什麼要有所等待呢?你還沒有妥當,沒有成熟,你陰還沒有發展到恰當的可以從陽的時候。

九四象曰:**愆期之志,有待而行也。**

「志」的象從那兒來的呢?四爻互成坎,四居坎中,坎爲「志」。「待」的象從那兒來的呢?這個卦有水天〈需〉的象,所以講「待」。「行」的象從那兒來的?四爻居震,震爲「行」。這一爻〈小象〉的意思是說爲什麼要「愆期」呢?它的志向有待而行也。

六五象曰:**帝乙歸妹,不如其娣之袂良也,其位在中,以貴行也。**

爲什麼「帝乙歸妹,不如其娣之袂良也」?因爲「其位在中,以貴行也」。五居「中」,居尊位,它很「貴」,五居震,震爲「行」,以「貴」來「行」陰陽的結合,所以不需要像「娣」和顏悅色取好於人。

上六象曰:**无實,承虛筐也。**

上爻爲什麼講「女承筐,无實」呢?因爲高頭那個筐,那個震,震本坤體,上居坤之上極,是最虛的一個位置,所以「承虛筐也」。三爻是陰,上爻還是陰,陰遇著陰,根本沒有陽氣可合,陽實

陰虛，所以「承虛筐也」，裡頭沒有實在的東西。換一句話說呢，到了上六呢，這個陽不能幫助陰的，不是陰的調和的東西，陰也不能吸收這個陽的，陰陽不諧和的。

第五十五卦

豐卦

周鼎珩講　陳永銓記錄

豐

震離
上下

—— 此係〈坎〉宮五世卦，消息六月，旁通〈渙〉，反對〈旅〉。

壹、總說

佈卦的次序

　　當我們處在人生最得意的境界，〈豐〉卦可以做為一種指示，〈豐〉卦就是告訴我們，在人生過程中如何處最得意的境界。古人說：江海之所以成其深，由於涓滴之流；山嶽之所以成其高，由於一簣之土。我們看萬物散佈各地，但是散佈必有所歸，歸則必聚，聚則必大，這是很明顯的道理。《易經》的上經在〈同人〉卦之後，接著卦佈〈大有〉，〈序卦傳〉說：「與人同者，物必歸焉，故受之以〈大有〉。」因為其所有者大，而稱之為大有。下經則是在〈歸妹〉

卦之後，接著佈卦為〈豐〉，〈序卦傳〉說：「得其所歸者必大，故受之以〈豐〉，豐者大也。」固然，〈同人〉之言歸，是指陽有所歸；〈歸妹〉之言歸，則是指陰有所歸。所歸雖然有陰陽之分，然而其為歸則一也，所以都能成就其大，一個是所有者大，一個是豐就是大。

　　〈歸妹〉卦之主爻是六五，六五在〈坤〉卦為「黃裳元吉」，坤陰在六五最為吉祥，再上去就「龍戰于野，其血玄黃」，可見六五有盛陰之象，盛陰自有其消化陽剛的力量，所以〈歸妹〉各爻只有六五能夠獲吉。這就像是文王居歧之時，三分天下，已有其二，到了武王興兵伐紂，陳師孟津，不期而會者八百諸侯，是周之國體已盛極矣，因此能夠發揮周公禮樂充門之精神，而垂國祚超過八百餘年之久，這並不是偶然的，而是「得其所歸者必大也」。此所以在〈歸妹〉後繼之以〈豐〉，豐者表示一切豐盛飽滿之現象也。陽有所歸，就像漢、滿、蒙、回、藏、苗等等民族融合而成為中華民國；陰有所歸，就像中華民國實行三民主義，一切國策都是根據三民主義之陽而實行。

成卦的體例

　　〈豐〉卦的內體是離，離為電，亦為明；〈豐〉卦的外體是震，震為雷，亦為威；〈大象〉稱之為「雷電皆至」，也就是威明並著。明則知之必周，威則行之必果；因為知之周，所以不會偏差之慮；因為行之果，所以不會有玩物之情，故〈象傳〉讚之為「明以動」。進而言之，知之周與行之果，兩者是相須的；行之所以能果，是因為知之能周，而若知之能周，則未有行之不能果的。根據八卦方位，離卦與震卦在先天與後天的卦位，二者有相同之關係，先天的離

卦之位置，就是後天的震卦之位置，都是在東方；由離而震，是從先天一直發展到後天，故能成其爲豐而威名並著。

　　按《禮記‧月令》：「仲春之月，是月也，日夜分。雷乃發聲，始電，蟄蟲咸動。」春分三候：一候玄鳥至，二候雷乃發聲，三候始電。由此可見，先雷後電，不會並至，若如〈大象〉所稱「雷電皆至」，那就是豐盛滿盈的境界。由先天八卦發展到後天八卦，從卦位來看，應該是先有離電而後有震雷，何以雷先發聲，後五日始電？這是因爲離卦含有幾個不同的象。離固然爲電，但又爲火，電取其明，火取其熱，先是在地內蘊有火之熱力，再突出地外，而成其爲雷；既已成雷，就放出光明，而成其爲電。西學謂認爲有雷就有電，有電就有雷，是將雷電看作一體，這跟我們的〈月令〉似乎不同。我的看法是，內體有很明確的認識，外在發揮出來就很果斷，只有認識不清才會遲疑不決。雷電的源頭固然相同，也就是說震卦由乾陽始交坤陰而成長子，離卦則是乾卦在後天卦位的替身，乾陽動能衝激而能發光成電，發聲成雷，但其發揮出來是二回事。

　　〈豐〉卦的三上兩爻易位便成〈噬嗑〉卦，〈噬嗑〉卦的三上兩爻易位便成〈豐〉，足見這兩個在卦體變化上，往來之情最爲密切，在六十四卦中，只有這兩卦是強調雷電皆至而盛明並著。我們看〈噬嗑〉卦的〈大象〉說：「先王以明罰勅法。」〈豐〉卦的〈大象〉說：「君子以折獄致刑。」由此可見這兩卦的大象，都是以刑罰爲言。因爲刑罰之本身，是威嚴的，而施行刑罰之時，又須察之以明，所以這兩個卦同爲「威明並著」。但是〈噬嗑〉卦爲內震而外離，〈象傳〉贊之爲「動而明」，即是震雷動於內，離電發於外；〈豐〉卦則爲內離而外震，〈象傳〉贊之爲「明以動」，即離電光明於內，

震雷動於外也。這是什麼意思呢？〈噬嗑〉卦之「動而明」「先王以明罰勅法」，義即相當於「立法」，制定法律的過程是很嚴謹，在使之明也；〈豐〉卦之「明以動」「君子以折獄致刑」，義即相當於「司法」，必須具備了明察，而後方可繩之以法。簡單的說，〈噬嗑〉卦是明其體，〈豐〉卦是致其用，所以〈噬嗑〉與〈豐〉，一則爲體，一則爲用。《易經》講法的主要是這兩卦，〈噬嗑〉卦講立法，是講體的；〈豐〉卦講司法，是講用的。

　　易例：「內體是表示內在的基礎，外體是表示外在的發展。」以內外兩體而論，內體重於外體。豐卦內體爲離，離之義爲明，外體爲震，震之義爲動，〈象傳〉贊之爲「明以動」，足見重點在明，蓋凡一切行動，必須先有很明白的看法，然後施之於行動，才會有成就之可言。但是〈豐〉爲〈坎〉宮五世卦，〈坎〉一變爲〈節〉，二變爲〈屯〉，三變爲〈既濟〉，四變爲〈革〉，五變爲〈豐〉；坎象爲月，於時爲夜，〈坎〉卦變成〈豐〉卦後，其內體之坎已變成離，離象爲日，於時爲晝；從以上卦變來看，〈坎〉卦的月夜，變成〈豐〉卦的日晝，算是獲致豐滿而盛大之成果。不過，晝之後又可轉爲夜，因爲〈豐〉之卦體是由〈噬嗑〉三之上而成，六三陰也，陰位居上，將離目掩蔽，有轉明爲暗之趨勢。總之，「豐」之所以爲豐，端在乎明，明既將轉爲暗，則豐滿之前，必有相反之表現，故卦辭有「宜日中」之句，而〈象傳〉則曰「日中則昃，月盈則食」。

　　震爲雷，雷者聲也，離爲電，電者光也。雷電之源頭雖出於一，但發之而爲雷電則屬二事。〈大象〉曰：「雷電皆至，豐。」既然雷電皆至，則爲有聲有色，所以能夠成其爲豐，這好比是燃放爆竹的時後，會有引硝之閃亮，也有爆炸之聲音，引硝之閃亮，是即電

也，爆炸之聲音，是即雷也，於是形成有聲有色之現象，是即豐的境界。但是燃放爆竹所產生的有聲有色之現象，僅能顯露於一時而已，不能持續而垂之久遠。

立卦的意義

〈豐〉卦之卦體，是內離明而外震動，內離明就是內在具備明確的認識，外震動就是外在具備奮豫的行動。卦氣是由內而外，質言之，內在有了明確的認識，外在才有奮豫的行動。那麼，怎樣才算是明確的認識？這可分成兩個方面來講，其一是對客觀環境的認識，特別是要注意到客觀環境的變化，因為〈豐〉在卦體上，初至五有〈革〉卦的體象，〈革〉卦的特性就是要改變，通常客觀環境並非一成不變的；其二是對自身反省的認識，就是要反省自己的條件，在此時此地，所具備的是怎樣的條件，有這樣的條件，才能發揮這樣的行動。至於所謂奮豫的行動，那就是「雷出地奮豫」的意境。在和樂的環境之中，而顯出有利的行動，有如雷出地一樣，萬物皆隨之茂發成長而欣欣向榮。〈豐〉上爻由陰變陽，則外體與內體都是離，而有內外通明之象，但因〈豐〉卦畢竟不是〈離〉卦，依舊是上六之陰蔽之於上，則嫌不能明白四達矣。有些人處富貴則自以為了不起而盛氣凌人，這就因為豐盛會伴隨陰影，遮蔽了內在的心竅。

前面說過，豐之所以成豐，在乎明以動，尤其重要的是明，然而怎樣才能夠獲致這種明，這在自然界，就是卦辭所說的「宜日中」。日麗中天，其光明可以達於天下，語乎人事，則如《老子·第三十三章》所說的「知人者智，自知者明。」將明的意境析之為二，好像鏡子纖塵不染，保持光明本體，是即「自知者明」的意境。以一塵

不染的明鏡，持之照物，則原形畢露，是即「知人者智」的意境。《老子・第二十四章》又說：「自見者不明。」意思是若欲培養自知之明，就必須忘了自己，完全凌空透視，無絲毫自己的意識存在於其間，才可以達到明的地步。同樣的，豐盛飽滿的境界會造成智慧的陰影，要忘掉自己所處的豐盈飽滿的境界，才能維持豐大的結果。

　　《說文》：「豐，豆之豐滿者，从豆象形。」〈序卦傳〉釋之爲「豐者大也」，豐之義即爲豐盈飽滿，豐盈飽滿就是大。宇宙的法則是物極必反，任何現象，一經到了豐滿程度，接著就要萎縮下去。所以先聖先賢對於豐滿的處境，垂戒至切，如云「滿招損」，如云「物壯則老」是也。然則應該怎樣的處置豐滿呢？首先須從卦體上來覓取途徑，〈豐〉自〈泰〉來，〈泰〉卦二之四則成〈豐〉卦，由內體之乾陽形成外體之震動，乾陽已動之於外，則必奔放不止，最後流於散蕩，乾陽到了散蕩的地步，即使現象再豐滿，也要立即消退。不過，乾陽遇著了陰，就會穩定而不再散蕩。所以要想保持現象的豐滿，就得要以陰凝陽，陽不散蕩，豐滿的現象便可持續。那麼，如何以陰凝陽呢？陰是凝聚的，是收縮的，意思是說處在豐滿的環境，不應以豐滿自居，反而要收縮自己，不使有絲毫的放縱，《老子・第二十八章》說：「知其雄，守其雌；知其白，守其黑；知其榮，守其辱。」這便是處豐的不二法門，俗語所謂「持盈保泰」是也。所以當我們的地位愈高，愈要卑躬屈節，當我們的財富愈多，愈要簡樸克勤，就是要以相反的卑儉的態度，去成就豐盈飽滿的境界。

貳、彖辭（即卦辭）

〈豐〉：亨。王假之，勿憂，宜日中。

　　根據卦變，三陰三陽的卦，都是從〈泰〉、〈否〉兩卦來，〈豐〉卦也不例外。〈泰〉卦二之四而成〈豐〉卦，即爲〈泰〉卦九四之陽天氣下降，六二之陰地氣上升，於是天地相交而能亨通，所以說「豐，亨」是豐有亨通之象。另有一說，〈噬嗑〉卦上之三則成〈豐〉卦，〈噬嗑〉乃由外在之離火涵養內在之震雷，變成〈豐〉卦，更是由內在之離火培植外在的震雷，這樣的現象是豐滿而能亨通，所以說「豐，亨」。先儒解釋「王假之」的假字爲大也、至也，這是取象於震，震爲足爲行，有至之象，但是我認爲此解似有未妥，「假」通格，是感格的意思。「王」是指乾有王者之象，同時外卦震爲帝，也有王者之象。〈豐〉卦之所以盛大，是因爲震雷離電威明並著，唯有王者能達到這樣的境界。〈噬嗑〉卦之三四五互坎爲孚，就是至誠至性，「王假之」的意思是，王者能以至誠至性去感格事物，因而成就豐盛飽滿的境界。

　　〈噬嗑〉卦三四五互坎爲隱伏又爲心憂，〈噬嗑〉卦三上易位而成〈豐〉卦，則坎象不見，所以有「勿憂」之象。「宜日中」也是取象於〈噬嗑〉卦，〈噬嗑〉卦上離下震，是日正中天之時，變而成〈豐〉，上爻的陰影如雲蔽日而遮去光明，但是內在還有離明之光。「日中」是代表時與位，日正中天是不早不遲之時，也是四面光量均勻一致之時，因而光明普照四方則是位，因爲日正當中，時位兼顧，所以能夠威明並著。前面提到，〈噬嗑〉是日正中天，變而成〈豐〉，則上九變爲上六，是有陰影遮去光明，這表示：「豐」有亨

道焉，亦有憂道焉，可以造成亨通，也可以造成憂慮。因此，王者是指處在豐盛境界的當事人，要拿至誠至性去感格豐盈飽滿的境界，宜乎有真切的作法與看法，也就是〈豐〉之卦體外震為威而內離為明，王者要效法日正中天，在不早不遲之時，在光照四方之位，威明並著而四面通達，這樣就可以去除憂患。

參、爻辭

初九：遇其配主，雖旬无咎；往有尚。

這個「遇」字取象於〈姤〉，〈豐〉卦五爻失位，以陽爻居陰位，變而之正，則三四五互乾，二三四互巽，於是二至五有〈姤〉卦體象，姤者遇也。「配主」的配字，是指初與四同為陽爻，不是正應，相配而已。配字取象於〈豐〉卦上震下離，在八卦方位，先天的離即為後天的震，同位於東，離為中女，震為長男，有婚配之象。例如乾天與艮山在先天與後天卦位同在西北，一般稱之為山嶽配天。「主」字是指初四兩爻互為所主，在講初爻的時候，則四爻為主，在講四爻的時候，則初爻為主。〈豐〉卦的〈象傳〉說：「明以動」，就是以離明為震動之主，從先天與後天卦位來看，也是由先天的離而變成後天的震，再從卦體來看，初爻居內體離，應爻四居外體震，所以四爻是初爻的「配主」。

〈豐〉卦之外體為震而內體為離，根據京房所傳之「納甲法」，其法為卦納十天干，爻納十二地支，震為長男納庚，離為中女納己，由庚數至己，其數為十，離又為日，所以是歷經十日，十日為旬，這個「旬」字的取象，就是根據納甲。又有以〈豐〉卦九四陽

爻居陰位是失位不正，易位變正則外體變成坤，坤數爲十，這也說得通。另據《說文解字注》：「旬當爲均。《易・說卦》：『坤爲均。』今亦或作旬。」「往有尙」之往是取象於初爻與四爻相應，四居震爲行，有往之象；尙爲崇尙，就是尊崇的意思。我們看〈節〉卦九五爻辭同樣有「往有尙」，「甘節，吉，往有尙」的意思是心甘情願地自我節制，可獲吉祥，以此向前行進會受到尊崇。

　　凡是居豐之時，在豐盈飽滿的開始，一定要有對待方面，也就是配主，互相資助，有對待方面的配合，才能有豐盛的開始，因爲孤掌難鳴。主體與客體互相配合，才能發展成豐盛的境界，但是要有好的豐盈飽滿的對手相互配合，才能相得益彰。旬爲十日，十爲滿數，雖然到了滿數，仍然无咎，這表示主體與客體互相配合的行動，指標是很崇高的。另有一說是將「旬」解釋爲「均」，是指初九與九四均是陽爻，之所以相資相成而能「无咎」，因爲初在內體離爲明，四在外體震爲動，初之遇四，是以明遇動，這樣二個陽爻相從而往，則能成就豐大，所以說「往有尙」。

六二：豐其蔀，日中見斗。往得疑疾，有孚發若，吉。

　　「豐其蔀」的蔀是陰蔽的意思，就像用茅草蓋住屋頂。二爻爲內體離日之主爻，二爻與五爻相應，五爲陰爻，五爻又居外體震，像個仰盂，把二爻之離日給遮蔽了。「日中見斗」的斗是指北斗七星，先天八卦的數是離三震四，合計爲七，代表北斗七星。〈豐〉卦外體震，震位居北斗，所以有斗之象，〈豐〉卦的三上兩爻易位便成〈噬嗑〉卦，兩個卦的往來之情最爲密切，〈噬嗑〉卦二三四互艮爲星，所以有星斗之象。日中見斗表示太陽昏暗，所以即使是在白天，也可

以看見北斗七星。「往得疑疾」二爻往而應五，五居噬嗑之坎，五爻又爲坎爻，坎爲疑，坎又爲疾，所以有「往得疑疾」之象。〈豐〉卦內體離伏坎，坎爲有孚，二五相應，五爻居震，震動爲發，是爲「有孚發若」之象。二爻居中而當位，又伏坎爲孚，因爲有孚可以不受疑疾之困，終能獲吉。

二爻「豐其蔀」，是指五爻的陰影將二爻的光明給遮蔽住了，所以在白天可以看見北斗七星，那豈不是陽光黯淡了，同樣是往前行進，在初爻是「往有尚」，在二爻卻是「往得疑疾」，問題是外在環境能否接受你的發展呢？所以此時不可表現得盛氣凌人，而是要以至情至性的樣子去做，這樣才能獲吉。有人會懷疑，爲什麼初九與九四並非正應，卻能夠搭配得好呢？因爲這兩個陽爻，代表光明與動力，同行並進可以成就豐盛局面，所以「往有尚」。

相反的，六二與六五都是陰爻，而且有都乘剛的問題，二乘初之剛，五乘四之剛；六二居中得正，又爲大夫之位，還像個賢臣；六五以陰居陽，又爲君王之位，卻像個昏君。二之賢臣往應五之昏君，難免產生疑忌，所以「往得疑疾」。歷史上的賢臣之事昏君，必須盡其至誠以感發昏君，這樣才能有所作爲。例如春秋時代的管仲之相桓公，三國時代的孔明之輔後主。

九三：豐其沛，日中見沬，折其右肱，无咎。

「豐其沛」的沛字是指雨氣，也就是將雨之前，天空中帶有溼氣的雲，所以《孟子・梁惠王上》說「油然作雲，沛然下雨」。〈豐〉卦是由〈噬嗑〉卦的三爻之上而成卦，〈豐〉卦三爻雖然是日正當中，日麗中天，卻是位在〈噬嗑〉三四五互坎之下，坎在上爲雲，在

下為雨，所以〈豐〉卦九三已有雨氣，沛也。《易經》古本也有將沛字寫作斾字的，斾就是幡幔，其遮蔽的範圍更甚於蔀。

「日中見沬」的沬字是指北斗星旁邊的輔星，又稱搖光。三為艮爻，〈豐〉卦與〈旅〉卦是反對卦，〈旅〉之內體艮為星又為小石，小星就是輔星；三爻居離，又在內體與外體之中，所以有「日中見沬」之象。〈豐〉卦三爻居坎雲之下，應爻上六亦為陰影，在二爻已經日中見斗，白天能看見北斗七星，那已經很晦暗了，現在到了三爻則日中見沬，非但可見到北斗七星，見連北斗七星旁邊的輔星搖光也都看得見，者表示白天更加晦暗。

「折其右肱」的折字取象於三四五互兌為毀折，有折之象；兌居西方，中國講究方位要坐北朝南，那麼西方就是在右邊，反對卦〈旅〉卦的九三居內體之艮，艮為手臂，有肱之象；把這些卦爻之象合起來看，有「折其右肱」之象。「无咎」是沒有毛病，因為九三是陽居陽位，相應的上六是陰居陰位，所謂當位而應正，這樣即使處在極其晦暗的環境，也能以韜光養晦自處，所以无咎。

三爻在豐盈飽滿之時，又有〈乾〉卦九三「終日乾乾」剛猛進取的德性，照理說會更加豐盛。但是豐盛也有隱憂，就怕愈是豐盛，愈是不能「明以動」。造就盛大是以明為主，因為認識清楚，行動才能正確，這樣才能營造豐盈飽滿的結果，所以起點在於認識清楚。卦變是〈泰〉卦二之四則成〈豐〉卦，二爻代表內體乾陽動之於外，而把外在坤體開化成豐盈飽滿盛大的現象。陽是向外奔放的，愈動則愈向外而不回頭，故外在坤體固然豐滿了，內在的陽能卻消耗而虛乏了，在人事社會來看，則是一個人在事業逐漸擴大之後，精神與體力也逐漸衰退。

　　我在抗戰勝利後，回家鄉辦墾，終日與金錢數目字爲伍，那詩書與文藝方面的修養就退步了，這也是大企業家多帶一身銅臭氣的原因。孔子深明此道，不吃薑食，因爲生薑是發動陽能的，但必須是靠「乾知大始」的感覺能力所發動的陽能，才能認識清楚。人在遇事百思不解時，食薑則能思路開通，但因內在陽能消耗了，就會逐漸黯淡下去，所以九二「日中見斗」，九三更是「日中見沫」。也有人解釋九三是日蝕的現象，日蝕的時候，鳥獸歸巢歸穴，我們中國觀察天文，發現日蝕總是在初一朔日，月蝕總是在十五望日，表示愈是盛大豐盈的時候，光明愈是受到剝削。如果處在日中見沫之時，我們又該怎麼辦呢？《論語‧鄉黨》記載孔子曰「短右袂」，其用意是方便用右手作事，此爻則說「折其右肱」，意思是要閒置右手不使作事，因爲〈豐〉卦到了九三，一動不如一靜，寧可誤事，不可償事。

九四：豐其蔀，日中見斗，遇其夷主，吉。

　　「豐其蔀」的蔀字是陰蔽的意思，〈豐〉卦是由〈噬嗑〉卦的三爻之上而成卦，〈噬嗑〉卦二三四互坎爲雲，四爻在〈噬嗑〉卦是陷於坎雲之內，有被雲遮蔽之象，所以稱蔀。「豐其蔀，日中見斗」這個爻辭，同時出現在〈豐〉卦的二爻與四爻，爲什麼會這樣？我們看〈繫辭下傳〉：「二與四同功而異位，其善不同，二多譽，四多懼。」因爲二四同功，爻辭相同就不足爲奇。但是六二以陰爻居陰位爲當位，九四以陽爻居陰位爲不當位，所以說「其善不同」。再者，同樣是日中見斗，二在震斗之下，四則在震斗之中，其幽暗的程度也會有所不同。其次，根據卦變，三陰三陽的卦，都是從〈泰〉、〈否〉兩卦來，〈泰〉卦二上而之四則成〈豐〉卦，我們又可以說，

〈泰〉卦四下而之二則成〈豐〉卦，這就是二四同功而異位，由於二爻與四爻關係密切，所以爻辭有相同之處。

　　同樣的，因爲初爻與四爻相應，所以初九的爻辭說「遇其配主」，九四的爻辭則是說「遇其夷主」。我們在前面說過，這個「遇」字取象於〈姤〉，因爲〈豐〉卦六五以陰爻居陽位，是爲失位，變正則三四五互乾，二三四互巽，合起來看是有天風〈姤〉之體象，姤者遇也。「主」字是指初四兩爻互爲所主，在講初爻的時候，則四爻爲主；在講四爻的時候，則初爻爲主。「配主」的配字，是指初與四同爲陽爻，不是正應，相配而已。至於「夷主」，先儒說〈豐〉卦四爻變而之正，則成〈明夷〉卦，四居震爲帝，有主之象，所以稱夷主，我覺得這個解釋太牽強。夷是指對待的方面，〈豐〉之所以能成就豐盛，是因爲「明以動」，易例：陽明陰暗，可見〈豐〉卦最需要的是陽明。九四與初九相應，二個都是陽爻，四爻與初爻彼此相互對待又相互幫助。所以這個夷字是作等夷解，就是相互對等或對待的意思。

　　〈豐〉卦初爻「豐其蔀」，是因爲被六二之陰遮蔽所致，到了四爻還是「豐其蔀」，則是因爲被六五之陰遮蔽所致。根據卦變，〈泰〉卦二上而之四則成〈豐〉卦，在人事社會來看，我們發展事業，就像〈泰〉卦內體的九二陽爻上去開化外卦的坤體，但是〈泰〉二之四，固然是開化外體坤陰而發展事業，卻也耗掉內體乾陽的精神，那就像是光明被隱蔽住了。所以古人說「爲仁不富，爲富不仁」，佛家跟道家講修持，都認爲要入深山，因爲減少與社會現象接觸，頭腦智慧越容易昇華，若與社會接觸越頻繁，則頭腦智慧越容易被消耗。九四雖然「豐其蔀」，還好能夠「遇其夷主」，有對待的方

面初爻的基礎可以幫助他，例如人在事業發展過程中，經朋友勸誡而突然猛醒，再把原有智慧靈能重新喚起恢復，所以能夠得到吉利的結果。

六五：來章，有慶譽，吉。

六二「往得疑疾」的往，是站在二爻的立場來看，六二上去與六五相應，稱之爲往；六五「來章」的來，則是站在五爻的立場來看，六二上來與六五相應，稱之爲來。二爻爲什麼「往得疑疾」？因爲六二以陰爻居陰位，是爲當位，代表一個有能力的強臣；六五以陰爻居陽位，是不當位，代表一個沒有能力的弱君，強臣往見弱君，難免有猜疑之疾。相反的，如果弱君能夠接受強臣的歸附而和睦共處，那麼在二爻是至情至性而「有孚發若」，在五爻則是章彩光明而「有慶譽」，這樣的結果當然是吉。

章是章彩光明的意思，取象於五二相應而二居內體離卦，離爲火爲日爲電，都是光明的象徵。此外，〈豐〉卦的卦變是來自〈泰〉卦，二居泰之內卦乾體，乾爲慶爲善，二爻又爲多譽之爻，所以五有二來相應，是爲「有慶譽」，而能成就五爻之豐盈盛大。就卦爻而言，二爻居離明與五爻居震動，都是〈豐〉卦的主爻，其中五爻以陰居陽爲不當位，五動而應二，在人事來看，乃是有所反省，因爲經過「日中見斗」、「日中見沬」等昏暗階段之後，如果能由來章而反省，一定會「有慶譽」而獲吉。

上六：豐其屋，蔀其家，闚其戶，闃其无人，三歲不覿，凶。

「豐其屋」之屋字是取象於上六與九三相應，〈噬嗑〉三與上

易位則成〈豐〉，三在〈噬嗑〉居艮，〈豐〉卦的反對卦為〈旅〉卦，三在〈旅〉卦也是居艮，艮為門闕，有屋之象。〈豐〉卦二三四互巽，初二三互離，所以初至四有〈家人〉卦的體象。再者，〈豐〉卦四五上互震為木，二三四互巽為草，家為草木所蔽，所以說「蔀其家」。〈豐〉卦三上相應，三居離為目，〈豐〉卦是由〈噬嗑〉三之上而成卦，離目接近艮門竊看，有闚之象；〈噬嗑〉三居艮為門闕，有戶之象，合起來看是「闚其戶」。「闃其无人」是指裡頭沒有東西，一片荒涼。「豐其屋」是繼承過去豐盛的形勢，但是因為「蔀其家」，所以「闃其无人」。此外，上與三應，三在〈噬嗑〉居艮為成始而成終，有「歲」之象，三在〈豐卦〉居離而離數三，有「三歲」之象，代表很久，經過半個循環。

　　屋就是過去所遺留的豐盛形勢，但這個豐盛卻像家庭被草木給湮蔽了，所以看其家裡一個人也沒有，可說是晦明黯淡到了極點，例如人的氣色一暗下來，要經過三年的倒霉才能轉運一般。豐盈飽滿到了最後，結果一定要變壞的，所謂花開則謝、人富則敗是也。周公繫此爻辭，是告訴我們〈豐〉卦是〈泰〉卦二之四而成，外在坤體發展盛大了，內在乾陽必空虛，故在發展外頭時，一定要隨時注意補充裡頭的空虛，所謂豐富飽滿，是對坤陰實體而言，宇宙總有天荒地老的一天。物體沒有永久不壞的，不要妄想要保持永久豐盛飽滿，有生必有死，有豐必有虛，五爻若能反省猛醒，回頭就好，若再到上爻，就會盛極而敗亡了。

　　「豐其屋」代表自處太高，「蔀其家」代表昏暗不明，上六以陰柔居豐之極，卻又高亢昏暗而自絕於人，以致「窺其戶，闃其无人」，若經三歲之久猶不知改過遷善，結果必凶無疑。有人說〈豐〉

卦上六爻辭是指商紂最後的下場，因為商紂王即位之時，商朝已有六百多年的豐厚底子，如果商紂王待人處事能夠公正無私，國祚必然綿延不絕，但是商紂王卻違逆天道，終於招凶而滅亡。

肆、彖傳

彖曰：豐，大也。明以動，故豐。王假之，尚大也。勿憂，宜日中，宜照天下也。日中則昃，月盈則食。天地盈虛，與時消息，而況於人乎？況於鬼神乎？

〈豐〉卦是豐盈飽滿而盛大的意思，所以說「豐，大也」。〈豐〉卦的卦體是內離明而外震動，所以說「明以動，故豐」。內離明則無微不察且見微知著，外震動則能曲成萬物而開物成務。在主觀方面來看，內體之離明是見微知著，在客觀方面來看，外體之震動是開物成務。「王假之，尚大也」，先儒解釋這個「假」字為至也大也，我認為解釋成感格比較貼切。〈豐〉卦是以乾陽為主，但是豐到最後必壞，因為豐有亨道，豐亦有憂道，豐盈飽滿的狀態無法持久，所以君王處豐必須拿出至情至性的至誠來感格。

「明以動，故豐」，可見要造就豐盛，首先必須有清楚的認識，但是當我們處在豐盛之時，往往自高自大，就會認識不清或感覺模糊，這時要用至情至性來感格，因為「人同此心，心同此理」，雖一時認識不清，能以一片至誠來處豐，也能抓住現象的要點，《中庸》說：「誠則明矣，明則誠矣。」能夠秉乎一片至誠，就能與天理相通，進而與人性相通，所以能夠把握人性而眾志成城，不生偏差。「尚大也」的尚字是尊崇保護的意思，以致誠之道來處豐，可以輔助

觀察不清之短處，就能保持得住豐盈盛大的成果，就像二爻在「往得疑疾」之時，要拿出有孚的至情至性，能夠發乎至誠則吉。「有孚發若」與「王假之」是前後呼應的。

「勿憂，宜日中，宜照天下也」，這個憂字，取象於〈噬嗑〉卦三之上則成〈豐〉卦，〈噬嗑〉三四五互坎，豐卦內體爲離伏坎，坎爲加憂。火雷〈噬嗑〉是日麗中天，變而〈豐〉，則是六三之陰上去把麗日給遮蔽住了，所以說「豐有憂道焉」。因此處豐之道「宜日中」，在時而言是不早不晚，在位而言是正在中央，能夠把握時位，則如日正當中大放光明，無微不至，無處不達，使天下同被其光。

「日中則昃，月盈則食」，〈豐〉卦內體離爲日，三四五互兌爲西方，離日居兌西之下爲日落西方，是「日中則昃」之象。〈豐〉爲〈坎〉宮五世卦，九四與六五失正而變正，則外震變坎爲月，內離伏坎亦爲月，月生明於震（庚初三），盈於乾（甲十五）。〈豐〉由〈泰〉來，〈泰〉卦二爻與四爻易位則成〈豐〉卦，〈泰〉卦內體乾甲就不見了，有「食」之象。天象日蝕於朔初一，月蝕於望十五，表示沒有永久豐滿的，終究會變的，其變之時又總在盛極之時。

「天地盈虛，與時消息」，〈泰〉卦內體乾爲天，外體坤爲地，〈泰〉卦二之四則成〈豐〉卦，有內體乾盈者消，外體坤虛者息，而成「天地盈虛」之象。〈豐〉卦有四時之象，外體震爲春，內體離爲夏，三四五互兌爲秋，四五之正則二三四互坎爲冬，所以說「與時消息」。這是解釋天地有盈有虧，不會永久的消或永久的息，乾消則坤息，坤消則乾息，所以豐盈飽滿的現象也是不會持久的。「而況於人乎？況於鬼神乎」，從天道回到人道，我們要如何持盈保泰呢？〈泰〉卦外體乾爲神爲人，內體坤爲鬼，有人神鬼之象。意思

是說凡人與鬼神都一樣，會受到「天地盈虛」之宇宙法則的影響，而順應之道就是要「與時消息」。〈豐〉卦啟示我們處在豐盛之時，要能做到以下幾點：一是王假之，二是勿憂之，三是折其右肱，四是遇其夷主，五是來章有譽，這樣才不會有三歲不覿之凶。

伍、大小象傳

象曰：雷電皆至，豐。君子以折獄致刑。

　　〈豐〉卦的卦體，外震為雷，內離為電，所以〈大象〉稱之為「雷電皆至」。雷是威武，電是光明，因此合稱「威明並著」。〈噬嗑〉卦三之上則成〈豐〉卦，〈噬嗑〉三四五互坎為獄，變成〈豐〉則三四五互兌為毀折，是有「折獄」之象，也有「致刑」之象。所謂：「何以折獄？必要用明；何以致刑？必要用威。」刑是懲罰壞人，殺一儆百，殺雞儆猴，蘇軾說：「（刑賞）忠厚之至也。」（〈刑賞忠厚之至論〉）殺一人而拯天下，這就像雷電能夠震驚百里。〈豐〉卦啟示治國之君子：折獄要本乎離電之光明，致刑要本乎震雷之威武。

　　〈豐〉卦與〈旅〉卦是反對卦，雷火〈豐〉倒過來看就是火山〈旅〉。〈序卦傳〉說：「豐者，大也。窮大者必失其居，故受之以〈旅〉。」〈豐〉卦的〈大象〉是「雷電皆至，君子以折獄致刑」，〈旅〉卦的〈大象〉則是「山上有火，旅。君子以明慎用刑，而不留獄」。事實上，如果我們細讀《易經》，在〈大象〉之中講刑與獄的卦，還有〈噬嗑〉卦：「雷電噬嗑。先王以明罰慎刑。」〈賁〉卦：「山下有火，賁。君子以明庶政，无敢折獄。」〈中孚〉卦：「澤上

有風，中孚。君子以議獄緩死。」我在朝陽大學是學法律的，下次講
〈旅〉卦有時間的話，再來談《易經》的刑法與審判。

初九象曰：雖旬无咎，過旬災也。

初九以陽爻居陽位，是爲當位，所以「遇其配主」，配就是匹
儔的意思。九四以陽爻居陰位，是不當位，所以「遇其夷主」，夷就
是對待的意思。無論是配主或是夷主，都是以對方爲主，我則以賓自
處，就是降己以相求，所以「雖旬无咎」。凡是能夠發展成豐盈飽
滿的，一方面是有能力，另方面則是有合作的對象。但若發展得太豐
盛，超過自己能力所及，那就會有災禍。旬爲十日，十數就是滿數，
太滿了或是太過了，就會有災禍降臨，所以說「過旬災也」。

六二象曰：有孚發若，信以發志也。

二五相應，六二與六五分別居內卦與外卦之中，內體離卦又伏坎
爲孚，「有孚」是至情至性，「發若」是發之以至情至性的誠意。坎
亦爲信爲志，意思是拿信實的至誠來發動自己的願望，就可以感動對
方的心志，終能獲吉。

九三象曰：豐其沛，不可大事也。折其右肱，終不可用也。

〈豐〉卦三與上相應，上爲陰爻，應而無位且陰柔無力，所以
「不可大事」。〈豐〉卦是由〈泰〉卦二之四而來，上六在〈泰〉卦
居坤爲事，九三在〈泰〉卦居乾爲大，有「大事」之象。〈泰〉變
成〈豐〉，則內體之乾大與外體之坤事都不見了，所以稱「不可大

事」。九三「君子終日乾乾」，本爲剛猛可以任重，但因被六五與上六之陰所蔽，所以不能有所作爲，而稱之爲「不可大事也」。就像是「折其右肱」，右臂毀了，也是不能有所作爲，所以說「終不可用也」。

九四象曰：豐其蔀，位不當也。日中見斗，幽不明也。遇其夷主，吉行也。

九四以陽爻居陰位，是「位不當也」，照理說有陽可以豐陰，爲何不當呢？因爲九四之陽被六五爻之陰所遮蔽，造成所處的時間與空間，不能有所作爲。〈噬嗑〉卦三上易位則成〈豐〉卦，〈噬嗑〉三四五互坎爲隱伏，四陷於幽暗之中，所以「幽不明也」。處豐之時，必須有所遇合才能成就豐盛，有所遇合又能得到對待方面的資助，表示朋友與社會都有利於我，如此向前行動必能有所助益而獲吉，所以說「吉行也」。

六五象曰：六五之吉，有慶也。

我們常會向人道賀喜慶，喜與慶卻是二回事，發之於外者爲慶，生之於內者爲喜。六五以陰爻居陽位，是爲失位，動而之正，則三四五互乾，是爲「有慶」。六五之吉，是因爲六二來章而有慶譽，這是發之於外的，所以說「有慶也」。

上九象曰：豐其屋，天際翔也。闚其戶，闃其无人，自藏也。

翔者飛舞，動之象也。上爻與五爻在六畫卦中屬於天，上爻位居

於天際，又處於外體震動之上，是爲動之極，所以說「天際翔也」。先儒有以上九比擬商紂王，那麼「无人」是指微子、箕子、比干這些兄長都眾叛親離了；「自藏」是指商紂王不祭祀上帝與祖先，等於跟神明也三年之久不見了。另一種說法，「自藏」是指沒有聖賢願意出來治理國家。《漢書‧五行志》「妖孽自外來謂之祥。」孟喜說：「天降下惡，祥也。」（《周易集解》引）意思是說天降妖孽罪惡，是自己招致的，自藏也。

〈豐〉發展到最後，造成的結果固然是宇宙的法則，但也是自己有以致之，如果對於二爻三爻四爻「日中見斗」「日中見沬」的警告，仍不能自覺，發展到最後「三歲不覿，凶」，那是咎由自取。上六處豐大之極，自以爲高高在上，好像飛翔於天際，而目中無人，以致大家都望望然而去，紛紛自藏而避之，這樣的結果當然是凶，這也是〈豐〉卦的卦辭之憂。

第五十六卦

旅卦

周鼎珩講　桂少庚記錄

旅

離　艮
上　下

—— 此係〈離〉宮一世卦，消息四月，旁通〈節〉，反對〈豐〉。

壹、總說

佈卦的次序

今天報告〈旅〉卦，先說它的次序。爲什麼在〈豐〉卦之後接著就有〈旅〉卦？我們知道，差不多宇宙間不論那一類的現象，假使這類現象在發展的過程中，那豐盛已經到了極點的時候，它馬上就支持不住了，反而所呈現的是一種相反的現象，各種現象都是如此。例如，花開得最盛時候，接著就要凋落，水流到最猛的時候，接著就是枯涸。任何事都一樣，不僅是花、水如此，前面我們所講的〈豐〉卦，它那個上爻，就是到了那個極限的情況，「豐其屋，蔀其家，

闚其戶，闃其无人」，「豐者，大也。窮大者必失其居，故受之以
〈旅〉。」大到了最高的地步，就失其所居，所以受之以〈旅〉。旅
是在外做客，是羈旅，旅者有流離失所之象，流離失所的現象在自然
界中較不大容易看得清楚，而在人事現象中表現得最明切。在歷史
上，我們可以看到夏朝太康這個皇帝的暴虐無道，有一次他到洛河去
打獵，一打就三四個月都不回來，不理朝政，人民怨聲載道，后羿見
此，就不讓他回去，後來他就病死了，這就是從大而失其所的第一個
例子。第二個我們看到齊湣王。齊分「姜齊」、「田齊」，在周初分
封時，齊是封給呂尙姜太公之後，周公之後封於魯，所以齊原來是
「姜齊」，後來因爲齊之巨族田氏篡奪而代之，原來「姜齊」的時候
爵位都是稱「公」，後來因爲「田齊」篡位而稱「王」。現在我們再
說齊湣王，他的祖父輩創下號令天下、稱雄列國的雄厚基業，他在位
期間也屢建武功，但後期「齊王伐功矜能，謀不逮下，廢黜賢良，信
任諂諛，政令戾虐，百姓怨懟」（《資治通鑑・卷四・周紀四》樂毅
評語），燕國過去曾受齊國欺侮，燕昭王很能發憤圖強，他就拜鄒衍
爲師，使國家富庶起來，再用樂毅伐齊，連下七十餘城，僅剩即墨、
莒二城（西元前284年），湣王最後被楚將淖齒抽筋懸於廟堂之上殺
死，死得很慘，又是一個豐大失其所居之例。後來齊國在田單的領導
下以莒城爲反攻基地，經歷五年成功收復了失地，這個「毋忘在莒」
是「收復國土」。還有一個「毋忘在莒」，齊大夫鮑叔牙曾攜公子小
白流亡至莒（西元前685年）。齊國再發動政變後，小白回到臨淄即
位，是爲齊桓公，齊桓公稱霸後，因地區富庶，生活奢侈，所以鮑叔
警告他說：「毋忘在莒」，提醒齊桓公勿忘當年在莒的苦難。都叫
「毋忘在莒」，一個是「收復國土」，一個是「勿忘前事」，現在我
們把兩個混爲一談，這是錯誤的，兩件事相去有四百多年的時間，所

以我們不要把歷史弄錯了，讓人家讀書人笑話，我附帶說明一下。第三個例子，唐玄宗開元年間，開疆拓土，功成名就，天下無事，於是寵幸楊貴妃，六宮粉黛無顏色，奢侈無度，每月要去華清池洗澡，弄得安祿山趁機造反，自己雖得逃逸，而楊貴妃卻被縊死，這又是豐大失其所居之一例。再者宋徽宗，這人小有才氣，機巧得很，他在宣和五年下令都城從臘月初一放鰲山燈，把萬盞彩燈扎成一座「鰲山」，火樹銀花，各個樹上都掛著燈，城開不夜，一到夜裡亮得如同白晝一般，直到次年正月十五日以前，叫做預賞元宵，放燈時間長達四十八天；還搜集奇花異石運到汴京開封府，修建園林宮殿，園中有一座假山—艮嶽，他喜歡鳥獸，艮嶽放養的珍禽奇獸數以億計，聽那些鳥獸的鳴聲叫聲，如臨於空山曠野之中，耗費的民力物力無法計算；結果宋徽宗被金人擄去，病死於五國城，所以也是豐大失其所居。這些例子很多，凡是豐盛到了極限，就產生一種反現象，而文王早就看到宇宙的現象都是如此，所以他在佈卦的時候，就在〈豐〉卦之後佈之以〈旅〉，在你太豐盛之後，就要旅遊了，自己就要喪失自己的崗位了，這就是〈豐〉卦之後佈之以〈旅〉的道理。以上是卦序。

成卦的體例

第一個，孔穎達釋「旅」字：「旅者，客寄之名，覊旅之稱，失其本居，而寄他方，謂之為旅。」寄居在外叫旅，〈旅〉之卦象是離上艮下，上面是離卦，下面是艮卦，艮為山，山是停在那兒的，是不動的，就好比旅館的房子，它是靜止不動的，上面離為火，火燒起來是動蕩不覊的，火在山上燒，山的現象是不動的，火是直往前進行的，就像旅客是直往前行，不覊留的。事實上〈旅〉卦體象的涵義

並不只是如火燒山這麼膚淺，它真正的意思是：我們曉得離火是從那兒來的？是從乾陽來的，乾陽發光發熱，發光發熱演變到後天就是火，所以離火源於乾陽，有乾陽才有火的出現，這是離火的解釋。我們再看艮，艮是什麼呢？按易例來講，震卦的陽是發動在內的，坎卦的陽是陷在中間，艮卦呢？是陽在外面的。這三個陽卦，第一個是陽在裡面，所以它在裡面鼓動，於是震就是個動的卦；第二個是陽陷在中間，所以它很勞若，不得動，但它在中間還是在鼓動；到第三個陽浮在外面，它就不動了，所以艮止於外，它就停止了。現在艮卦在底下，它是靜止的陽，而離卦在高頭，在靜止的陽上頭，離火是浮火，裡面的真陽不足，於是發生一種浮火浮陽的現象，如眼睛發紅了，皮膚發炎了，這都是裡面的乾陽不足，外表一點浮陽浮火的現象。浮陽浮火都是在外頭表皮游走不定的，因為火是從乾陽來的，內部乾陽不足，外表浮火一點，那是游走不定的，如果中醫遇到這種現象，絕不能拿涼藥給他下火，因為這不是真正的火，一吃就壞了，因為這浮火在外是游移不定的，所以叫做「旅」，這是有其涵義的，不只是火燒山而已，乃是真陽不足，浮陽游移不定的現象，這是卦體的第一個體象。

第二個，因為這個卦是從〈否〉卦來的，就失去了原有的崗位，喪失了它原來居住的位置，於是跑到外頭來了，離者麗也，也就是附麗於外頭，所以〈象傳〉孔子解釋：「柔得中乎外而順乎剛。」「柔」啊，就是這個〈否〉卦的三爻，「得中乎外」，居外卦之中間，外卦本來是乾陽，「順乎剛」而附麗之〈否〉卦的五爻，而它內在安居之所喪失了，寄居在外面而附麗於外，其所以附麗為火，火是游走不定的，故好像旅客一樣游走不定，這就三爻來看，是附麗於

外，我們就五爻來看，亦復如此，怎麼叫外？怎麼叫內呢？震是陽在內，艮反震，艮卦跟震卦是相反的，震卦陽居內，艮是陽居於外，五爻是乾陽下來僑居於坤，三爻上去也是僑居於乾，都是僑居現象，而且五爻下來居三，居於坤體之外，仍爲旅游於外，故亦爲〈旅〉之象。五爻本爲天子位，降而居三，好像天子蒙塵的樣子，等於唐明皇幸蜀一樣。五爻下來居三，好像皇帝居於國外，坤爲國，居於國外，仍爲旅游之象，這是第二個體例是如此。

　　第三個，我們《易經》中六十四卦只有四個卦是特例，那四個卦就是〈豐〉、〈旅〉、〈噬嗑〉、〈賁〉四卦。〈豐〉卦與〈噬嗑〉卦，〈旅〉卦與〈賁〉卦正好相反，山火〈賁〉，它調轉過來就是〈旅〉，〈噬嗑〉卦，它調轉過來就是〈豐〉。除了這四卦剛好配成兩對以外，其餘的卦都不是這樣整齊的，唯有這兩對是以兩儀卦爲主的，所以我們以前講〈豐〉卦的時候，離不開〈噬嗑〉卦，拿〈噬嗑〉來講；現在我們講〈旅〉卦，就要拿〈賁〉卦來講，山火〈賁〉就是把艮卦拿上去，離卦放下來，就是〈賁〉卦了。〈旅〉卦的九四在〈賁〉卦就是初爻，就是說〈旅〉卦的九四下來居初而初爻呢上去居九四，即成〈賁〉卦，〈旅〉卦和〈賁〉卦就在四爻動盪，所以這一卦體在四爻，而〈旅〉卦的九四是一陽爻，〈乾〉卦九四中說：「或躍在淵，无咎。」九四與初爻相應，初爻說：「潛龍勿用。」就是潛底不能動，所以四爻與初爻是相來往的，上下無常，進退無恆，也就是說或上或下，或進或退，沒有一定的常態，也就是一種恆久性，看當時的情形而定。因此四爻在〈乾〉卦裡是極不穩定者，而我們這個〈旅〉卦的關鍵就在四爻，四爻一下來到初爻就變成〈賁〉卦了，只要這陽爻一居四就成〈旅〉卦，此係兩儀卦的關鍵所在，就在

九四一陽，而九四這一陽在〈乾〉卦中，卻是上下無常，進退無恆，豈不正是「旅」嗎？旅客在外，不就是上下無常、進退無恆嗎？自己是沒有主宰的，看環境可留則留，不可留則行嗎？所以構成了〈旅〉卦的象徵。

第四個，再說到離，外頭離是太陽，底下艮呢？艮是成始又成終，等於在一年的開始至結尾，因艮是一月到十二月之間的卦，所以成始又成終，有一周轉之象；而離在艮之上，即太陽在這成始又成終周轉之象的上頭，也就是有日行周天之象，這種太陽周而復始的運行，也就是永遠沒有停止的時候，也就是一種旅的象徵。本來這個卦是說明氣化的，氣化在什麼時候呢？即兩個陰陽相交的氣團，在一種動盪不定的情形下，不期而遇，所以它雖然是陰陽相交，但相遇的能量有限，因為它是動盪的，在游走無定中，不期而遇，所以〈旅〉卦講「小亨」，就是表示雖亨通，但很小，能量有限之故，就是這個道理。這個卦本來是講氣化的，六十四卦都是講氣化的，但我們在講卦的時候，一定要把它拉到人生事物上講，否則就沒有用，所以孔子贊《易》，都是把宇宙萬有現象，拉到人事關係上來講，因此我們說這個卦有「旅」之象。

立卦的意義

我們拿人事現象來講，現在我們失掉我們自己居住的地方，失掉自己的根據地而旅遊在外，各位如果是從大陸逃亡到臺灣來的，我們現在都是在旅也，所以這個〈旅〉卦與我們逃亡臺灣，復興中華的人有著密切的關係。孔子〈易贊〉贊到這一卦，也曾愧然而嘆之曰：「天也！命也！」我們現在就是在旅，本省同胞他們不是在旅，從大

陸來的才能算，我們是在旅狀，我們原在大陸有家有室，可是現在旅遊於外，我們就該謀求在旅之道，我們怎樣處旅呢？有些人就是不會自處，旅客在外，就唉聲歎氣呀什麼的，那就更糟，因為唉聲歎氣沒有用呀！而處旅有處旅之道，譬如周文王被商紂王囚之於羑里，文王蒙塵，這就是旅游於外，可是文王囚於羑里的時候，他演《易》，他不斷的在演《易》。孔子呢？在魯國息政以後，就周遊列國，孔子在這期間，他弦歌不輟，在教學生。再講次一等的人，如晉公子重耳，出門在外，十九年中都在旅遊，可是他天天在研究籌劃，復國後如何經略，十九年在外不斷的聯絡國際間的支持，所以一旦他復國後，即晉文公霸諸侯，就成了天下最強大的國家。我們從這些先聖先賢可以看到他們處旅遊之途，不是唉聲歎氣者，所以才能解決得了問題。處旅應該是有方法的，為什麼呢？因為我們旅遊於外，已經是流離失所了，外在的環境已是人地生疏，動蕩不安了，處處須以笑臉對人了，拿一般現象來講，處於這種越是外在環境動蕩不安的情形，內心越是急惶不寧，但是內心越急惶不寧，就越會招來外在的動蕩不安，因為內心急惶不寧，所表示出來的言行動作，就都不對勁兒，都會有失常情形，伸縮都不能自如了，越是這樣，內心也越不安，越不安於現狀，就越不願與別人打交道，越不願與人打交道，就越變得孤獨，所以文王、孔子，他們深知這一點，於是就演《易》、絃歌，所以我們最要注意的，就是旅遊在外，外在的環境越動蕩不安，但我們千萬不能夠讓這種動蕩不安影響了內心，使我們急惶不寧，我們首先要安定自己的情緒，自己內心的情緒能穩定，雖是外在的環境動蕩不安，也只有一半的壞現象，若外在不安，內在也不穩定，那不就糟了，所以他們演《易》、絃歌，就是要在不安之中求安，就是這個道理。可是僅只求安還不夠，譬如文王、孔子，他們都是在求安定的道途中，還

有一種創造的精神，文王的演《易》，就可以發揮中國幾千年立國的精神，孔子絃歌不絕，他除了安定自己內心的情緒，還可以奠定中國文學的基礎，政治的指標。所以我們處旅，不但是要求自己安定，還要在這個安定中，為未來創造大業的基礎，這是我們研究〈旅〉卦最重要的一點，這是第一個意義。

第二個意義，〈旅〉卦的卦體外在是離，內在是艮，離為火，又是光明，所以外在有光明的現象，艮為山，山是很安詳很穩定的，內在有穩定的現象，合起來我們處旅，除了剛才所講的那些要注意外，我們需要處旅的態度，內在要很穩定，內心的情緒要很穩定、很安詳，當然囉，我們旅遊的時候，外在的環境是必然極不穩定的，但我們內心自己的情緒要保持穩定安詳，不僅內在要穩定，這還不算，還得外在要光明。這外在的光明，又可分兩部分來講，第一我們的態度要是光明的，因為我們旅遊在外，人地生疏，人家都不了解我們，如果我們的態度上稍有曖昧，人家就會發生猜忌，這一發生猜忌，我們就不好辦了，就會遷升困難了，所以我們的態度隨時要注意保持光明磊落；第二個光明就是我們對外在社會的認識，要明明白白，一點也不能含糊，一定要認識得清清楚楚，外在的認識清楚了，自己的態度又是光明的，這樣我們的言行舉止，就一點也不會有偏差，因為我們對環境看得很清楚，我們就不會冒失行事，我們自己的態度很光明磊落，外在的客觀社會，就不會猜忌我們了，這樣我們才能夠為外在的客觀社會所容，而客觀的環境也就不會排擠我們，我們也就可以永久待下去了。這兩點是很重要的，也是我們處旅的基本條件，而且它們是互相為用的，因為內在安定，才能對外在認識清楚，才能在態度上表現得光明磊落，這正如佛家所講的「戒定慧」，也就是儒家所講的

「知止而後有定，定而後能靜，靜而後能安，安而後能慮，慮而後能得」（《禮記·大學》），因為你內在的心穩定了，於是智慧就生了出來，所以對外就認識清楚了，這兩者是相輔相成的，對環境認識清楚了，又可增進我們內心的安定，這是〈旅〉卦外離內艮所表現的兩個條件。

　　第三個意義，〈旅〉卦和〈豐〉卦是相反的，我們過去講〈豐〉卦是要注重陽，〈豐〉卦喜歡陽，因為〈豐〉卦是在創造盛大的形勢，在其創造盛大的形勢的時候，當然需要陽的發動，要有陽才能造成盛大的形勢；我們過去講陰，那個陰要能合陽，陰要不能合陽，那個陰是壞的，總之，〈豐〉卦是創造盛大的形勢，是要陽來創造。而〈旅〉卦相反，旅是旅遊於外，是一種很悽慘的情況，失去了自己的根據地，而寄居於外，就不是要陽而是要陰，因為要陰柔才能和順，只有拿和順才能應付外在的環境，旅遊在外的環境，不可能會遷就我們，只有我們拿陰柔和順去適應環境，所以處〈旅〉卦要以陰為主，但也不是卑躬屈膝，而陰柔和順也要有個尺度，所以我們處〈旅〉卦，固不可太高，亦不可能太卑，太卑也不行，所以我們陰柔和順，要不失其正，怎樣不失其正？也就是我們一言一行，一舉一動，都不可失去人情、物理的正道，所謂言忠信，行篤敬是也，譬如說話，我們老老實實的說，做事實實在在、恭恭敬敬的做，這就是處旅之道的第三點。

貳、彖辭（即卦辭）

〈旅〉：小亨。旅，貞吉。

　　孔子贊卦贊到〈旅〉卦，心裡非常難過，文王也特別重視〈旅〉卦，所以講兩遍，說：「旅，小亨。旅，貞吉。」以強調〈旅〉卦。旅為什麼「小亨」呢？因為〈旅〉卦從〈否〉卦來的，〈否〉卦三之五而成〈旅〉卦，〈否〉卦是萬物不通陰陽不交的一個卦，天向上，地向下，兩性不相交，故萬物不通；現在由〈否〉卦的三爻上到五爻，五爻下來到三爻，陰陽兩性相通了，所以「亨」；但又是陰上去了，卦氣的上行為主，陰上去了，陽大陰小，所以「小亨」。再說〈旅〉卦，陰陽兩性的卦氣在遊走不定中，兩性雖交通了，但這種相交的情形很有限，只是碰到那麼一點，並不是踏踏實實的相通，所以只是「小亨」。如果我們以人事來講「小亨」，就是只能成就小事，小事亨通，大事不一定能夠亨通，因為〈旅〉卦以陰為主，陰柔和順的態度，只能成就小事，所以在旅遊中，所能亨通的，都是小的事情，此第一步講卦情。第二步，我們怎樣處旅呢？「旅，貞吉」，因為三爻上去居五，得乎乾陽之中，而五下來居三，得之乎正，很穩固也，「貞」者正也，固也，在卦象中，「旅，貞吉」就是這樣來的。而它的含義很重要，當我們處於旅途中，首要端正，正確踏實，其次，當我們處旅的時候，內心一定要很安詳穩固，心中安詳，外在即刻就表現出儀態端正的樣子，所謂「旅，貞吉」就是我們處旅之道，一定要端正而穩定。

參、爻辭

初六：旅，瑣瑣，斯其所取災。

「瑣瑣」，瑣碎得很；初居艮，艮為小，初爻又在艮下，故小之又小，所以為「瑣瑣」，極其瑣碎也。「斯其所取災」，「取災」，哪來的「災」呢？因為本卦外卦是離，離是災難，初爻與四爻相應，四爻居外卦離的初爻，所以有「災」害之象；同時，這個卦要和〈兌〉卦合起來看，〈兌〉卦的四爻居坎，坎為損，坎為災難；初爻為艮，艮為手，有手到拿來之象，有「取」之象；「斯其所」是一句，「所」呢，因為艮為門庭，艮為庭院，所以有居所之象。為什麼要講「斯其所取災」呢？因為初爻是〈旅〉卦的開始，剛一開始，離開自己的家園，比譬我們從大陸上逃出來，剛逃出來時，就想打算在哪裡謀一個工作呀，在哪裡搞個房子呀，好住下來等等，因為把自己所有的一切統統喪失了，所以都是計算些瑣瑣碎碎的事，因之在旅之初，毫無大計，也根本沒有這個心情去計算大事，只要求個小小的安身之處，也就心滿意足了；「斯其所」，就是想求個小小安身之處，為什麼「取災」呢？因為想求個小小安身之處，就只好卑躬屈膝，越是卑躬屈膝，也就越沒有辦法，所以就「取災」，這個「災」字，是從這樣來的，「取災」者，自取也，因卑躬屈膝，故人家看不起你，排斥你。

六二：旅即次，懷其資，得童僕貞。

「旅即次」，「即」，就也；「次」，客舍也，就是旅舍，一個很穩定的地方；「旅即次」，艮為門庭，二爻正在門庭底下，所以有

安身之所的味道。「懷其資」，「資」，財富也，六二承九三，「陽富、陰不富」，六二因九三而富，同時，二、三、四互成巽，巽是近利市三倍，所以有財富之象，「懷其資」的「資」，從這裡來的；二居中，所以有「懷」之象。「得童僕貞」，艮爲少男，有「童僕」之象，二居正乘初，初「斯其所」，所以有「童僕」之象；「貞」，很穩定，這是卦象。現在說明這意義，到了第二爻，我們剛才說過，〈旅〉卦和〈豐〉卦是相反的卦，〈豐〉卦喜陽，〈旅〉卦喜陰，因爲身在旅中，當然要陰柔和順才行，在〈旅〉卦之中，以二、五爻爲主，因爲雖要陰柔和順，但也要得體，而旅到了二爻，就居中得正了，得體了，「旅即次」，有了安身之所，有了客棧了，而且「懷其資」，不但有了居所，在旅途中之所需也有了，又「得童僕貞」，不但有了居所、有了旅途中所需要之物，還有可供使喚之童僕，於是一切都安穩，這就是在旅途中的一個目標。

九三：旅，焚其次，喪其童僕，貞厲。

「旅，焚其次」，九三是最剛猛的，且九三在山上居高位，太高了危險，是處旅的最難處，初六又太卑了，因爲「旅瑣瑣」而「取災」，人家看不起你，只有六二恰到好處，陰柔和順，不卑不亢，一到九三呢，就太高了，三爻與上爻一樣，都是太高了，上爻居卦之高，三爻居內體之高，皆係高位，又太剛了，以剛強之氣槪居高位，這很危險，所以「旅，焚其次」，就是把舍次燒掉了。三爻與上爻相應，上爻爲離，離爲火，所以這把火就把旅舍給燒掉了；又三爻一變爲坤，失艮之象，艮爲庭院，庭院沒有了，所以是「焚其次」；三爻變爲坤，坤爲喪，有喪失之象，艮爲童僕，三爻變成坤無艮象，故變

爲無童僕，是「喪其童僕」也。「貞厲」，雖貞正，但仍有危險。

九四：旅于處，得其資斧，我心不快。

「旅于處」，九四和初六是相應的，初六「斯其所」，「處」和「所」是相應的，與二爻的「次」不同，「次」是舍也，所處是臨時居處，有寄居不定之意，因爲四爻互成巽，巽爲處，「旅于處」就是藏身在人家的地方。「得其資斧」，「資斧」一本作「齊斧」，「齊斧」，利斧，古爲黃鉞斧，後改爲「資斧」，其實以「齊斧」較爲恰當，「資斧」，是因爲二爻「懷其資」，二、四同功，所以把它改爲「資斧」，「資」爲旅途中所需之物，「斧」爲防身之物，旅途中恐遇壞人，若有「斧」則可防身；「資」的象從哪裡來的呢？因四爻互成巽，巽是近利市三倍，故有「資」之象，又因四居離，離爲戈兵，斧爲兵器，有「斧」之象。若另一本子講「齊斧」呢？因四居巽，巽爲齊，故爲「齊斧」，四爲艮之上，艮爲山，山是崎嶇不平的，在山之上，需齊斧來砍伐荊棘，驅除猛獸，給自己在旅途上一個保護。「我心不快」，「我心」，因爲〈旅〉卦是從〈否〉卦來的，本來〈否〉卦內體爲坤，現在九五下而居三，就變坤爲艮，坤爲身、爲躬、爲我，艮也有躬身之象，故有「我」之象；「心」是那裡來的呢？因爲這個卦是與〈賁〉卦相爲往來的，四爻在〈賁〉卦居坎，坎爲心，所以爲「我心」；三、四、五互成兌，兌爲悅，現在四居初，兌體不成，而成坎，故不悅，所以「我心不快」，這是卦象。其意義是什麼呢？「得其資斧」，是有工具，「我心不快」，是沒有情趣，也就是說旅居於他處，外在環境雖得了工具，但內心情緒並不安定。我們曾說過，處旅最怕的是內在的情緒不穩定，九四是個陽剛，但它

所處的位置是陰位，不得其位，而處旅是不能陽剛的，要陰柔和順遷就他人才行，九四是以陽處陰，所以不行，「旅于處」，「處」不是個穩定之所，故雖有工具，但環境不定，因此內心也就不安。

六五：射雉一矢，亡。終以譽命。

「射雉一矢，亡」，五爻居離，離為「雉」；虞翻曰：「三變坎為弓。」五爻居於坎上，坎為弓，離為「矢」，五爻一動就變成乾陽，五爻一動就射了，陽一動則雉飛矢亡，所以「射雉一矢，亡」。「終以譽命」，五爻之二，二居艮，四爻與初爻相應，五爻也在艮裡頭，艮「成終成始」的，有「終」止之象；「譽」者美也，五爻一動，五成乾，乾為「美」；五爻與二爻相應，二爻互巽，巽為「命」，故「終以譽命」，這是卦象。〈旅〉卦到了五爻，固然是與二爻相應，有個安頓的地方，但是亦難免有損失，比方，這張檯子，在此一空間時間地點很好，它給我們做講臺用，可是一旦我們把這張檯子弄到倉庫裡去了，它就在旅了，也失去了它本來的作用、本來的崗位了。一個人，一個國君也一樣，若失了他本來的作用，本來的崗位，就成為廢物了，這就是「射雉一矢，亡」。但桌子雖不能做講臺，它在倉庫裡還可以堆放雜物，仍可以不成廢物，這就是居旅雖有損失，仍可做其它用途；我們一個人也是如此，若居旅在外時，原來的崗位雖不能守，雖有損失，但仍可做其它用途，仍可發揮其它的作用，這就是「終以譽命」，終久還可以發揮我們的用途。

上九：鳥焚其巢，旅人先笑後號咷。喪牛于易，凶。

「鳥焚其巢」，因為上九居離，離有飛「鳥」之象；可是上九

和三爻相應，三爻居巽，它與〈兌〉卦往來最密切，〈兌〉卦上爻居
艮，爲艮之首，艮爲室爲宮，巽爲木，室在木之上，即爲「鳥巢」
的現象，可是它又在離之上，離爲火，故「鳥焚其巢」。又怎麼會
「旅人先笑後號咷」呢？因爲上爻和三爻相應，三爻居人位，三爻在
兌卦裡面原來是居震，震是「笑」，但由〈兌〉卦變成〈旅〉卦之
後，上爻和三爻相應，二、三、四互巽，巽爲申命，申命乃「號咷」
之象，所以「先笑後號咷」。「喪牛于易」，這個卦原來是〈否〉
卦，〈否〉卦九五下來居三，三爻是從五爻來的，原來的內卦爲坤，
坤爲「牛」，乾馬、坤牛，坤又爲「喪」；「易」是什麼呢？乾爲
「易」，乾爲變易的，這個三爻是〈否〉卦的乾，因爲九五下來居
三，結果把三爻的坤體破了，所以「牛」不見了，所以「喪牛」了，
「喪牛于易」，故「凶」，這是卦象。意思是什麼呢？〈旅〉卦到最
後還在旅的話，旅到上爻了，五爻就應該譽命啊！就要發揮另一個作
用，有個很安詳的結果了，可是如果五爻還沒有譽命，到了上爻，還
在旅的話，那就「鳥焚其巢」了；拿人事來講，先還有棲身之所，所
以「先笑」，後來一變就「號咷」了，就無以安身了。牛爲和順的，
「喪牛于易」，就在變化中，把柔和之德喪失了，這樣必「凶」；
再則牛爲安定，因牛爲坤，坤是安吉，喪失了穩定的情緒，亦必
「凶」。

　　〈旅〉卦六爻都說過了，我們看得出來，所指示我們者，應以
二、五兩爻爲主，二爻是要以柔和得正的德行處旅，可以得到一個安
定的地方，也可以得到旅途中所需之物，甚至於還可以得到人的侍
候；到了五爻時，就應該另外發揮作用，雖稍有所得，但沒有關係，
這是以二、五兩爻爲重。其次，初、三、四、上，又指示了我們反面

戒備的情形：初爻警戒我們不可以太過謙卑，卑則自取其災；三爻警戒我們也不可採取太剛的態度，太剛了，就會旅焚其次；四爻警戒我們雖不是太剛，但柔和得不得其道，也是不行的；最後上爻警戒我們說，處旅如果在五爻不能另圖發展，到最後還在處旅，那就一切都完了。

肆、彖傳

彖曰：旅小亨，柔得中乎外而順乎剛，止而麗乎明，是以小亨，旅貞吉也，旅之時義大矣哉！

這幾句話是解釋〈旅〉卦卦辭的，〈旅〉卦卦辭是：「旅，小亨。旅，貞吉。」〈旅〉卦為什麼「小亨」？這「小亨」是〈否〉卦三爻上而居五，陰爻上去了得中，在〈否〉卦的時候，天地不交萬物不生，〈否〉卦的六三上而成六五，〈否〉卦的九五下而成九三，於是陰陽相交了，雖相交了，但陰上去了，陽大陰小，故「小亨」，所以在旅途中，不能大有作用，只有小的亨通，而大的陽剛發揮，是不可能的，故「小亨」。〈否〉卦六三上去居中，六三代表內在的坤體，內在的坤體上去了，居乾體之中，乾在外，故「柔得中乎外」；坤陰主順，外卦是乾剛，坤陰上去了，順乎乾體，故為「順乎剛」。假設拿我們人事社會來講呢，就是說我們處在旅途上，客居他鄉，能夠有一番作為，遷就這個剛否的社會，而能發揮點作用出來。「止而麗乎明」，〈否〉卦的六三上去居九，外卦變為離，離為麗、為明，是「麗乎明」，九五下來居三，內卦變為艮，艮是「止」，構成內在的穩定，所以說「止而麗乎明」，就是說很穩定的附麗在這光明裡

面。也就是說，我們人在旅途中，內在的情緒很穩定，而外在的一切看得很透徹，自己所表現的也很坦白。孔子以爲處旅，就要明白這兩個道理，一爲「柔得乎中外而順乎剛」，一爲「止而麗乎明」，若這兩個道理都能做到的話，就可得到「小亨」且「旅貞吉」。所謂「旅之時義大矣哉」，〈旅〉卦跟〈兌〉卦是互爲來往的，〈賁〉卦有坎、有離，還有震；坎爲冬，離爲夏，震爲春；變成〈旅〉、〈兌〉，兌爲秋，春、夏、秋、冬，四季具備，所以「旅之時義大矣哉」，「旅之時義」，就是說處旅的時間，應該怎麼樣作，才能把握著它。

伍、大小象傳

象曰：山上有火，旅。君子以明愼用刑，而不留獄。

　　火在山上，表示眞陽不足，浮火游走不定，變成旅的現象，所以「山上有火，旅」。〈否〉卦的乾陽就是「君子」，離爲「明」，艮爲「愼」，本卦三、四、五互成兌，兌爲「刑」，所以「君子以明愼用刑」。〈兌〉卦裡又互成坎，坎爲「獄」，變成〈旅〉卦後，坎不見了，故「獄」象消失了，有「不留獄」之象。我們曾講處旅之道，就是要內在很穩定，外在很光明，〈大象〉就拿這個象講「用刑」，爲什麼呢？因爲六十四卦中，只有四卦講刑罰，那就是〈豐〉卦、〈旅〉卦、〈賁〉卦、〈噬嗑〉卦，這四卦都是離電皆至的，離爲明，電爲威，威明皆至，才能講法，才能「用刑」，〈旅〉卦中有「明愼」的現象，因之可以「明愼」來「用刑」，而旅是游走不定的，所以「不留獄」，對於囚犯，需要趕快把他釋放，不要把他長留

獄中。

初六象曰：旅瑣瑣，志窮災也。

初六與九四相應，而初六與九四皆不得位，若互易其位，則皆得正，這樣一來，則二、三、四互爲坎，坎爲「志」，而初爻爲坤，坤爲不富，不富即「窮」，初六與九四相應，九四居離，離爲「災」，同時九四居坎，坎亦爲「災」，故「志窮災」。

六二象曰：得僮僕貞，終无尤也。

孔子〈小象〉，雖只言一句「得童僕貞」，實應將爻辭之「旅即次，懷其資，得童僕貞」三句一起看。「終无尤」，〈賁〉坎爲「尤」，而今由〈賁〉卦變成〈旅〉卦，坎不見了，故「无尤」；「終」是因爲二爻居坤，坤代有終，故有「終」之象。

九三象曰：旅焚其次，亦以傷矣。以旅與下，其義喪也。

九三應上九，爲了應上九，它自己就要變爲陰，變爲陰，艮就不見了，艮爲門庭，艮爲居所，三爻爲了應上爻，把艮體不見了，上爻是火，所以是居所被火燒掉了，故「旅焚其次，亦傷矣」，可以感傷的呀！「以旅與下，其義喪也」，這句話怎樣講呢？「以旅與下」，僮僕爲「下」，就是以旅人而帶著僮僕，「其義喪也」，是應該喪失的，義者宜也。

九四象曰：旅于處，未得位也。得其資斧，心未快也。

「處」爲不定之位，四爻的陽居於陰，不得位，借居他位，故「旅于處，未得位也」。雖有利斧，可披荊斬棘，但心仍不安，故「得其資斧，心未快也」。

六五象曰：終以譽命，上逮也。

逮者，「及」也，五爻一射，二爻就上達了，達到可以發揮的作用。

上九象曰：以旅在上，其義焚也。喪牛于易，終莫之聞也。

上九與九三相應，九三在〈賁〉卦爲坎，坎爲耳，如今變成〈旅〉，坎象沒有了，耳不聰了，故「終莫之聞也」。也就是說，「牛」是柔德，你若喪失了柔德，一直在旅，旅到最後還在旅，最後高高在上，還旅，就親寡勢孤了，沒有親人了，沒有聲勢了，於是什麼都聽不到了，只有被消滅了。

第五十七卦

巽卦

周鼎珩講　陳素素記錄

巽

巽上　巽下

—— 此係八純卦，消息八月，旁通〈震〉，反對〈兌〉。

壹、總說

佈卦的次序

〈序卦傳〉上說：「旅无所容，故受之以〈巽〉，巽者入也。」〈巽〉卦是八純卦之一，消息在八月。不過，它這個卦氣是跨在兩邊的，它是八月剛開始的卦氣，它內卦還有七月的份量，所以它內卦和外卦分開的，但是我們寫呢？只能寫一個月。

我們以前講的是〈旅〉卦，〈旅〉卦內在是艮，外在是離。艮者止也，為什麼止呢？因為陽愛陰，一陽附於坤陰之上，它就不動了，那個陽是浮陽，只是在坤陰之外附著的一點點浮陽，這個陽不能動

了，衰竭了，所以〈旅〉卦內在的基礎，陽已經衰竭了。外在是離，離是什麼呢？離是後天的乾卦，乾卦是先天的陽，先天的陽到後天的運行，就變成離，離是代表乾陽在後天運行的現象。離既是個運行的陽啊！它的基礎是艮，陽已經衰竭了，一點點浮陽在外運行游動，內在沒有基礎，所以變成〈旅〉卦。〈旅〉卦是旅遊於外，在外頭做客，就是那個氣化離開本位了。這個氣化在外頭旅遊，不論它是自然的現象，或者是人事社會的現象，都是表現沒有根基的浮動。這個沒有根基的浮動，久而久之，當然就失掉它的容身之所，所以在〈旅〉卦上九這一爻就是「鳥焚其巢」，搞得那個鳥雀把那個鳥巢燒掉了，這就是旅到最後還在旅啊！就喪失了它的容身之所。可是一切的現象，除非它現象本身滅絕了，假使這個現象還繼續保持存在的話，它總有一個安身之所，總有個著落。那麼旅遊於外，既不能容身於外的話，於是乎它只好反之於內，那總歸有個著落，這就是我們〈巽〉卦所講的，於是乎〈旅〉卦之後就繼之以〈巽〉。比方，我們一個人一天到晚在這兒呆坐著，呆坐，怎麼辦呢？頭腦子無目標的在亂想，不曉得想到什麼地方，頭腦子亂晃，精神亂晃，到了最後呢，頭腦子沒有著落了，在外旅行啊！亂奔馳啊！於是就落到滿懷的空虛惆悵，惆悵到最後又清醒了，回來了，〈旅〉卦以後繼之以〈巽〉，就是這個現象。

巽者「入」也，〈巽〉卦的旁通卦是〈震〉卦，震者「出」也。爲什麼震是「出」呢？巽是「入」呢？這「出」、「入」完全就「陽」講的。震，這個是一個陽爻鑽到坤體裡面，於是乎坤體包圍了它，它就往外「出」，所以震爲出。這個「陽」一直往外出，往外長，長到三畫，就變成完全的乾體，變成乾體以後，於是陰爻鑽進來

了，變成巽（見圖）。陰是凝聚性能的，陽是奔放性能的，而且陽愛陰，陰愛陽，這個陰既鑽進來了，這上頭兩個「陽」就被這個陰凝聚住了，這個「陽」就不往外跑，它就往回跑，所以巽為入，陽被陰凝聚住了，於是乎陽就安頓在那個地方了。

$$震 → 兌 → 乾 → 巽$$

成卦的體例

我們剛剛說過，巽卦本來是乾卦，這個乾底下鑽個陰進去了，就變成巽。本來是乾，坤陰的初爻鑽到乾裡面，就變成巽。乾陽的性能是向左轉，愈轉愈大，它是向外奔放的；坤陰的性能是向右轉，愈轉愈小，它是向內收斂的，所以陰氣化可以變成許多有形的東西，陽氣化可以變成許多有能力的現象。乾陽本來是向外奔放的，奔放不羈的，它一天到晚就終日乾乾，它一天到晚就動盪不停的，所以「天行健，君子以自強不息」，它一天到晚都在那兒鼓舞不停的，乾陽本來是這個性能，它一遇到坤陰就停住了，等於我們一個頭腦子，沒有目標的話，就在外頭亂奔放，一有目標，比方講《易經》了，頭腦子就停在《易經》上了，頭腦子就給《易經》鎖住了，《易經》就是目標。沒有這個目標把頭腦子鎖住，頭腦子就和猴子一樣，猴子亂蹦，可是手上給牠一個桃子吃，牠就乖了，乾陽就是這種性能，你要有個東西給它，它就停住了。所以我們道家的修持呢，講守竅、觀象，觀象也好，守竅也好，理由是何在呢？就是為著這個心啦！為著這個乾陽的意志啦！找個安頓的地方啦！乾陽的性能本來是在外頭跑的，它

一遇到坤陰啊！它就把它那個在外頭奔放不羈的習性，轉向於內，就向著這個陰，就被這個陰吸收。比方，看到茶杯子，頭腦子就在茶杯子，看到一朵花，頭腦子就再花裡面，就不在外頭亂跑，也等於猴子抓了個桃子，牠就不動了。坤陰一鑽進去了，乾陽就抱著坤陰，就開化坤陰，乾陽有了個目標在身邊，就抱著這個目標來施展它開化的功能，它就穩定住了，所以〈乾〉卦的四個德性「元、亨、利、貞」，最後是「貞」，最後是穩定，最後總歸要穩定，要是不穩定，它老是亂跑，它就不能化育萬物了嘛！所以〈說卦〉上說：「戰乎乾。」乾是「戰」，天天到那兒就和打仗一樣。乾陽為什麼一天到晚就和打仗一樣？為什麼一天到晚在空中鼓舞呢？它的目的就是要找一個坤陰、一個目標來開化，既經有一個目標給了它，坤陰鑽進來著，好了，於是乎它有了目標，它就不鼓舞了，它就回來向內開化了，它就穩定了。所以〈序卦〉上講：「巽者入也。」它謀求在內的坤陰給它融合，來結成一體，來開化坤陰；坤陰既是承受乾陽的開化，換句話說，坤陰是順著乾陽的，所以〈巽〉卦的〈象傳〉上講：「柔皆順乎剛。」初爻的柔順著二爻的剛，四爻的柔順著五爻的剛，所以「柔皆順乎剛」。「順」字的意思，就是陰柔、陽剛兩個既「入」又「順」了。

　　「入」是什麼意思呢？比方話，我們桌子打個眼，能夠「入」進去，它就是很「諧和」的，假使圓的眼弄個方的木頭打進去，那怎麼打得進去呢？方枘、圓鑿不入啊！它既能夠相「入」，它裡頭一定很「和諧」的，「和諧」才能夠「入」哦！比方，我們學《易經》的，我們頭腦子愛好這個東西，聽著覺得津津有味，可是頭腦子不具備這種傾向的人，不管你講得怎麼通俗啦！設譬取例啦！他聽的藐藐

然，他「入」不進去。能夠「入」進去，裡頭東西一定能夠「融和」一致的，所以「入」呢，一定「順」，所以「柔皆順乎剛」。對於主政者來說，那個事情荒廢了，把它興起來，有壞處了，把它除掉，就是舉廢除弊。所謂舉廢除弊，一定要「入」之深，對於那個國家、對於那個社會、對於那個環境，要看得很透徹，鑽到裡面去看，才能夠曉得它最大的弊源在什麼地方，鑽到裡面去看，才能夠曉得老百姓、這個社會最需要的是什麼，要不然，緩急不分啊！雖說是百廢備舉，等於是一事無成，因為你不分緩急，老百姓要吃水，你給他饅頭吃，你不等於零嗎？國家做了事，固然是好事，但是不是老百姓所需要的，有什麼用呢？所以一定要了解老百姓，社會上所渴求的是什麼東西，病源在什麼地方，這一定要「深入」，也和診病一樣，「入」到裡面去，「入」到裡面去，才「融洽」得了。這是第一個體象，這個〈巽〉所以為「入」的現象。

第二個體象，這一卦旁通〈震〉。震為出，取象為雷，震所以取象為雷呢，就是因為它陽往外突出，〈震〉卦的陽，就是地心一股子熱力，在地心裡要冒出來，外頭重重的陰氣給它包裹，因為它要突出啦！你再多的重重的坤陰包裹著，也包它不住哦！於是它奮發突出，一突出，就發出聲音，於是就變成雷，雷就是這麼來的。〈巽〉呢，就不然了，相反的。巽為入，取象為風，巽是「陽」已經「出」了，慢慢一下子到「二」，一下子到「三」，就變成整個乾陽，氣化是永久不穩的哦！不是你來，就是我往，到了整個乾陽的時候，坤陰就鑽進來了，坤陰是凝聚的，陽看陰凝聚啊！於是就轉而向之於內，所以叫「入」，向之於內，就變成「風」（見圖）。假使我們拿個扇子向地球外頭搧，有風沒有，你感覺不了風，風怎麼來的呢？就是氣

向下行，這個陽氣往下行，於是乎就感覺到有風，就是這個陽氣「啪啪…」通通下來了，就變成風。所以〈震〉、〈巽〉它兩個是旁通的。就一方面來看，震是「出」，巽是「入」，「出」於是就發出聲音為雷，「入」呢，就變成風。就另一方面來看，這個陽在震卦裡頭，是在裡面集中在一點，凡是力量在要害的地方集中一點，那個力量很大。可是在這個巽卦裡呢，陽不是集中一點，陽是分散的。陽在震卦裡面，力量集中，坤陰阻止它不住的，坤陰縱然有凝聚的能力，想把它包住，包不住的。可是陽在巽卦裡面，它就變成疏散的形態了，疏散的形態就不集中，而且這個陰居在裡面，居在核心的地位，陰是集中的，氣化一集中，都有力量。這個卦陽既是疏散的，陰既是集中的，於是這個陽都被這個陰吸引住，凝聚住了。

☳	☱	☰	☴
震	兌	乾	巽
（陽出）	（陽出）	（陽出）	（陽入）

　　前面我們講陽的出、入，現在我們再講陽的集中與疏散。這個巽卦的陽分散了，所以陰可以凝聚住它，這個震卦的陽集中了，所以陰阻擋它不住，所以它突出。前些時，王太太帶著陳先生夫婦到我這兒來，陳太太是高個子，說話的嗓子有點啞。當時我就說：「你要多吃膠質，內分泌不夠。」她提出相反的意見，她說：「我生孩子的時候的奶特別多。」那表示膠質很多。我說：「奶多就是膠質不夠的現象。」那是什麼道理呢？滿簍子不晃，半簍子油，它就晃盪晃盪的。一個人懂得很深了，他不願意多表露，什麼道理呢？宇宙太大，你所知道的再深也只是這麼一點，就是那一知半解的，他很願意表現表現。我說：「你那不夠了，所以奶出來得特別多。」《老子·第

二十二章》講：「少則得，多則惑。」就是你身體的那一部分少，那一部分最容易作怪，最容易表現出來。陽卦多陰，陰卦多陽，少的力量大，它容易表露，多的力量小，不容易表露，陽卦多陰，陰卦多陽，就是這個道理，我舉個例子來說。

第三個體象，我們剛才講〈震〉、〈巽〉是旁通的，〈說卦〉上講：「帝出乎震，齊乎巽。」所謂「帝出乎震，齊乎巽」，都是指陽而言，所謂「帝」就是指震的乾元這一陽，〈乾〉卦的初爻開始，陽才出現，這是陽之始期，所以叫「帝出乎震」。於是，乾陽就發動了，乾陽發動了以後，就怎麼辦呢？就「齊乎巽」，這巽為什麼講「齊」呢？「帝出乎震」是陽剛剛才開始出來，一點突出，突出以後就變多了，雖是多了，通通的為這個陰所凝聚了，群陽共聚一陰，所以叫「齊乎巽」。這個「齊」字和齊家治國的「齊」是相同的，家為什麼講「齊」而不是講「治」呢？身為什麼講「修」而不講「齊」呢？因為一家有男、有女、有老、有少不等，雖是有老、少、男、女不等，可是在情緒上非常緊密，在生活上非常融洽，為的什麼？為的是想把這個家整理好，弄得欣欣日齊。同樣的，巽之講齊，就是很多的陽都在一個陰的凝聚之下，來開化一個陰，調理一個陰，目的一致，步驟和諧，所以講「齊」就是調理的意思。就是使令這個陰陽能夠彼此相輔相依，彼此非常之融洽，彼此非常之緊密，就是陰與陽之間沒有絲毫的空隙，目的在調理。譬之一個家庭、一個社會、一個國家調理內部，使令它內部一點點空隙都沒有，搞得整整齊齊的、齊頭並茂的，那這個社會，這個家庭，這個國家當然很興旺。所以〈巽〉卦體象是入，目標是在乎內在調理，因為在〈旅〉卦之後，旅遊於外，外部不能容身了，於是乎只好調理。比方有很多年輕的學生，精神不能集中，向外奔馳慣了，你叫他寫幾篇文章，他愁了眉，苦了

臉，很費事，你叫他寫封信啊！他都唉三唉四的，你叫他搞這樣，他也不能做，搞那樣，他也不能做。職業常常變更，一會到這兒，一會到那兒，這是因為他頭腦子是分散的，不能集中。這種人專門要把他的精神收回來，使令他集中，要「齊」，把所有奔放於外的頭腦子通通收回來，調理內部，這是〈巽〉卦第三個體象。

　　第四，從卦位上來看，〈巽〉卦在先天的位置（見下圖），就是〈坤〉卦在後天的位置（見下圖），所以從這裡看呢，〈巽〉卦是和〈坤〉卦有關係。巽為陰卦，巽為長女，長女代母，坤為母，所以巽為陰卦，這是第一個。第二個看這個〈巽〉卦在先天裡呢，是在〈乾〉卦之後，在後天來看呢，〈巽〉卦是在〈震〉卦之後，乾卦和震卦都是陽。我們剛才講巽卦是屬於坤陰的卦，坤陰的卦都在乾陽卦之後，那是什麼道理呢？我們學過〈坤〉卦，〈坤〉卦的卦辭有一句：「先迷後得主，利。」〈坤〉卦這一句話是對〈乾〉卦講的，〈坤〉卦在〈乾〉卦之先，它就迷惑了，〈坤〉卦如果在〈乾〉卦之後，它就得了主宰了。比方說，我們身體是坤，精神意志是乾，身體如果在精神意志之後發，就得到主宰，身體如果超過精神意志之前發動，那身體就是盲動，就迷糊了，就不知所動，所以坤陰一定在乾陽之後。從這個卦位上來看呢，〈巽〉卦在先天是在乾陽之後，在後天是在震陽之後。這個卦體是陰，是以兩個陰爻（初、四）為主，但是其用在陽，因為坤陰是凝聚的，這些分散的陽，它（坤陰）要把它（陽）凝聚，來開化自己（坤陰）。在中醫有這個原理，貧「血」了，要補「氣」，「氣」是陽，「血」是陰，西醫是患了貧「血」症要補「血」啊！中醫和西醫不同，他要補「氣」、補「陽」，為什麼貧「血」呢？因為你吃的東西不能吸收，「陽」不足，不能化

「陰」，於是乎「血」不夠，所以要把「氣」補足了，自自然然的「血」就夠了；西醫「體」衰了要補「體」啊！中醫他不，「體」衰了，要補「神」，「神」不足，「體」才衰。就是說〈巽〉是初、四兩爻爲主，但是用在「陽」，就是你「血」不夠了，要補「氣」，「體」衰了，要補「神」，「陽」是「神」，用是用「陽」。從這個卦位來看，巽和坤是同位的，巽爲陰卦，以陰爲主，而且用啊在乎陽。總而言之，它用是用陽，以坤陰爲主。換句話說呢，陰陽之間要合作無間，〈象傳〉上講：「柔皆順乎剛。」這個〈巽〉初爻是陰，順乎二爻，四爻是陰，順乎五爻，就是「柔皆順乎剛」。〈象傳〉上還講：「剛巽乎中正。」〈巽〉卦以陰爲主，用在「陽」，可是「陽」呢，要「剛巽乎中正」，「陽」也要做到恰到好處，這個後頭我再講。「陽」是什麼東西呢？「陽」如同社會國家的精神文明，「陰」是什麼東西呢？「陰」如同物質建設，物質建設需要精神文明爲之主宰，物質建設如果脫了精神文明的主宰，物質建設縱然是很豐隆啊！但是，後果隱憂很多，因爲繁華富庶就是罪惡的淵藪。我們過去在大陸上，上海社會最壞，上海社會最骯髒，爲什麼？上海最繁華、最富庶，繁華、富庶就是罪惡的淵藪，要防止繁華、富庶不爲罪惡的淵藪，要精神文明爲之主宰才行。《論語‧子路》上講：「（冉有）曰：『既富矣，又何加焉？』（子）曰：『教之。』」就是你這個國家既經富庶了，要「教」，就靠著教育文化道德這些東西來支持，如果沒有這些東西，光是物質上、高樓大廈一層一層的往上堆啊！那個適足以造成罪惡。所以「陰」其用在「陽」，就是這個道理，光是從陰的發展啦！沒有陽在那兒主宰啊！就先迷後得主，那等於身體沒有精神意志給他指揮啊！不知所動。

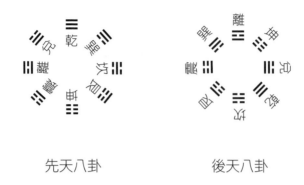

先天八卦　　　　　　後天八卦

　　林浩先生問什麼是「先天八卦」？什麼是「後天八卦」？在這裡順便回答一下：先天八卦言其本體，後天八卦言其用，先天八卦講對待，後天八卦講流行；不是先天八卦是伏羲畫的，就叫先天八卦，後天八卦是文王畫的，就叫後天八卦。宇宙的本體是對待的，有乾就有坤，有離就有坎，有震就有巽，有兌就有艮，雷風相薄，山澤通氣，水火不相射，這（先天八卦）是講宇宙的本體。後天八卦是講運行的，〈說卦〉上說：「帝出乎震，齊乎巽，相見乎離，致役乎坤，說言乎兌，戰乎乾，勞乎坎，成言乎艮。」這麼一順的運行，就講太極怎麼造成萬物的。

立卦的意義

　　第一，〈巽〉的體象是「入」，而「意義」是在「順」，能夠「入」得裡面，當然很「順」囉！學算學的能夠鑽到算學的本子裡，當然他頭腦子和算學兩個就能夠和諧，一定能把算學搞得好哦！做學問，如果能夠頭腦子鑽到學問裡面去，那他學問一定成功。辦事業的，把那個頭腦子鑽到事業裡面，把這個事業研究得無微不至的，這個事業的外圍環境、這個事業的出產、消化、需要的成本、人才，鑽

到裡面來看，那當然那個事業一定經營得很好。凡是鑽到那個東西裡面去，一定和那個東西很和諧，很透徹了解那個東西，很透徹了解那個東西，當然就得到成功的希望，因此〈巽〉的體象是「入」，而「意義」是在「順」。如同「風」一樣，「風」往裡面鑽嘛！「風」是「天」的號令，所謂「草上之風，必偃」，風一聲吹了，吹得萬物無微不至，於是萬物都疏動了，可以助長萬物的生機。假使那個陰霾的天氣、聞風不動的，草木都低頭，人也難過，風一聲吹起來，一疏散，人也精神了，草木也精神了，所以風入得萬物裡面無微不至，可以助長萬物的生機。國家的教令也如同風一樣啦，政令一聲發出去，自然就誠心悅服了。小孩子距離天德很近，在學校裡，老師說的話，他一鑽就鑽到頭腦子裡面去了，奉之唯謹。我們國家的政令，就如同學校裡老師對待兒童說的話，要鑽到他頭腦子裡面，於是老百姓當然心悅誠服，奉公唯謹，這個道理是一定的。所以「入」就能「順」，能夠「入」得進去，於是就變成很順的現象。〈巽〉的卦體是「入」，卦義是「順」，是得到順的成果。我們歷來先儒解這個坤為「順」，巽也是「順」，都是很籠統的說：坤有「順德」啦！巽有「順德」啦！那是不是都一樣呢？不然，巽之順和坤之順不同，固然我們剛才講巽、坤在先後天的卦位上是相通的，巽可以代替坤的，巽也有順德，但是巽之順和坤之順不同，也猶之乎震之陽和乾之陽不同。坤之順是什麼呢？比方這個杯子，我把它放到這兒，就放到這兒，我把它端到那兒，就端到那兒，這是坤之順，是被動的；它承受你陽的動作，你陽怎麼動，它就怎麼動，我們手是陽啊！叫它擺在這邊，就擺在這邊，一定是被動的承受的順。巽之順是入而順之也，是鑽進去順，那更進一層了，和這個坤只是被動的順是兩回事，它（巽）入之而順。鑽到裡面去順，兩個東西能夠相入相鑽，你也

容到它這個裡面，它也容到你這個裡面，那當然這種順和那種被動的順，意義就不同了。〈大象〉上講：「隨風，巽。」孔子給「巽」的取象為「風」，風可以助長物之生機。風在人事社會的現象呢，就等於「國家的教令」，國家教令一下來，就應當和那個風吹物一樣，要無微不至，鑽！鑽到裡面！那個教令才有用。要是國家的教令出來了，教令是教令，老百姓是老百姓，那個教令不等於不教令。所以國家的教令發出來，就和宇宙間起了風一樣，萬物承受這個風，而可以助長它的生機，老百姓承受這個教令，而可以助長他的生活，老百姓當然是奉承唯謹了，這樣子才有用，國家教令應當是這樣子。假使各位先生秉承教令的工作，這個教令下去了，就和風吹物一樣，一定要深入人心，在人心裡面看出來，不可磨滅的，這個教令才桀根、才有用。假使你言之諄諄，他聽之藐藐，這個教令指示不但沒有用，還生反結果。不但國家是如此，我們個人經營事業，治學問也是如此，我們個人經營事業，一定要和風吹物一樣，要深入這個事業裡面去，一直鑽進去，那麼這麼事業沒有個不成功的。許多事業之所以失敗啊！就是他們大而化之的，冒冒失失的，裡頭漏洞非常之多，空隙非常之多，他也不管，那當然失敗，所以經營事業一定要和教令一樣，鑽到事業裡面去。治學問，不管你治什麼學問，你要想有大的一點點的成就，你一定要鑽到裡面，一直深入到無可再深，所得的結果，才能夠有和諧之順，這樣治學問，學問才能夠成功。你深入進去，你啊！就變成學問，學問就變成你，你頭腦所想的，就是書本所講的，書本上所講的，就是你頭腦所想的。我們鑽進一門學問以後，有多少我們自己所說的話，以為是自己發明的，把古人的典籍拿來看，古人已經說過了，我們所說的話，好像和先聖先賢不謀而合。深入到裡面去，就得到這樣和諧的、順利的結果，這是我們第一點意義─要「入而之

順」。

　　第二，〈巽〉卦在先天卦位的位置，和後天卦位的〈坤〉卦同位，這個我們剛才已經講過。因為巽是陰卦，坤是陰卦，坤是母，巽是長女，長女代母行令，它們兩個關係當然很密切。現在我們再看，巽卦在後天卦位裡面的卦位，是和先天卦位的兌卦同位，足見得〈巽〉卦和〈兌〉卦也有密切關係。我們現在說明它兩個同位的關係。巽是入之而順，鑽進去了，得到很順利的成果；兌為「悅」，「悅」者「悅澤」，意思就是說凡是一個現象，你既入之而得到一個順利的成果。那當然表現出來就是「悅澤」，「悅」是對待精神意志講的，心裡頭很悅，情緒表現很悅；「澤」是對外形講的，外形很光潤。內在的情緒很和悅，外在的表現是很潤澤，〈兌〉有這二個現象。假使巽入之而順，其結果在內在的情緒是很和悅的，在外在的表現上是很潤澤的，因此在卦序上，〈巽〉卦以後就繼之以〈兌〉卦。〈雜卦〉上講：「〈巽〉伏而〈兌〉見也。」〈巽〉是伏處的，入之於內，為什麼呢？因為它鑽到裡面去做內部的調理；兌，見也，倒是〈兌〉表現出來了。你伏處於內，鑽進裡面調理，調到最後理，一定有所表現。我們過去的〈隱顯略〉就是從這兒來的，你很想「顯」，就要有「隱」（參見拙著《易經講話》），你能做好隱伏的這一段工作，一定就有赫赫顯之於外的時期。所以「隱」一定「顯」，「顯」必須要「隱」，這就是「〈巽〉伏而〈兌〉見」。你能夠做到「入之而順」，所謂「順」字包括幾個含義，第一個含義就是針對需要、針對要害，第二個銜接很緊密，第三個自始至終要很圓滿，這個才叫做「順」。你伏處內部，能夠把一切的要害整理好，而且銜接得很緊密，而且自始至終很圓滿、很徹頭徹尾的，這個樣子以後，你入之愈

深而顯之愈著，所以要想赫赫的顯之於外，一定要先做長期的隱伏工作，這是第二點意義。

第三，由〈巽〉卦的體象來看，〈巽〉卦之所以講「入」呢，是什麼東西「入」呢？「陽入」也。〈巽〉卦之所以講「順」呢，所謂「順」是什麼順呢？是「陰順」也，是二個陰爻都順著陽爻，初爻順著二爻，四爻順著五爻，二爻、五爻怎麼支配啊，它初爻、四爻就怎麼做。所以根據體象上，我們可以得到二個意義，所謂「入」是「陽入」也，所謂「順」，是「陰順」也。「陽」在我們人事社會現象是什麼呢？是精神文明、教育、文化、道德這一類東西；「陰」在我們人事社會是什麼東西呢？一切的物質建設、高樓大廈、馬路汽車這些東西。「陽」要「入」進去，就是精神文明、教育、文化、道德這些東西要鑽到物質建設裡面去，這個物質建設是我們這一類精神文明表現的物質建設，精神文明要鑽到物質建設裡面去，而做物質建設的主宰；「陰」要「順」，就是物質建設要順乎精神文明所指示的路線，往前發展。這二個東西──「陽入」、「陰順」配合起來，才是「入之而順」。假使物質建設和精神文明脫了節，不受精神文明的約束，精神文明叫你節約，而物質文明拼命的鋪張奢侈，精神文明叫你有禮教啊！而社會上偏偏沒有禮教，那這個精神文明，就約束不了物質方面的現象，物質方面的現象，就脫離了精神的主宰。那這樣子就好像人的身體不聽精神意志去指揮，精神意志和兩個脫了節，那這個人怎麼樣子結果呢？可想而知，所以「既富美，則教之」，物質建設方面一定要想法子和精神文明部要脫解，如果要脫節的地方，趕緊的給它彌縫起來。物質建設固然是要跟隨精神文明的指標去做去發展，可是精神文明並不是沒有標準的，主宰精神文明工作的人也要知道我們

這個時候、這個社會，物質建設需要的是哪一類的精神文明，「精神文明」要「剛巽乎中正」（〈彖傳〉），「精神文明」要合乎「中正之道」。「剛」就是「精神文明」，指「陽」而言的，「中正」是什麼呢？是很穩定、恰到好處。換句話說，精神文明固然要約束物質建設，可是精神文明本身也有一個標準的，也不能夠隨便發揮的，這是講國家，個人也可以類推，這是第三個學〈巽〉卦的意義。

貳、彖辭（即卦辭）

〈巽〉：小亨，利有攸往，利見大人。

巽卦是坤初之乾成巽，坤卦的初爻鑽到乾體裡面，就成巽。我們過去講的巽啊！震啊！都是講的八卦的象，重卦的象就是等於八卦象的重卦，兼三才而兩之的意思。巽為風，上頭也是風，底下也是風，就是不斷的風：拿「教令」來講，就是不斷的「教令」、不斷的「教化」；拿「體象」來講，是「入」之又「入」，「鑽」進去，還要往裡面「鑽」；拿「順」來講，是「順」而又「順」，就表示二層的意思。「小亨」陰始生之卦，謂之巽；陽始生之卦，謂之震。本來這個是乾陽嘛，剛剛一個陰鑽到裡面，這個陰剛剛才生，等於五月的卦，五月是〈姤〉卦，夏至一陰生，一陰剛剛才生出來，所以以「陰」為主，在《易經》裡，「陽大陰小」，所以叫「小亨」。「小亨」的意思是什麼呢？我們〈巽〉卦本來是旅遊於外，不得之於外，無法子得到外界的容身之所，於是乎轉而向內，就做內部調理。可是把內部調理好，只是我這一方面的，所以它那個「亨」，只能算是「小亨」。齊之於內的，只能謂之「小」；擴張到外面，才能稱之為「大」。

〈巽〉卦是內部調整，不是擴當到外的，所以叫「小亨」，「小亨」者，就是內部調理的那種亨通。雖是稱之爲「小亨」，但是我們不要爲這個字眼迷惑了，不要以爲稱之爲「小亨」，這個〈巽〉卦的作用就不大。〈巽〉卦所以講「小亨」，因爲《易經》是講「陽大陰小」的，那個「小亨」，可以解釋爲「內亨」，內部的亨通，我們就不會爲「小」字這個字眼所迷惑了。

　　其次，「利有攸往」，什麼叫做「利有攸往」？卦氣自下向上，自內而外，就謂之「往」。這個卦兩個主爻是初爻與四爻，初爻如果向外的話呢，就遇到二爻，四爻向外，就遇到五爻，我們剛才講這個卦是陰爻爲主，其用是在乎陽，二爻、五爻都是陽爻，初爻、四爻一往外走，就遇到陽，所以「利有攸往」；這個象宜乎向外，因爲向外、往前走，才遇到陽啊！我們內部調理，需要陽來調理，往前走，就遇到陽，所以「利有攸往」。

　　其次，「利見大人」，因爲〈乾〉卦九二是「見龍在田，利見大人」，九五「飛龍在天，利見大人」，這個卦二爻和五爻剛剛是兩個主爻所承的爻，初爻承了二爻，四爻承了五爻，五爻是「大人」之象，二爻也是「大人」之象，中間三、四、五互成離，底下（初、二）有半離之象（見圖一），從二爻一直到五爻有大離的體象（見圖二）。因此，離象很明顯了，離爲「見」，因此「利見大人」。意義是什麼呢？〈巽〉卦「小亨」，內部已經亨通了，還「利有攸往」，你就可以向前發展，可以表現出來這個「大人」。以一個國家社會來說，「家有黃金，外有等秤」，假使你內部調理的非常整齊、非常充實，那外在的國際的看法一定很尊重你，而你就可以向外發展，可以「利見大人」。

圖一：半「離」之象　　　圖二：大「離」之象
　　（初爻、二爻）　　　　（二爻到五爻）

參、爻辭

初六：進退，利武人之貞。

　　初爻爲什麼講「進退」呢？〈巽〉卦和〈震〉卦是旁通。震卦那個初陽起來了，向前進、向前進，進到第三爻，變成乾，它陽是向前「進」的，變成乾以後啊，於是乎陰鑽進初爻來退陽，就把乾體破了，變成巽卦，巽卦陰往上長，破了第二爻，再往上長，破了第三爻，陽就往後「退」了，所以〈震〉有「進」象，〈巽〉有「退」象。這個〈震〉、〈巽〉進退都在乎初爻，初爻一變成陽，就變成「進」象，初爻一變成陰，就變成「退」象。〈震〉、〈巽〉兩卦之進退既然繫乎初爻，所以〈巽〉卦初爻講「進退」。在〈說卦〉上，巽爲進退，爲不果，所以初爻有「進退」之象。「利武人之貞」，「武人」是什麼呢？初爻本來是陽位，以陰爻居了，它不當位，終究是要變的，如果變成陽爻，就是乾，乾有剛猛威武之象，乾爲人，所以叫做「武人」。「進退，利武人之貞」，意思就是說我們旅遊於外，不得於外，反而求之於內，在調理內部開始的時候，它講有「進退」之象。接著後頭就告訴你解決這個現象的方法──「利武人之

貞」，「武人」就是「果斷」，武人果斷不一定都對哦！它底下加一個字「貞」，「利武人之貞」，宜乎正確的剛斷，在調理之始，難免猶疑不決，應該要果斷，但是應該果斷而正確。

九二：巽在牀下，用史巫，紛若，吉，无咎。

〈巽〉卦有「牀」之象，在〈剝〉卦裡，可以看出來，〈剝〉卦本來是〈乾〉卦，一爻、一爻的剝下去，剝下去就是巽，再剝下去還是巽，〈剝〉卦一直剝到頭，都有巽象（見圖），〈剝〉卦就拿牀來解釋這個剝，而〈剝〉卦有牀之象就從〈巽〉卦來的。我們看到這個爻是活動的，在主爻（初爻）的時候，它是講它主爻，在二爻的時候，它底下（初爻）的陰，就變成最隱蔽的地方。「牀」是安身之所，「牀下」是安身之所的底下隱蔽的地方，「巽在牀下」，就是凡是隱蔽的地方，你要鑽進去啊！你要調理內部啊！同時，「牀」是安身之所哦！禍亂之起，常常起自自以為安，天寶之亂就是唐明皇自以為安，所以凡你自以為是安身之所，你要鑽進去，因為禍害之起，就起於安身之所。「用史巫」，這個卦象本來是以坤為主，坤為「用」，巽是覆兌之象，二、三、四又互成兌，兌為「史巫」。「史」是掌卜筮的，「巫」是長被襐的，卜筮的，占吉凶，被襐的，除災害。「紛若」，這一卦兌象很多。這個意思就是說到第二爻，「巽在牀下」，「陽」啊！用在「陽」啊！你要鑽進到最隱蔽的地方，因為最隱蔽的地方就是禍害的來源，你要鑽到安身的地方，因為安身的地方就是禍害的源頭，你自以為安，禍害就來了，「用史巫，紛若」，用史官去卜筮，占其吉凶，用巫去拔襐，除其災害，「紛若」，一再的用，用的很多，那就是「吉，无咎」，這個就表示你

要很謹慎，就是要鑽到底下，鑽到看不見的地方，鑽到自以為安的地方，並且要用「史巫」不斷的占他的吉凶，不斷的禳除他的災害，這樣子不斷的做，就「吉，无咎」。

乾卦　　姤卦　　　遯卦　　　否卦　　　觀卦
　　　　（初、二、　（二、三、　（三、四、　（四、五、
　　　　三為巽）　　四為巽）　　五為巽）　　上為巽）

九三：頻巽，吝。

這個「巽」字的象是從哪兒來的呢？〈巽〉卦內體是巽，外體又是巽，所以有「頻巽」之象，這是第一個象。第二個象，這個卦是用陽入於陰，來調理內部的，初爻是陰，是主體（初四兩爻是主爻），二爻和初爻很接近，可以入之於內，三爻與初爻距離就很遠了，就沒有法子入之於內了，這個「頻」有「頻數」之象。老是要鑽進去、鑽進去，又鑽不進去，這是第二個象。第三個象「頻」通「瀕」，水厓也，三爻一變變成坎，同時三、四、五互離，伏坎，所以有「水厓」之象。「頻」同「顰」，二爻不正，二爻一變，初、二、三互艮，艮為鼻，二變，二、三、四互坎，坎為加憂，憂現於鼻，顰蹙之象。「頻」字的象從這麼多地方來，都可以解釋，但第一、第三比較轉彎抹角。第二說：「頻，數也。」表示陽要鑽到陰裡面去，就是鑽不進去。比方，現在我們拿什麼道德囉！什麼傳統的精神文化囉！要鑽到這些社會上一切的風俗習慣裡面，就鑽不進去，政府裡也是想鑽，老

是三令五申的，說是你不要奢侈啊！要廉潔啦！你不要學外國的壞習慣啦！壞模樣啦！三令五申的講，但是鑽不進去，就是陽的精神啊！要鑽到物質方面的社會裡面，鑽不進去，一鑽進去就扞格不入，所以「頻巽」者，就是格格不入之象。「吝」者是什麼呢？易例：其敗在陽，謂之「悔」，其敗在陰，謂之「吝」。「悔」字最初的表現是在〈乾〉卦的上九那一爻：「亢龍有悔。」表示「陽」敗了，於是乎就生出「悔」來了。「吝」字最初的表現在什麼地方呢？在〈蒙〉卦六四：「困蒙，吝。」就是「陰」敗了，它就「吝」。這個〈巽〉卦是調理內部、改造內部的，你陽的精神鑽不進去，內部就沒有法子調理，沒有法子改造啊！沒有法子改造，於是陰爻代表的那個實體方面的現象，就施展不開了，就敗了，就「吝」，所以「頻巽，吝」，這是第三爻。

六四：悔亡，田獲三品。

我剛剛講「悔」字，因為接著要講「悔」。「陽」蔽了，就是「悔」；「陰」敗了，就是「吝」。四爻是陰爻，它承著五爻這個陽，五爻這個陽恰巧得到四爻來調和，於是這個陽就有所依據了，而發展陽就不至於高亢了，因此陽就不會敗，陽敗就成「悔」，陽不敗，於是乎就「悔亡」，「悔」就沒有了。

「田獲三品」，「田」，虞翻的解釋是二爻是「田」，他以為「見龍在田」的那個「田」。事實上，這個「田」字，不是田地之「田」，應當是田獵的「田」。往年的帝王，春、夏、秋、冬四季都有田獵，就等於現在的國民軍訓，在打獵的中間，就訓練老百姓戎事，訓練這些刀、矛、戈、戟、射擊啦！春天叫田，夏天叫苗，秋天

叫蒐，冬天叫狩，這是四季打獵的名稱。這個「田獲三品」是打獵的「田」，不是田地的「田」，是一個動詞，而不是一個名詞。「田」字的象是從哪兒來的？三、四、五互成離，離為戈兵，所以有「田獵」之象。往年「獲」與「穫」不同，獲者，斬獲的意思，如「斬獲無算」，打獵當然要有所斬獲。「三品」，有幾種說法：一，鄭玄說「三品」指底下三爻，初居巽，巽為「雞」，這個也可以，簡單，但是意義沒有第二個說法明白；二，巽卦主爻是陰，用爻是陽，就是用陽來化陰，也就是用智慧、用精神來重新內部的紊亂的情況，用精神文明來支配他的現象。四爻是陰，它可以吸引與它有關係的陽。第一個與它有關係的是九五，它可以上承九五，和五爻兩個息息相關；第二個與它有關係的是九三，它可以下據九三，與三爻也有關係；第三個，二、四同功，它與九二也有關係。這三個陽爻二、三、五，都是與四爻有關係，可以說四爻的能力可以吸引住這三個「陽」，所謂「三品」者，就是指這三個「陽」來說的，因為三個陽都來開化它、都來主宰它。初爻不行囉！初爻剛開始，是「利武人之貞」，那個時候還猶疑不決的，力量還不夠，初爻還不能夠吸住很多的陽哦！只能吸得住二爻。〈巽〉卦的主爻到了四，它能夠把陽凝得住了，因此這三個陽就是「三品」，等於打獵能夠把這三個東西都能夠吸引得住，符合得來。這一個說法比前說理路充足一點點，因為〈巽〉卦有兩個主爻－初爻、四爻，但是這個主爻－初爻火候沒到，時間沒到，到這個地方，四爻才是它的真正的主爻。它這個主爻能夠把這三個陽吸引住了，這個說法比前說理由充足得多，因此我們從第二說。第三說更穿鑿，那是根據《左傳》解釋的，不必講了。

　　意義是什麼呢？我們看卦，總是四爻與初爻相對著看，二爻與五

爻相對著看，三爻與上爻相對著看，每一卦都有這麼個情況。〈巽〉卦在〈旅〉卦以後，不得於外，就反之於內，不能容身於外，就自己反求於內，於是就調理內部吧！自己把自己東西先整理好，剛剛開始整理，總是搞不清楚，諸事手足都不熟悉，猶疑不決的，自己主意也不太牢，所以初爻叫「利武人之貞」，宜乎果斷啦！武人自然是以果斷為德，但武人的果斷不一定都是對的啦！有些時候，武人剛愎自用，那個果斷就錯誤了，所以它底下加一個字「貞」，就是說武人是代表果斷的，你應該果斷啦！不能夠猶疑不決啦！不能心懷二可啊！不能夠舉止不定啦！可是你應當要正確的果斷，「利武人之貞」，因為初爻只是叫你做這個準備，還沒有見之於事哦！對待方面，四爻就「田獲三品」了，「田獲三品」是武人的事情啦！「田獵」嘛！當然是武人的事情囉！前頭只是講「利武人之貞」囉，告訴你一個「原則」，但是還沒有行為啊！到著四爻就見之於行了，「田獲三品」了。「田獲三品」，就表示已整理內部已經有頭緒了，已經有所收穫了，走上了路了，你所用的精神主宰的那些東西，你都正確了，你都拿對了。「陽」敗為「悔」，「陰」敗為「吝」，「陽」都為「陰」所用了嘛！「陽」都用對了嘛！那個主張的文明道德啦！教育文化啦！在這個場合，在這個國家，在這個社會，恰好！都對了，當然「悔亡」，「陽」不至於敗了嘛！

九五：貞吉，悔亡，无不利。无初，有終。先庚三日，後庚三日，吉。

九五陽爻居中得正，所以叫「貞吉」。〈乾〉卦的九五：「飛龍在天，利見大人。」居中得正，當然是「吉」。易例：凡四爻與五

爻陰陽合味的話，都是兩個爻辭都很好，如：「有孚」、「貞吉」、「悔亡」等。因爲四爻陰居陰位，五爻陽居陽位，它們兩個合作無間、相處無間，協調得不得了。凡是《易經》裡頭，這兩爻有這個現象，都是好現象。什麼道理呢？因爲五爻是卦體的最中心的位置，最要緊的位置，五爻能夠得到四爻的陰來相協和，那這個現象就有結果了，所以講「貞吉」、「悔亡」，陽敗就謂之悔，五爻居中得正，哪裡「悔」呢？根本談不上「悔」啊！「貞吉」就「悔亡」，你要是能夠居中得正啦！能夠牢守這個「貞」，永遠的、固定的居中得正，就「吉」，而且「悔亡」，陽就不會敗，「无不利」，沒有個不利的。

　　「无初，有終」，〈巽〉卦是講旅之於外，無所容身啦！反求於內，調理內部，因爲事情在前頭已經搞壞了，於是乎反之於內，求內部的調理，再來紮根，再來修理內部的基礎，那是在中間著手的，不是從頭開始啦！是這一個現象。前頭已經壞了，壞之於外，就修之於內，我們再給它整理、整理，所以「无初」，沒有開始的地方，「有終」，有最後的結果。這個卦和〈蠱〉卦是遙遙對稱，〈蠱〉卦「終則有始」，這個卦到著五爻「无初，有終」，這二句話可以對照著看，爲什麼呢？這個〈巽〉卦五爻一變成陰，就變成〈蠱〉卦；〈蠱〉卦的五爻一變成陽，就變成〈巽〉（見圖一），所以它叫你「貞吉」啊！你要穩定住，穩定住，悔才亡啊！穩定住了，才「无初，有終」，雖然沒有初，但是有結果。你要不穩定，這一變就「終則有始」，就蠱壞了。〈蠱〉爲什麼「終則有始」呢？因爲蠱是壞，就和房子已經生了蠱，要倒掉了一樣，那沒有法子再去修補了，它已經倒了嘛！那只有把這個房子拆掉，重新再建築啦！所以「終則有始」，你要求得最後的結果，一定要重新開始，因爲你房子倒了嘛！

不從頭來，怎麼行呢？這個〈巽〉啊！不然啦！它房子沒有倒，房子內部破爛了一點點，有損壞，要修理，要刷新，它就是「无初，有終」，它不是要你從頭來的，要求的是一個最後的一個結果，修理房子，目的在圖它最後有個圓滿的結果，把房子修好，可以住嘛！不是從頭來，因此〈巽〉卦這一爻和〈蠱〉卦息息相關。

巽
（蠱卦五爻一變成
陽，就變成巽卦）

蠱
（巽卦五爻一變成
陰，就變成蠱卦）

圖一

　　〈蠱〉卦裡面有「先甲三日，後甲三日」，這卦有「先庚三日，後庚三日」。「先庚三日」，這個卦內體是巽，外體也是巽，如果是變的話呢，二爻一變，就變成艮，三爻一變，就變成坤，變成坤以後，陽爻又來了。宇宙總是循環的，你變成純陰，沒有陽了嘛！陽就從底下來了，於是乎底下再變，就變成震（見圖二）。〈巽〉卦在內體變至三成坤以後，就變成震，震納甲是「庚」。三、四、五互成離，變的時候，也變成有離，初爻變，二爻變，就變成離（見圖三）。離爲「日」，這叫做「先庚三日，後庚三日」。內體三爻，如果變至震，震納「庚」，中間互離，離爲「日」，是不是「先庚三日」呢？外體從初爻一直變到三爻，就變成坤，坤一變就變成震，震納「庚」，而中間互成離，離爲「日」，是不是「後庚三日」？

巽 →→→ 艮 →→→ 坤 →→→→ 震
（二爻一變成艮）（三爻一變成坤）（坤為純陰，陽就從底下來了）

圖二

巽
（巽三、四、
五互離）

巽 → 離
（巽初爻變，二爻
變，就變成離）

圖三

　　這個「先庚三日，後庚三日」，恰恰是針對著「先甲三日，後甲三日」，什麼道理？因為「甲」是十天干之首，從頭開始的，「庚」是第七位。〈復〉卦說：「七日來復。」「七」者是變數也，所以「庚」者，「更」也，「變更」是什麼意思呢？原來我們內部不好，現在我們把它不好的地方修理一下子，那個沒有成功的東西把它弄起來，有壞處把它去掉，就是「興利除弊」，就是中間整理的，不是從頭做起的。從頭做起是「甲」，是十天干之首，因此〈蠱〉是房子倒了，重新建造，重新建造，要「先甲三日，後甲三日」，因為一卦六爻，這個〈蠱〉卦之所以造成蠱，不是在蠱的時候就蠱，是在很遠很遠的〈蠱〉卦先頭一個卦，就埋伏有〈蠱〉卦在裡頭，才能夠變成蠱。因此，你要治蠱的話，你要把蠱壞的東西重新建造好，把這個蠱壞的東西給它去掉的話，你要怎麼樣呢？要「先甲三日」，就是說你

要從頭開始，還一直追求這個壞的現象之來由，一直追求到一段、二段、三段，一直追求到第三段。它是怎麼來的？這是「先甲三日」。「後甲三日」，就是說你這個從頭開始建造，已不能像過去馬馬虎虎的建造，也就是說你這個建造，一直要推到後來第一個階段、第二個階段、第三個階段，後頭可能遭遇到什麼困難。我們在開始的時候，都要把它彌縫住，後頭可能發生什麼個亂子，這麼做，不妥當，要改變一個方法。在開始的時候，就要設計得非常之周到，一直設計到第一段、第二段、第三段之後的第三個體都想到了，這是〈蠱〉卦的「先甲三日，後甲三日」。那〈巽〉卦的「先庚三日，後庚三日」也是如此，就是說你在中途的變更，在變更以前的一段、二段、三段，為什麼造成這個現象？要一直追究上去。比方說，太保、太妹要修理他，為什麼造成太保、太妹，中國過去前一百年沒有什麼太保、太妹，打開中國歷史，有什麼太保、太妹？太保、太妹是近若干年來才有這個風氣，那我們就要追究這個太保、太妹不良少年的起因，一直追究到第三個階段，為什麼？為什麼？為什麼造成這樣子的？這是「先庚三日」；「後庚三日」，就是我們現在要修理太保、太妹這個不良少年的風氣，可是如果操之過切，你做的太過偏激了，會影響其他的結果，所以這個修理的方法，一直要想到一百多年、二百年、三百年以後可能發生的亂子，在這個情況之下，來決定修理的政策，這是「後庚三日」。我們「无初，有終」，不是重新開始，是「變更」嘛！是調理內部，謀求最終的一個好的結果啊！「謀求最終的結果」，要怎麼辦呢？它就告訴我們一個方法，要「先庚三日，後庚三日」，能夠如此就「吉」。所以你要不懂得天干地支、陰陽五行，《易經》是搞不通的。過去夏朝、商朝的帝王，都是天干地支做名字，「盤庚」啦！「武丁」啦！「太甲」啦！「帝乙」啦！「天乙」

啦！「仲丁」啦！「履癸」啦！「中壬」啦！統統都是「甲、乙、丙、丁、戊、己、庚、辛、壬、癸」的這些名字。足見得在那個時候，天干地支、陰陽五行在我們中國傳統文化中間是佔著很重要的一個成分，而我們現在的一些讀書的先生呢，把它視同糞土，以為這是迷信，這是江湖術士用的，這真正是大錯特錯，我們看古代帝王的名字就知道。在《易經》裡頭，「先庚三日，後庚三日」、「先甲三日，後甲三日」、「巳日乃孚」，用這個「甲、乙、丙、丁」的字很多，足見的那個時候並不諱言「天干地支」，而「天干地支」確實是《易經》內容一個主要的成分，這是九五。〈巽〉卦的結果就是六四、九五這兩爻，修理內部，到了六四、九五這個程度，六四的「田獲三品」，九五的「无初，有終」，已經有結果，而且它做的方法很仔細，「先庚三日，後庚三日」，這都是表示我們調理內部的一個工作狀況已經是成功了。

上九：巽在牀下，喪其資斧，貞凶。

有的漢《易》的本子，「資斧」作「齊斧」，用「齊」這個字比用「資」字妥當點。九二講「巽在牀下」，現在上九也講「巽在牀下」，九二講「巽在牀下」，「牀下」是指初爻這個陰，是指陰邪的地方，看不見的地方，這就表示我們調理內部、興利除弊要從看不見的地方著手，牀底下是看不見的地方，同時牀是安身之所，自以為安的地方，自以為無事的那個角落裡面，就會出生事情，自認為很隱蔽的地方，就會出生事情，所以你要調理內部，要興利除弊，要從很隱蔽的地方著手，要從你自以為平安、妥當的地方著手。你一覺得太平無事就有事，你要從那個地方著手，這個「巽在床下」，就指那一

種的境界。九二「巽在牀下」是指初爻而言，初爻是陰嘛！暗淡的黑暗的地方。上爻也講「巽在牀下」，那指什麼呢？是指整個的內卦，〈巽〉卦外體巽有牀之象，內體巽也有牀之象，「巽在牀下」，在牀底下埋伏著有巽體的這個陰啦！是指整個內體的巽。這就如同〈屯〉卦，二爻也講「乘馬班如」，上爻也講「乘馬班如」。〈屯〉卦二爻講「乘馬班如」，是講初爻的馬，初爻是陽爻，陽爲馬，乾爲馬；上爻講「乘馬班如」，是指這個內體的震，震爲馬。和〈巽〉卦這個例子一樣，我的解釋是這樣子的。不過，虞翻的解釋認爲「巽在牀下」，還是指這個初爻。他認爲這個初爻是「上窮而下就」的，巽卦和兌卦是反對卦，因爲兌卦上爻窮了，太高了，反之於下，兌卦的上爻反之於下，就變成巽卦了。他所講的牀下，還是指這個初陰，這個解釋似乎穿鑿，所以我不取。

「喪其資斧」，作「齊斧」（尤其是虞翻），「齊斧」者，古代的黃斧，那現在來講，就是利斧。漢《易》的本子都作「齊斧」，沒作「資斧」，韓康伯、王弼以後，就改成「資斧」，現在寫八行的常常講：「資斧不夠啦！」資斧變成路費了，這個一轉得差距很大。這個「齊斧」，「帝出乎震，齊乎巽」，巽有齊之象，所以講「齊斧」。齊斧者就是利斧，因爲我們〈巽〉是興利除弊，當然要有工具。「利武人之貞」，「武人之貞」要有什麼東西？要有果斷的工具，齊斧者利斧也，有果斷的工具，我能除就把它除掉，所以講「齊斧」。「資斧」就轉了彎了，巽爲近利市三倍，有「資金」之象，旅遊於外，總是要有資金嘛！有盤纏、路費嘛！「斧」是取象於離，離爲戈兵，有「斧」之象，這是現在用「資斧」的意思。「喪」就是剛才我們講「先庚三日，後庚三日」，它是會變的，一直從四爻變、

變……變成上爻，就變成坤了，坤爲「喪」。以上是象，那意思是什麼呢？上九和九三對照著看，九三是講這個「頻巽，吝」，九三這個精神文明鑽到物質裡面，鑽不進去。上次有人打電話問我，大概是青年朋友，這個精神文明怎麼會鑽到物質裡頭去的？這個本來不成問題的問題，我現在答覆一下：我打個比喻，我初進中學的時候，拿我們祖父的管紗大褂改了穿，那個管紗大褂，屁股後面是雙股線縫的。當然，管就大點，當時不明他的道理，後來才曉得，這個領子、袖子、屁股後這個起坐的地方容易綻線，所以往年的裁縫他就給你用雙股線縫起來，預備你穿得父而子、子而孫，我祖父的管紗大褂子，一直穿到我手上，還改著穿，你看那個裁縫的道德多好啊！他唯恐你這件衣服穿了就壞了，縫得很牢，現在的裁縫怎麼樣？你買個褲子，買個褂子，一甩，二甩啊，後頭綻線了，屁股開了，扣子掉了。他就是心裡想，你扣子愈掉，線愈綻愈好，掉扣子、綻線，我裁縫才有生意啊！這就是精神道德文明沒有鑽到物質裡面去，所以現在道德淪亡啊！就是精神文明鑽不進去啊！他不聽你的啦！再其次，他問到物質建設怎麼能夠順著精神文明呢？這個道理很簡單，拿建房子來說吧！那個工程師在畫圖，那是頭腦子構想，那是精神文明啊！對不對？那個泥水匠要按著圖案去做，那不是物質建設順著精神文明嗎？是不是？「柔皆順乎剛」，陰要順著陽，陽要鑽到陰裡面，這個社會才是健康的，陽如果鑽不進，那陰亂七八糟的發展，那糟糕了，那壞了。這是回答年輕人的問題。現在還是接著講上爻，四爻、五爻已經是調理內部的中心，已經有個結果了，上爻「巽在牀下」，要鑽到牀底下去，要鑽到那個陰邪的地方，要把那個陰邪改建啦！但是你「喪其齊斧」，這個「齊斧」正是改建的工具、除害的工具，你沒有這個工具，你怎麼能夠除害、改建呢？也就是說三爻和上爻相應，上爻是鑽不進去，

上爻不但是鑽不進去，而且它沒有工具，鑽進去，也沒有辦法，所以孔子說：「〈巽〉，德之制也。」（〈繫辭下傳〉）〈巽〉要有「制裁」的東西，有壞處，馬上就把除掉；有好處，馬上就把它弄起來，要有這個「裁制」的精神才行。你「喪其齊斧」呢，你根本上「裁制」的工具沒有了，沒有這個「裁制」的精神，就是說你已經失掉「巽入」的功用了：「貞凶」，你固定到這個情況之下，豈不是「凶」嗎？就是雖「正」，也是「凶」，因為你自己個人「正」，沒有用處啊！那個「陰邪」你除不掉啊！這是上爻。

　　總而言之，這個六爻的精神就是說我們失之於外的，就要得之於內，就要調理內部，調理內部的道理，就是陽要能主宰陰，陰要順著陽，這樣子內部才能夠調理好，他指示主要的路線是如此。可是我們調理內部，要像《莊子・齊物論》啦！萬事都搞得很整齊，是不太容易的，所以它特別提出幾點應當注意的：第一就是有些地方精神文明鑽不進去的，它結果一定是「吝」，你要防備，你要注意。第二就是有些陰邪的地方，你會缺乏制斷的能力，你要特別注意，你不要猶疑，要果斷。其餘二、四、五爻就是說明整理內部的方法。第二爻要不憚煩勞，牀下陰邪的東西要給除掉。第四爻就是說有所斬獲，才能悔亡。第五爻就是調理的方法要很仔細。

肆、象傳

象曰：重巽以申命，剛巽乎中正而志行。柔皆順乎剛，是以小亨，利有攸往，利見大人。

　　「重巽以申命」，這裡面最重要的，就是「剛巽乎中正而志

行，柔皆順乎剛」這二句。這二句是解釋卦辭：「小亨，利有攸往，利見大人。」何以〈巽〉能夠「小亨，利有攸往，利見大人」？因為「剛巽乎中正而志行，柔皆順乎剛」，這個文章是這麼作的。「重巽」，這個卦內體也是巽，外體也是巽，所以叫做「重巽」。「申命」，「申」字就是叮嚀囑付的意思，已經下了一道命令，再下一道命令，一再的告訴你，就唯恐底下執行的人把事情沒認識清楚，唯恐底下執行的人懈怠了，把這個事情兒戲。巽在天為風，在人為命，風是天的號令，命令是政府的號令，它兩個「命」，一再的命令，就是一再的叮嚀囑付。從前辦公室裡有所謂「訓令」的命令，就是從這兒來的，現在把公文改了，沒有「訓令」。

「剛巽乎中正而志行」，「剛」就是指陽而言，虞翻講剛是指五爻，事實上，二爻也是「剛巽乎中正」。二爻雖不得位，但是居中，陽爻講「巽」，陰爻講「順」，「巽」者鑽到裡面去，入到裡面去，怎麼樣子鑽呢？「巽」又為順，很順利的鑽進去；「中正」就是恰到好處、非常的正確，就是說你那個陽剛鑽到物質文明的社會裡去啊！恰到好處，就是這個物質社會所需要的一個指導、指示、一個精神上的主宰，你鑽進去的，就是它最需要的一個主宰。這樣子才能夠「志行」，你那個目的才能達到。「志行」那個象從哪兒來的呢？五爻、二爻都是居中的，陽爻居中都有坎象，坎為「志」，這個卦旁通為〈震〉，震為行。意思就是你陽剛鑽進去，恰到好處，非常之正確，正是那個陰體裡所需要的主宰，你這樣，你的願望一定能達到。

「柔皆順乎剛」，初爻、四爻兩個柔爻是主爻，這個柔爻都順著剛，初爻順著二爻，四爻順著五爻。「柔皆順乎剛」，是聽從那個精神的主宰去做，等於瓦木匠就跟著工程師的圖案一點一點的建築起

來，他不能離開那個圖案去做，那個圖案十二層大樓，底下負荷量有多大，要打多深的地基，他那個工程師說明了，你瓦木匠不能變更的哦！你變更了，你大樓倒了，你要負責的哦！這是「柔皆順乎剛」。

「是以小亨，利有攸往，利見大人」，既然「柔皆順乎剛」，所以能夠「小亨」，〈巽〉卦是調理內部的，以陰爲主，陰爲「小」，調理內部，沒有發展到外部，當然「小亨」，所通者是內部之通，不是外部之通，所以「利有攸往，利見大人」，前面已經講過，用不著講了。

伍、大小象傳

象曰：隨風，巽。君子以申命行事。

「隨風，巽」，風而曰隨，什麼道理呢？風行草上，必偃，風既被物，物皆隨之，風吹到花木高頭，花木就順著風，也等於政府合乎道理的教令、號令一聲發下去，民皆隨之，所以叫「隨風」。同時內體也是巽，外體也是巽，這是一陣一陣之風相隨而至，有隨風之象，所以講「隨風」。

「君子以申命行事」，「君子」是講二、五兩個陽爻，二、五兩爻是化初、四兩爻的陰，那麼二、五兩爻都是有「君子」之象。「申命行事」，命之所以曰申，就是一再叮嚀囑付，「行事」，〈巽〉通〈震〉，震爲「行」，〈巽〉以坤陰爲主，坤爲「事」，有「行事」之象。「申命」，巽爲命令，有「申命」之象。「君子以申命行事」的意義是什麼呢？「申命」者是在乎「行事」，謀國大君子特別要注

意這四個字，我下一道命令叮嚀囑付，爲什麼呢？目的就要這一道命令能夠貫徹到底，能夠行，命令所以下下去，是爲的要行事的，事情行不通，你要命令幹麻？假使命令雖申而事不行，於是刁民玩忽之風就起來，老百姓看你政府就這個東西，我不買你的帳也無所謂，你也不過爾爾，那政府的威信就喪失了。所以「命」一聲「申」了，一定要貫徹到底，非得要行不可，命令既行，這個政府才有威信。申命是爲了行事，事而不行，何須乎令之申也？申命就要行事，事不行而徒申其令，是沒有用的，「君子以申命行事」就是這個意思。

初六象曰：進退，志疑也。利武人之貞，志治也。

初四相應，四爻伏坎，二爻不正，二爻一變，四爻互成坎，坎爲「疑」，坎爲「心志」。巽本身有「進退」之象，同時〈巽〉、〈震〉相通。巽是往後退的，陽消之象，一個陰進來，陽退了；二個陰進來，陽退了；三個陰進來，陽退了。這個震是陽進的，一個陽進來了，再一個陽進來了，再一個陽進來了，到第三爻就變成乾，於是坤陰就來退了，於是退一個陽，退一個陽，退一個陽，退成坤，於是又變成震。震是「進」之象，巽是「退」之象，這二個卦是相通的，所以有「進退」之象。進退在乎初爻，初爻是進退的關鍵，這是卦象。「志疑」就是「志疑惑」，「志疑惑」就是內在心情不曉得怎麼樣子好，躊躇滿腹的樣子，那麼怎麼辦呢？它叫你「利武人之貞」。「利武人之貞」是什麼意思呢？「志治也」。「治」者穩定也、平也。「治」是根據〈乾〉卦〈文言〉來的。〈乾〉卦〈文言〉上講：「乾元用九，天下治也。」「志治」就是心裡平定了，既是「利武人之貞」，正確的果斷，心裡當然就平定了。

九二象曰：紛若之吉，得中也。

往年這個「史」是卜卦的，「巫」是被禳除害的，「史」也有四個，「巫」也有四個，用「史」來卜，用「巫」來被禳除害，很多，所以有「紛若」之象。「紛若之吉，得中也」，二爻居中，所以講「得中」，這是象。意義是什麼呢？史巫一再的卜筮祓禳，爲什麼還「吉」呢？因爲卜筮拔禳可以安定你的心思，古代的祖宗講神道設教，這個有識之士也不必多批駁，好像這是迷信啦！但是，聖人神道設教，有一個寓意的，就是愚夫愚婦到了不可決定的時候、無可奈何的時候，他就會問菩薩、求求籤啦！安定自己的精神，如是永遠讓他在心裡那麼徘徊，老是那麼躊躇滿腹的，他會神經分裂的，讓他在菩薩廟裡去發洩一下，可以穩定他的精神，有這麼一個作用，所以「紛若之吉，得中也」。卜筮祓禳多，爲什麼吉呢？因爲「得中」，可以安定精神，可以恰到是處。

九三象曰：頻巽之吝，志窮也。

二爻不當位，一變，三陷於坎，坎爲「志」，陷到坎裡面，所以「志窮」也，這是象。「頻巽之吝」，意思就是這個精神文明不能鑽到物質裡面去，一再的鑽，鑽不進去，在外頭格格不入，於是乎達不到目的，所以「志窮」也。

六四象曰：田獲三品，有功也。

四爻承著五爻，五爲功，所以叫「有功」，這是象，前頭講「利武人之貞」啊！叫你要有果斷之行啦！有果斷之行，在這個時候

就「田獲三品」。

九五象曰：九五之吉，位正中也。

九五為什麼吉呢？因為它居中得位，孔子講的「剛巽乎中正」，就指這一爻，它鑽到陰體裡面，鑽到恰到是處，所以它吉。

上九象曰：巽在牀下，上窮也，喪其齊斧，正乎凶也。

上爻孤懸在上，位置非常的高亢，底下都是亂七八糟的一團陰邪，所以「上窮」，窮途末路之象。「喪其齊斧，正乎凶也」，虞翻以為上爻與三爻相應，三爻一變，（三爻本來是陽居陽位，得位）應了上爻，就「正乎凶也」，就失了正了，就不正了，這是一個說法。第二個《九家易》侯果的說法，上爻變而應三，三爻是「頻巽吝」啊，它已經是「吝」了，你再加強它這個「吝」，鑽不進去，所以「正乎凶也」，這是漢人所解。事實上，照宋儒、清儒的解釋，就是上爻雖正，還是凶，因為它已經窮於在上，底下搞得一踏糊塗、滿目陰邪，雖正還是凶。

第五十八卦

兌卦

周鼎珩講　不知名者記錄

兌

兌兌
上下

—— 此係八純卦，又為四監司卦，司秋分節氣，旁通〈艮〉，反對
〈巽〉。

壹、總說

佈卦的次序

　　今天報告〈兌〉卦。〈兌〉卦是秋天時令的卦，它司秋季，
〈兌〉卦為什麼在〈巽〉卦之後呢？因為我們看到一個現象，無論是
哪一種現象，宇宙自然現象也好，人生社會現象也好，這種現象，如
果彼此之間不相得不相諧，就會格格不入；假設彼此之間很相得，很
相融，必能互存共榮，各得其所。以前我們講的〈巽〉卦，就是相得
益彰的現象，它的二陽鑽到裡面去了，現象跟現象能鑽到裡面去，就

跟化學一樣，它才能化合得了；它內在的情形，彼此之間必定很融
洽，既然內部能夠很融洽，兩個現象彼此能夠容許鑽得進去，那麼它
一定很愉悅，很愉快的宇宙萬物都有這種現象，兩個東西有化合的，
有混合的。若是兩個格格不入的東西擺在一塊，永遠各自獨立，兩個
東西還是兩個東西；如果是兩個能互相化合的東西擺在一快，它就可
以變成第三個東西了，化合了。物理現象是如此，人事社會更是如
此，兩個人如果是很相投的話，你講的話使我可以得到很多的益處，
我講的話也可以使你得到很多的好處，彼此氣質相投，兩個人必定是
相處得很愉快，我們看到人的處事接物，假使一個人的處事接物能夠
沉默其中，他一定是很愉快，譬如做學問，《論語・學而》上說：
「學而時習之，不亦說乎。」假使一件東西，你天天去摸它，而且欲
罷不能，把那個東西摸到味道了，就越弄越高興。我們寫文章也如
此，假使我們一篇文章寫好了，自己一定怡然自得，一定很快樂，那
就是你的內心鑽進去了。說學而能夠時習之，就是說你求學的心已經
鑽到裡面去了，而有所得，所得的那滋味，使你感到很愉快，所以說
「不亦說乎」，那種愉悅之情油然而生。「有朋自遠方來，不亦樂
乎」，朋友來是互相講的，朋友有所得，不同地方遠而來相與講習，
那定是很快樂的。因此我們看到，宇宙所有的現象都是如此的，但凡
兩者能相得必相悅，我們對事也是如此，假設是一個實業家，他一定
要鑽到裡面去了解社會的情形，明白市場的供應，才能經營，經營成
功後，自己當然就高興了。所以鑽進去了以後，一定很和諧，一定很
高興，凡事才能成功，所以〈序卦〉講：「巽者入也。」入就是鑽進
去了，能夠鑽進去就高興必有愉悅之情，「故受之以〈兌〉，兌者說
也」，說即悅。〈兌〉卦之「兌」在字形上看跟〈咸〉卦上的「咸」
一樣，咸者感也，此成為無心之咸，乃自然之感，感之甚深也；兌者

說也，無言之兌乃由衷之悅也。〈兌〉卦是鑽到裡面而作內部的調理者，陽卦多陰，陰卦多陽，〈巽〉是兩個陽鑽到裡面去開化裡面了，〈兌〉卦是兩個陽從裡面鼓舞出來向外發展，〈巽〉卦是內在調理的卦，兩純陽鑽到裡面去調理。也就是說，我們人要作內部的調整時，必須全神貫注，作於斯興於斯，念茲在茲，一切的心思都集中在內部的調理，這就是〈巽〉。而〈兌〉呢，是〈兌〉在內部調理好後，必須向外發展，這種向外發展，弘揚於外，使外在光華有色彩，這就是〈兌〉卦，所以〈兌〉卦正好該接在〈巽〉卦之後，〈兌〉為乾有色澤，這是卦的次序。所謂「兌」就是表示已經很成熟了，才能表現在外。

成卦的體例

我們以往講到陽卦多陰，陰卦多陽，這個道理，就如我們說「萬綠叢中一點紅」。比如說，一群男生宿舍，或一群女生宿舍，都一樣，如果一大早他們剛剛起床，無論男生、女生宿舍中，都會有一種臭味，很奇怪。假使男生宿舍中，如有一個女的在其中睡覺，或一群女生宿舍中有一個男的在其間，而那個臭氣味就會沒有了，此即「萬綠叢中一點紅」，一群多的東西有點少的東西，就把它革除了。真正的修養高了，比如打拳的技術太高了，他不會外露的，宇宙的原理就是如此。所以陽卦多陰，陰卦多陽，陽多的陰少的陰是主宰，陰多的陽少的陽是主宰。五行算命也是如此，比如，滿盤八字沒有財，只有一種財，這一種財就發生作用了，這個人很精明，很能幹；相反的，假使滿盤都是財，這個人就很笨，怎講呢？「多財不貴」，《老子‧第二十二章》說：「少則得，多則惑。」少的就發生作用，如果

男女談戀愛，假使男的交女朋友交多了，就找不到個好太太，女的交男朋友交多了，也找不到個好丈夫，都是這個道理。照此，我們知道，〈巽〉卦和〈兌〉卦都是屬於陰卦，這兩個卦都是陽多陰少的卦，以陰爲主，以陽爲用，〈巽〉卦的兩陽是從外頭發展到裡面去開化裡面的陰，〈兌〉卦的兩陽是從裡面鼓舞策動外在的陰。拿人事來講呢，例如我們遇到思考一件事情，我們一定把個人的精神全部收斂到裡面來了，於是外面的任何動靜都不知道了，所以一思考就都斂之於內，而思考是什麼呢？是陽，完全是陽的作用。人一思考陽氣就都斂之於內了，乾知大始，坤作成物，乾陽才有思考能力，乾是知，知是感覺，陽是思考的，陽收到裡面那就是〈巽〉卦的現象，〈巽〉是二陽收斂到裡面去了，裡面陰是主爻，但以陽爲用，靠著二陽去發揮作用去思考，陽鑽到裡面是借了陰做了個發揮的工具，這是〈巽〉卦。可是人假定有快樂的事情，一定就表現出來了，不禁手之舞足之蹈，快樂的時候，馬上臉色就不同了。思考的時候，臉色是沉滯的，陽斂之於內，快樂的時候臉熱是發揚的、高興的，於是現之於外，陽的本性本來是向外奔放擴大的。一個東西向外擴張，它要假陰體而擴張，因此快樂並非我們臉上在快樂，而是陽在作用，陽多的固然是以陰爲主，作用仍在陽，陰多的以陽爲主，作用亦在陽，這是卦體的一種現象。〈兌〉卦本來是八重卦，凡是八重卦都是「兼三才而兩之」的卦，就是兩個複合起來。爲什麼兩個複合起來呢？就是表示宇宙間不是一個單元的東西能夠化育萬物的，必須兩個以上的東西才能化合，人有男有女才能生育，物有雄有雌才能生殖繁衍，而八卦是一個單元的現象，所以重卦都是兼三，表示宇宙是兩兩化合的現象。但在卦體裡面呢，都是陰是主爻，作用卻是在陽，因爲內在的陽，它在裡面鼓舞，目的在成熟，外在的陰，因此主爻是陰而發生作用的還是在

陽。這是第一點卦體，我們要認識的在這裡。

第二，〈兌〉卦是司秋的，〈震〉、〈離〉、〈兌〉、〈坎〉四卦，分別司四季，如〈震〉司春，〈離〉司夏，〈兌〉司秋，〈坎〉司冬。在先天卦中兌卦，是由坎卦發展起來的，所以兌有水，兌爲澤，坎爲水，兩個都有水象。先天卦位怎麼引伸的呢？坎卦下面一爻實起來，塞坎成兌，把坎卦下面一陰爻變成陽爻就是兌卦了，因此坎是水，坎是流水，不斷的流。把下面一爻塞起來呢？就變成了澤，兌爲澤，所以坎、兌爲先後天的關係，極爲密切。水不流就成澤了，則爲水之終也，水之匯集處也，這個現象就表示宇宙間萬物成型的時候，也就是說陰陽相交流的時候，流著流著它不流了，固定起來了。所謂「元亨利貞」，就是由元經過亨通而利，便而穩定，最後它穩定了。如大氣在空氣中氣化流動，最後它不流了，不流它便形成了一有形之物，水流到那兒爲止，便成澤，氣化到那兒爲止，便成了萬物之形。凡是宇宙有形之物，都是這樣來的，天一生水，地二生火，天六成水，七成火，所以一、六是水數，一是生數之始，二是成數之始。宇宙化成萬物，第一靠水，天一生水在成物的時候，也要靠水，所以成六是水，所以老子講「水近於道」。那我們〈坎〉卦呢？是水呀！流到那兒爲止了，而萬物又以水爲始，所以〈坎〉卦變爲〈兌〉卦，即是由水變成澤，而〈兌〉卦它又是司秋的，秋天代表什麼呢？百果成熟，成熟後外表都有光澤，而這個澤一方面是水澤、沼澤，一方面是成熟的光澤、色澤，還可以引伸爲潤澤、恩澤，這就是〈兌〉卦的大象。因爲它是〈坎〉卦，其實下爻慢慢演變而來的。

第三，兌卦是由坎卦來的，坎爲加憂，坎是個憂鬱的卦，然而塞坎成兌，坎象不成了，就無憂可加了。而兌又係震，兌卦又從震卦

來的，震卦是一個陽發動到了兌，便成兩個陽了。〈震〉卦已是「笑言啞啞」，已是很高興了，因為陽是個很喜悅的東西，陽為喜，陰為憂，因為陽為奔放的，陰為收斂的，現在到了兌卦，二陽生長，就更高興了，所以有怡悅之情，所以兌為說（悅）。為什麼陽發動，就是喜悅呢？因為陽能發光發熱，陰是成形成體的，人體內部有熱情（有陽），外在才表示出有喜悅之象。其次，說到發光，凡是有光的東西都有色澤，外面明朗了，也就是有悅了。陽是發光發熱的，因此它構成色澤喜悅。〈雜卦〉上有這句話：「〈兌〉見而〈巽〉伏。」〈兌〉是見的，〈巽〉是伏的，〈巽〉卦是陽收在裡面，一個人在思考的時候，決不是喜悅的，但亦不是憂，是他在思考，所以面容表現沉滯的樣子，這與憂不同。而〈兌〉呢？〈兌〉就現出來了，〈兌〉為什麼見呢？因為〈兌〉已經有二陽成長了，二陽在〈乾〉卦裡已經是「見龍在田」了，陽到了二爻，就普遍的現出來了，所以〈兌〉為見，見就是現出來了。因為陽在〈震〉的時候，「帝出乎震」，剛剛在初起，而陽到了二爻，就「見龍在田」，陽既是從初爻出來，又可以表示到外面了，兩陽又是發光發熱的，所以一定有悅澤之色現之於外，所以兌為悅。

第四，陰卦是有形之體，陽卦是無形之能，〈兌〉卦是一陰在外，二陽在內，這意味著有形之體甚於無形之能。陽在內鼓舞而發展出來，顯示有形之體上如花，花卉中有陽在內鼓舞，於是才顯示出來開花結果。於是我們知道外在的一陰來自內在的陽氣鼓舞所發生的一種表現，就如人生血管中的血，血是陰，人體是由兩個網所構成，一個血管的網，一個是筋絡的網。血管是營養我們人體的，筋絡是陽，是有感覺的，可是假若內部的陽一鼓動，血管的血就發漲，臉上

的紅漲就是陽能的作用，陰體就表現出來了，一到了春天，水不曉得從哪兒來的，海水、河水都高漲了，為什麼？地下的陽發動了，陰水就表現出來了。

立卦的意義

我們從卦的體象裡可以看出來陽是奔放的，但它雖奔放，一定要有個著落，若沒有著落，沒有個陰體，它自己一直在那兒鼓舞，它就永遠不能穩定，不能「元亨利貞」。人體死亡了，陽的靈氣只好跑了，甚至潰散了，所以陽一定要有個著落。陽的著落是什麼呢？陽的著落是陰，所以乾不離坤，男孩子到三十四十還沒有結婚，他始終不能安定，你叫他節餘下很多的錢是辦不到的。結了婚，有了太太，他也不亂跑了，這就是陽一遇陰，它才會穩定得著。我們這個〈兌〉卦是怎樣呢？陽在裡面鼓舞出來，外在有陰，陰彷彿它的著落所在，於是它就鼓舞，使坤陰之體逐漸發展而龐大，同時〈兌〉卦的陰體只有一個，也就告訴我們說，我們人類的熱情要集中在一個目標上，才能有所成就，如果目標不只一個，陽氣一分散了，那鼓舞的力量就不夠，不夠就無法成功，所以我們學這個卦的卦義，就是告訴我們人類的熱情要集中在一個目標上。我們短短的人生，把我們愛好的熱情集中在一點，所謂一點，突破這一點一定會有成就，如果目標太多太分散，「備多力分」，就毫無所成，這一點是我們學這個卦的重要意義。

其次，我們使用怡悅之情，要在一個目標上，但是這個目標，究竟是什麼目標呢？陽的喜悅之情集中在陰體上，表示陰陽兩方面要有小小的配合才行，而我們人的目標也一樣，雖是集中在一個目標，也

必須是能夠陰陽配合的，絕不是亂撞的。比如，愛好的就是所學的，愛好的若不是所學的，那就學不好了，學到最後還是會改行的，比如愛好文學，他偏學了數學，最後他卻走上了寫文章的路，學文學的，他偏去搞實業，最後必不走學文學的路了。所以我們的那一目標必須和我們所喜悅的相配合，否則就搞不好了，這是一點，要很諧和，只有一個目標。再一點，我們來說，我們所喜悅的目標，不能走向壞的方面，邪的方面。比方，紙醉金迷，歌榭舞館的地方，有些青年喜歡把興趣集中在那個方面，或者好勇鬥狠，這些都不是陰陽諧和之處，也都不是陽氣和陰體相配合之處，因這些目標都不正確。我所喜好之所在，我的熱情都集中在那個地方，就跟我們吃東西一樣，酸、甜、苦、辣各有喜好不同，為什麼？因為人的組織不同，組織就是卦體的內部，組織不同，所喜好的就不同，你喜歡吃涼的，因為你內部的瓦斯太多了，所以你喜歡吃涼的。為什麼你喜歡吃辣的呢？因為你肺活量不夠了，你為什麼喜歡吃甜的呢？你脾臟弱了，你為什麼喜歡吃鹹的呢？腎臟不夠了，像這些就是你天賦的組織需要什麼，你就愛好什麼。人體是如此，我們的喜悅亦是如此，就是我愛好那一方面，我就把我的熱情寄託在那一方面，用我們的一生，十年，二十年，三十年去窮究，終有成就，沒有成就的那就是分散了，今天這兒摸一下，明天那兒又摸一下，終無所成，這是第二點。

　　孔子對於這個卦，特別在〈象〉象裡面有所指示：「兌，說也。」他告訴謀國諸君，要兌以策民，你怎麼叫人民心悅誠服的聽你的呢？就要用這個〈兌〉卦，〈兌〉卦就是用來使用民眾，教化民眾，策勵民眾的一個主要的東西。兌以策民，就是內在要有熱情，外表要表現得很喜悅，很愛好，你要把老百姓當作自己親生兒女般，非

常愛好，而且這種喜好不假，由衷的去做，真正有大仁大勇的去愛老百姓，老百姓必五體投地的效忠。如何用這種熱情對老百姓呢？孔子，他提出兩點，第一，「兌以先民」，國家遇到大事時，你自己不辭其苦，站在老百姓的前面，自己先動手。如大禹治水，十三年三過其門而不入，自己首先吃苦，站在老百姓前面，親自動手，所以老百姓蜂擁而至，大禹叫他們怎麼做，他們就怎麼做，於是眾志成城，才把洪水治平了。所以孔子提到，你要使老百姓效命，你必須身先士卒，站在老百姓的前面。第二，「兌以犯難」，國家到了緊急危險的時候，你身先士卒，首先冒險犯難，老百姓才甘願為你犧牲性命，這種喜悅之情，可以鼓舞整個天下的人民。至於我們一般人呢，主要的剛中而柔外，這個卦中爻是剛，外爻是柔，普通人內部要有剛熱有內容，而外表呢？很柔和，一種喜悅的面容，表現在社會。假使你內在有內容，而外面表現出驕傲，或者炙手可熱的樣子，那就如孔子說的「如有周公之才之美，使驕且吝，其餘不足觀也已。」（《論語・泰伯》）內在剛中，真正有內容，外在表現還是喜悅的，可是要內在真正有內容啊！假使徒徒的指表現外在的喜悅，內在沒有真正的內容，那就是妓女之作，妓女是沒有內容的了，完全是拿笑面迎人，兌，我們表示喜悅，一定要有內容，不是妓女拿笑面迎人的樣子，所以我們個人必須剛中柔外的去處事，這是第三點。卦義到此為止。

貳、彖辭（即卦辭）

〈兌〉：亨，利貞。

　　〈兌〉卦是亨，兌當然是亨，兌是內在的二陽鼓舞，從根部開

始，一直到開花結果，那當然亨通，這是在自然界。在人事社會方面，我們拿著熱忱，剛中柔外，內在是有主宰的，有東西的，而外在的處事接物，非常和悅，當然可以做得通啊！因之無論宇宙自然現象、人事社會現象，你若能以兌熱行事，一切必能亨通。「利貞」就是利乎正，怎講？因為這卦，虞翻說是從〈大壯〉卦來的，〈大壯〉五爻不正，五爻陽位，它居陰，所以不正，但這個卦呢，是〈大壯〉的五爻下而居三，而三爻上去居五，三、五同功，所以三爻可以上去到五爻，原來〈大壯〉卦五爻不正，而今這樣三、五互換就成了〈兌〉，而〈兌〉之五爻卻居正位了，故利乎正，因為〈大壯〉是一個偏枯的卦，太偏了，這樣變成〈兌〉卦以後，就和悅的柔和一點，所以「利貞」，這是虞翻從卦上來解釋這個「利貞」。至於意義呢，「貞」者是正確、穩定，〈兌〉卦是有悅澤之情，資助於外，可以處事接物，而「利貞」是宜乎正確，就是說你使用悅澤正確不正確，要使用得對。比如我們前面說過，你所學的要合乎你愛好的，然後你把你的喜悅發揮在你的愛好上，這是很正確的；有些人他寄託的不對，本來他的喜悅之情勢在甲方面，而他的人生遭遇卻在乙方面，結果呢，出力很多，而所得成果呢，卻不多，這是利貞的一個意思。不但是要正，而且不要邪了，比如前面說的，那些紙醉金迷啊，聲色狗馬啊，你把喜悅寄託在這些地方，那就邪了，不對了，不正了。第二個意義呢，是穩定，有些人寄託這悅澤之情，他一曝十寒，比如畫畫吧，興之所至，畫兩筆，不高興丟在那兒，一個月也不管，這樣畫一曝十寒，永遠也畫不好的。這種就是不穩定。「利貞」的第二個意義就是要我們熱情寄託在正確的一點以後，始終要念茲在茲，始終要如一，要穩定，這樣才有成就。

參、爻辭

初九：和兌，吉。

初九為兌澤之始，「和」從那兒來的呢？因為我們塞坎成兌呀，把底下一爻塞起來，就變成「兌」了。坎為流，塞坎成兌，就不流了，就是「和」而不流了，融和在一起了。再者，陽是喜悅的，初陽為陽之始，亦即兌澤之始，剛開始的這種悅澤，也就是熱情的剛開始，剛由衷發動那種熱情，非常純潔，那種最純潔的熱情就是「和」。「和兌，吉」，這句話就告訴我們要保存悅澤之情，那剛剛發動的那種純潔的熱情，就「吉」，就好。

九二：孚兌，吉，悔亡。

〈兌〉卦在先天卦位是坎卦的位置，先天坎卦和後天兌卦是同一位置（見下圖），因為把坎卦的底下一爻塞起來，就變成兌了。九二為什麼講「孚兌」呢？因為坎為「孚」。「悔亡」，陽太亢，就生「悔」，我們第一次看到「悔」字，是在〈乾〉卦的上九：「亢龍有悔。」「吝」字是在〈蒙〉卦裡頭：「困蒙，吝。」陰爻太向下了、太陰暗了，就變成吝。所以陽壞了，就變成悔；陰太壞了，就變成吝。現在我們陽是「見龍在田」之陽，正居於基礎位置的陽，沒有亢，恰到好處，不至於「悔」，而且高頭有個陰和它「孚」了，和融了、交流了，所以「悔亡」。

說到意思，初九是「和兌，吉」，正是坎一變而成兌的時候，因為水在流動時是分散的，而塞坎成兌，水不流了，就融和在一起了，

有「和」之象。而二爻「孚兌，吉」呢，更進一層，「和」講水之交
和在一起，是從外形上講，「孚」字是從內心來看，發自至誠至信，
由衷的誠意，那種和悅熱情的態度，是從真性份中發動出來的，那叫
「孚」，出乎天德，當然是最融洽，最能感動人的，當然「吉」啊！
不僅「吉」而且還加上「悔亡」二字，為什麼講到「悔亡」呢？因為
喜悅之情是基之於內部的熱，內部的熱從那裡來的？從陽來的，外表
就有喜悅之情了。陽旺，想的主意都是好的、正確的；陽不旺，出
的主意都是餿主意。人生的過程，有走運的時候、也有倒霉的時候，
各位想想，走運的時候，條條都是大路，都是光明的，一切都順利，
但在倒運的時候，再加上愁眉苦臉，簡直就想不出一條道路來，處處
都是死路，到處都是黑暗的、走不通，這不是外頭黑暗，而是我們自
己陽不夠了。陽是熱，所以就發揮一種喜悅的態度，而且陽熱它就能
應用了，我們講上九「有悔」，那是講的孤陽，單獨的在那兒一直在
發展，發展到九五，還一直在發展，到上九，發展到頂點了，還找不
到一個陰。孤陽發展到最高的一個程度，它就亢；我們這兒二爻既不
是最高的程度，同時它又不是孤陽，上頭有個陰和它和融了，交流
了，所以它不至於悔。「悔亡」在人情方面來講，是什麼意思呢？這

個「孚兌」呀，是至誠至信，出乎天德的那種喜悅之情，人家看得出來，對方的一切形體，就是陰啊！陰被你這種真性份中的喜悅之情所感動，於是兩個合作起來，就非常融洽，這一融洽，你這個陽就絕不會太亢，就不會有悔了，不會離開群眾，不會高傲了。

六三：來兌，凶。

自內而外謂之「往」，自外而內謂之「來」。不論社會現象、人事現象，外來的東西就謂之「來」，從裡面發展出去，就謂之「往」。「來兌」呢，「兌」是一種喜悅之情，這種喜悅之情是從外來的。上爻是與三爻相應的，它講應爻，我們剛才講喜悅之情是由於熱，可是三爻本身是陰，它的應爻呢，也是陰，陰本身是冰冷的，它沒有熱，根本就沒有喜悅之情，但是現在從外面來的，有喜悅之情。這是一種什麼情況呢？譬如有些人它本身的情緒很低潮，絲毫沒有喜悅之情，而他卻去把聲色狗馬、紙醉金迷的場合，拿那些東西來刺激自己，使自己有了那種很高興的那種喜悅之情，不是由衷發出來的，是由外來的，叫「來兌」，所以「凶」。虞翻他認為這個卦從〈大壯〉來的，〈大壯〉三爻之五爻，五爻跑到三爻，五爻不正，於是把五爻調下來，三爻弄上去，居正了，此之謂「來兌」，這個當然是「凶」。一般人頭腦空虛，喜歡在外頭熱鬧場合中跑跑時，結果往往是「凶」的。

九四：商兌未寧，介疾有喜。

怎麼叫做「商」呢？因為兌為口，兩口相對，就有商討之象，商討者，商量計劃一下；再者，四爻介乎內、外之間，介乎兩兌之間，

又兩口相對，故有商討之象，這是講「商」字。同時虞翻認為四爻互成巽，巽為近利市三倍也，也是「商」的現象，所以叫做「商兌」。「未寧」怎麼講呢？這個卦如果二、四兩爻一變正，就變成〈屯〉卦，〈屯〉卦〈象傳〉裡頭有「天造草昧，宜建侯而不寧」，有「不寧」的字樣，〈兌〉卦與〈屯〉卦有相通的氣象，所以這裡的「未寧」，就是〈屯〉卦「不寧」的意思，「商兌未寧」就是兩個不斷的商量，商量得不甚和洽，未得安寧。

　　「介疾，有喜」，「介」字有好幾個解釋，在〈豫〉卦裡的「介于石」，在〈晉〉卦裡的「受茲介明」，「介」者，堅也、大也。我們這裡的「介」是不是這個意思呢？不是的。中國文字一字多義，在這兒的「介」字，不是當大字講，也不是當堅字講，而是介乎其間的意思，「介」者四爻在兩兌之間，所以叫「介」。「疾」是那兒來的呢？因為四爻不正，一變，變成坎，坎為「疾」，而四爻又互成離，離伏坎，離又內伏這個「疾」，所以「介疾」。「介疾」是什麼？就是徘徊不定的「疾」。「有喜」，「喜」從何來？因為〈兌〉卦以陽為用，用陽必「有喜」，有喜慶的現象，四爻是陽爻，所以「有喜」。合起來的意思呢，「商兌，未寧，介疾，有喜」，就是說〈兌〉卦這個喜悅之情不斷的商量，為什麼不斷的商量呢？因為居於兩者之間發生的毛病，比如今天我喜歡這個，忽然明天我又喜歡那個，這就是「介疾」，就是喜悅之情不固定，因為四爻居於兩者之間，所以有這個徘徊的毛病，但因能不斷的商討計畫，最後還是有一個決定，仍然是有喜悅的。這一點是告訴我們，當我們喜悅之情有介乎兩者之間時，要不斷的磋商，不斷的計畫，而做一決定不能莽莽撞撞的，也不能一直不做決定，在不斷的磋商之後，還是「有喜」的。

九五：孚于剝，有厲。

　　五爻是坎爻，坎爲「孚」。「剝」字是從那裡來的呢？二、四之
正，到五爻就有〈剝〉卦的體象，所以講「孚于剝」。「孚于剝」的
意思呢？九五「飛龍在天」，因爲五爻接近上九，而五爻再上去了，
就變成了〈剝〉卦的主爻，所以也是「孚于剝」的一個現象。「孚于
剝，有厲」呢？「厲」爲危險，「厲」又從那兒來的呢？因爲五爻是
坎爻，而坎爲險難，所以有「厲」之現象，以上是爻象。至於意義
呢？這一段稍複雜些，「孚于剝」，就是〈兌〉卦的喜悅之情本是由
於陽，而陽到了五就太滿了，可以說已經是頂頭了，不能再進了，再
進就亢了，就變成〈剝〉了，所以五爻的陽內在的熱情太盛，而發揮
出來的熱情表現就有過盛之象，於是〈剝〉卦到此處就警戒我們人的
喜悅之情已至頂點，就不能再進了，再進就要出毛病了，就要有危險
了。比如美國每年聖誕節，夜裡他們狂歡叫鬧啊，可是第二天報上的
頭條新聞就是死了好多人，這就是很明顯的例子，所以這條是警戒的
意思。但它和二爻是相應的，二爻是「孚兌，吉，悔亡」，而五爻
也講「孚兌」，只是到了五爻「孚」的程度已太盛，就須提高警覺
了；而二爻呢，卻是恰到好處，這是爻的地位不同，但兩爻同講「孚
兌」，且其喜悅之情，都是由衷的、至誠的。

上六：引兌。

　　六三的時候，我們講「來兌，凶」，上六講「引兌」而沒有
「凶」，這些地方是看爻辭特別要注意的地方，什麼叫「引」呢？
「引」者牽引之意，上爻是〈兌〉之主爻，但伏艮，艮爲手，手有牽
引之意；同時，三、四、五互成巽，巽爲繩，繩亦有牽引之意，以手

拿繩子有引之意。「引兌」和「來兌」是相對的，是自外而來，兩個都是陰爻，喜悅之情是由陽來的，陽是發熱的，有熱才有情，可是陰呢，陰是冰冷的，沒有熱的、喜悅不出的，而三、六爻皆爲陰爻，本來都是冷冰冰的，發不出熱來的，所以三爻講「來兌」，由外在的聲色犬馬之樂，一種浮光掠影的熱，來使之高興，但這種高興，卻正是惆悵的悲源，因不是由衷的；「引兌」是牽引的，而引者是內引也，與外來有異，可是仍不穩定，時而由這兒引起，時而由那兒引起，但〈兌〉卦以內爲主，所以三爻的外來熱情，將使之凶，而六爻由內引發之喜悅，雖不穩定，但亦無吉凶，應由內部的陽來決定。

肆、象傳

> 象曰：兌，說也。剛中而柔外，說以利貞，是以順乎天，而應乎人。說以先民，民忘其勞；說以犯難，民忘其死；說之大，民勸矣哉！

這一個卦的象辭，孔子寫得很詳細又極美。「兌，說也」，就是說兌是說，此字與悅相通。陽初發動，是震，二陽浸長，就是兌，在〈震〉卦裡「笑言啞啞」，震爲喜，喜就是高興啊！這是一陽發動了，二陽浸長，就變成悅了，有喜悅之情，所以「兌，說也」，兌乃無言之悅，是由衷的，不只是口頭上好聽的話，是自然而來的。

「剛中而柔外」，這就是講〈兌〉卦，〈兌〉卦內在是剛，外在是柔，陽爻居中是剛中，陰爻居外是柔外，表示內在有熱忱的發動，外在才有喜悅之情表現出來，也就是說內在有陽剛爲主宰，有熱忱發動，外在才有喜悅之情表現出來。反過來說，如果外在徒有喜悅

之情，而內在沒有陽剛的熱忱做主宰的話，那種喜悅之情是諂媚，是「巧言令色鮮矣仁」！又如果空有內在的熱忱，而外無喜悅之情的表現，那也不調和了，有如楚霸王那種叱吒風雲逼人之態，所以務必剛中而柔外相配合。

「說以利貞」，「貞」者，正也。喜悅之情宜乎正確，若不正確，就流於邪了。以上「剛中而柔外」、「說以利貞」，是孔子提出來的兩個條件。兌是喜悅，但喜悅必須一宜乎「剛中而柔外」，二宜乎「貞」，唯有這樣的喜悅，才能「順乎天而應乎人」。所謂「順乎天」者，順乎天理，所謂「應乎人」者，本乎人情。天理、人情實一物，人情乃從天理而來，天理的發展就是氣化，中國講五行，氣化運行的規則，就叫做天理，根據氣化的運行到了人體來了，我們常說胎氣，胎氣哪來的呢？陰陽之氣連結起來而成胎，氣化運行而成了我們人的靈性，所以說人性乃是本乎天理，假使你能順乎天理，就是本乎人情，人情在哪呢？人情在民心之所向，你不要看輕老百姓，即使那些沒讀書的老太婆，你若問她這件事做得做不得，她都會有個判斷，對就是對，不對就是不對，怎麼那些沒有讀過書的鄉下老太婆也能夠辨別好壞是非呢？這種本性從天理而來，所以說能順乎天理的，就能應乎人情，能應乎人情的必順乎天理，因之謀國大君只要看民心之所向，就順乎天理了。

剛才我講漏了一段，虞翻的解釋說，這個卦是從〈大壯〉來的，〈大壯〉五之三而成〈兌〉，五爻居於「天」位，三爻居「人」位，本來〈大壯〉不正，後來五之三，三之五就變正了，就「順乎天而應乎人」。「說以先民，民忘其勞」，國家任何的事，謀國大君能以由衷的喜悅之情先來操勞，老百姓見到了，當然也都由衷的來為國

事而操勞，於是眾志成城。如大禹導河，十三年都站在老百姓的面前，吃盡困苦，三過家門而不入，所以老百姓跟著他一鼓作氣，而將洪水治平。古代先王都能說以先民，於是老百姓也都忘其勞苦。在後天卦位裡，〈兌〉卦在〈坤〉卦之前，兌爲「說」，坤爲「民」，所以「說以先民」。先天的坤卦和後天的坎卦是同一位置，坎是「勞」卦，坤爲「民」，坤爲「喪」，所以「民忘其勞」。「說以犯難」，因爲兌是「說」，坎爲「險難」，在先天的卦是坎，後天的卦是兌，坎變成兌，坎、兌爲同一位置，兌又是從坎來的，所以有「說以犯難」之象。「民忘其死」，坤爲「死」，坤又爲「民」，而坤與坎又是同一位置，坎亦有「死」象，而兌卦形成了，沒有坎了，所以「民忘其死」。就是說爲君王的，你眞正能做到爲國犯難，老百姓絕對可以和你共生死，所以說：「說之大，民勸矣哉！」這是孔子盛讚〈兌〉卦。「民勸」與「勸民」不一樣，「勸民」是以政府爲主去勸導人民，人民不一定願意照著做，到了「民勸」的程度，那就不同了，那是老百姓完全出於自己任勞任怨，那個功勞就大了。

伍、大小象傳

象曰：麗澤，兌。君子以朋友講習。

「麗」者，附麗也。不僅是附麗，而且有美化之意。二、三、四互離，而有「麗」之象。「麗澤」，兩個澤。「君子以朋友講習」，〈兌〉卦由〈大壯〉來的，〈大壯〉有乾，乾爲「君子」，〈兌〉卦二陽浸長，有「朋友」之象；〈兌〉卦錯艮，艮爲朋，也有「朋友」之象。〈兌〉卦又本於〈坎〉，習坎故有「習」之象。兌爲口，有

「講」之象，所以「君子以朋友講習」，這是卦象。其意義爲何呢？《論語》一開頭兩句：「學而時習之，不亦說乎！有朋自遠方來，不亦樂乎！」（《論語‧學而》）「麗澤，兌，君子以朋友講習」，眞正的悅，是由衷的，最能夠說明發自由衷的熱情是什麼呢？就是「講習」得到的道理。過去我們什麼都不懂，忽然因爲「講習」而懂了，那個悅不是一般的悅，不是發財升官的那個悅所能比的，那是眞正由衷的悅，所以孔子講：「朝聞道，夕死可矣！」（《論語‧里仁》）宇宙間的大道理我們不懂得而忽然貫通了，那個悅不是簡單的，所以法這個象，「講習」者明其道也。

初九象曰：和兌之吉，行未疑也。

初九爲什麼「和兌之吉」呢？因爲「行未疑也」。「行未疑也」的象從哪來的呢？初九是震爻，震爲「行」，這個卦又是從〈坎〉卦來的，現在坎已經變成兌了，所以坎象不成，所以「行未疑也」。初爻爲悅的開始，最初發的悅都是很純粹的，那個氣化的運行是沒有疑惑的。

九二象曰：孚兌之吉，信志也。

二爻是坎爻，坎爲「信」，坎又爲「志」，所以講「信志」也。「志」爲心志，所謂「信志」，就是自己很相信自己心之所向也，就是矢志無他。「孚兌」是發乎至誠至信的，是眞心發動的，矢志無他，所以「吉」。

六三象曰：來兌之凶，位不當也。

　　三爻陽位爲陰爻所居，謂之「不當位」，即喜悅之情不得其體也，就是說用外在的聲色狗馬來鼓舞的悅情，不得其體，不是由衷的，故「不當位」也，就是說那個時間空間那個位置是不妥當的。

九四象曰：九四之喜，有慶也。

　　「積善之家，必有餘慶；積不善之家，必有餘殃」（〈坤〉卦〈文言〉）。「慶」字是陽爻發揮出來的作用，第一步由內而生的，就是「喜」，發之於外的，就是「慶」，「喜」、「慶」都是由陽爻發揮出來的，也都是內在的一股熱力發揮的，在本身的就是「喜」，表現於社會的就是「慶」。爲什麼「九四之喜，有慶也」呢？因爲九四高頭承的是陽，底下應的也是陽，所以講它「介疾，有喜」。它是承五之陽乎？還是應四之陽乎？它自己以陽爻居於中位，有陰爻的氣氛在裡面，但是它所承、所應都是陽爻，它「介疾，有喜」，究竟是承九五之陽呢？還是應四之陽呢？所以不定，「介疾，有喜」，這種不定的情形，不斷的商磋未寧，而定其成，終必有慶。

九五象曰：孚于剝，位正當也。

　　看起來這個爻象跟爻辭有矛盾處，爻辭說：「孚于剝，有厲。」可是爻象是：「孚于剝，位正當也。」豈不有異？不然。「孚于剝」，就是孚已近乎剝，有內在而融洽的喜悅，已經到了頂點了，已經接近剝了，有危險，但是五爻是居「正」得「位」，故「當」也。

上六象曰：上六引兌，未光也。

　　孔子對爻象的解釋常常用「光」字，他用「光」字的含義是很多的，我們現在解釋陽是發光發熱，就是從他講爻象這個「光」字來的。上六是個陰爻，發光是靠著陽，現在柔外，內在沒有剛中，所以「未光也」。

第五十九卦

渙卦

周鼎珩講　陳素素記錄

—— 此係〈離〉宮五世卦，消息六月，旁通〈豐〉，反對〈節〉。

壹、總說

佈卦的次序

　　我們日常生活的體驗，天氣一冷，氣化凍結，就成了霜、成了冰；天氣一熱，氣化就散了，就成了風。拿人來講，這個冷啦！熱啊！就是人的悲歡憂樂一種內在的發動的力量，假使我們人身體內在氣化很冷很寒，熱量不夠了，於是乎他氣化就往內縮，氣化往內一收縮，人就感覺得憂鬱的很；如果我們人的氣化比較溫暖（這個溫暖與這個冷啦！在我們四肢上可以感覺得到；氣溫暖，於是四肢發暖，氣冷，於是四肢發冷)，在這個時候呢，內在的氣化就向外奔放，氣化

向外奔放，人就感覺很愉快。所以人喜悅之情發乎熱，裡面有熱量，他才能放射出喜悅之情；如果內在沒有一種熱量，喜悅之情發揮不出來的。人在害病的時候，因為內在的生機受了阻礙，熱量往外跑，不在軌道上走——發燒，人就感覺痛苦，沒有法子發揮熱。人在飢寒的時候，也沒有法子發揮這個熱情。物理上，冷縮熱脹，熱就像外發散，冷就像內收縮了。人情上亦復如此，人喜悅之情，發乎內在的熱，所以喜悅之情一定表現發散的狀態。《程傳》上講：「人之氣，憂則結聚，說則舒散。」就是這個意思。前面我們講的〈兌〉卦，兌為悅，悅就靠著內在的熱，內在的熱是陽造成的，陽會向外發散。陽向外發散，當然陽就少了，就虛了。所以〈序卦傳〉上說：「說而後散之，故受之以〈渙〉，渙者離也。」發揮了喜悅之情了，於是乎就要向外發散，因此就「受之以〈渙〉，渙者離也」，離呢，就是披離渙散的意思。

　　總括起來講呢，〈渙〉卦成為〈渙〉卦，是由於陽衰了。陽為什麼衰呢？因為在〈兌〉卦之後，〈兌〉卦是發熱的。發熱，於是乎就能向外發散。向外發散，於是內在的熱就少了。熱能少了，換句話說，就是陽衰不起了。陽衰了，於是它的形體就不能穩固，就表現了披離渙散的狀態出來了。陽衰了，為什麼就表現了披離渙散呢？比方房子久曠了、沒有人住，這個房子就會容易倒塌、容易毀爛。什麼道理呢？為什麼人住了房子，房子還經久；衣服穿了，衣服還比較久一點呢？因為人身上有陽氣給它調和，於是房子才能夠持久，衣服才能夠持久。宇宙間一切形體的東西，如果內在的陽一虛了，一衰了，不能發揮陽的作用了，它那個形體一定渙散。我們人到老年，陽衰不起了，於是乎老邁，動作渙散。人到死了，不但是陽衰了，而且是陽

竭了，陽沒有了，陽沒有了，於是乎皮毛骨肉都脫落掉了，整個的解體渙散。所以陽一虛，形體就保存不住，於是乎就變成渙散的狀態。形體能夠保存的住呢，就是靠這個陽能凝固得了。國家也是如此，假使人心解體了，陽虛了，你不顧我，我不顧你，彼此不相顧，上下不相顧，變成各趨所趨，於是乎這個國家社會一定披離渙散而解體，保持不住的。〈渙〉卦的陽何以至於衰而不起到這個程度呢？這就由於〈兌〉卦，〈兌〉卦熱情發之於外，於是外面都把熱量消耗掉了。外面的熱量一消耗掉了呢，於是乎內在的熱量就少了。內在的熱量少呢，於是乎內在的陽就虛了。陽一虛，形體就不固，所以就變成渙散狀態，因此在〈兌〉卦之後佈之以〈渙〉。

　　〈渙〉呢，就是表示它披離渙散的現象。同時，也是指示我們在披離渙散中間，如何的渡過披離渙散？用怎樣的方法來救濟這個披離渙散？〈渙〉卦這個卦體所指示的就這兩點。

　　披離渙散的狀態是由於熱量發之於外。熱量發之於外，內在的熱能就少了。我們夏天腑臟之內是寒的，冬天腑臟之內是熱的、是暖的。爲什麼呢？因爲夏天外在的空氣是熱的，熱「就」熱，「水流濕，火就燥」（〈乾〉卦〈文言〉），凡是熱的東西遇到熱，它就和熱一塊跑。外頭一熱，內在腑臟的熱儘量的發之於外，所以腑臟裡面熱量就少。我們夏天多半飲食就差，爲什麼呢？因爲腑臟的熱量少，消化能力就不夠，所以夏天多半都要瘦一點。冬天外面氣冷，人身上的熱能跟著氣冷就往裡面收縮。收縮在腑臟裡頭，因此腑臟的熱量就多。腑臟熱量一多，消化能量就大，因此冬天比較吃的多一點。有些朋友洗冷水澡、游泳，這個對身體最好，因爲冷水一洗，身體的熱能就往回收縮，腑臟的熱量可以保存得很多，冷水澡洗得人有精神，就

這個道理。至於洗熱水澡，他的熱能就向外發揮。所以熱水澡一洗，人就很懶，癱瘓的很，洗了以後，一定要休息。〈兌〉卦是熱發之於外，熱發之於外，那個形體一定比較披離渙散的，所以在〈兌〉卦之後就佈之以〈渙〉，這是卦序。

成卦的體例

　　〈渙〉卦外體是巽，內體為坎。巽為入、為進退、為不果；坎為陷、為險難、為加憂。所謂巽入是指什麼呢？是指的巽高頭兩個陽，兩個陽被裡頭那個陰把它吸收進去了。這乾陽是向外奔放的，但是一遇到陰，乾陽就往裡頭鑽，就不往外發揮，就向坤陰來發揮，所以巽為入。巽又為進退、為不果，就是或進或退，很不果的、優柔寡斷的現象，這是外體的巽。內體的坎，坎為陷，陷是指什麼呢？也是指的這個陽，坎本來是坤，陽一聲陷到裡面去，就變成坎。一個陽陷到坤陰裡面，於是坤陰把它包圍住了，於是它就陷下去。陷下去，就爬不起來。「戰乎乾，勞乎坎」（〈說卦〉），坎是很勞的啊！想起來，不得起來，所以坎陷也是指這個陽而言。坎又為險難、為加憂，因為陽是有感覺的東西，於是它就有憂鬱之感。內體、外體合計起來看，外體巽陽入到坤陰裡面去了，發生進退不果的狀態；內體的坎陽陷到坤陰裡面去了，發生險難憂鬱的狀態。因此〈渙〉卦就表示陽很衰，起不起來。高頭陽為坤陰所收斂了，裡頭陽為坤陰所困頓了，這個內、外的陽，整個的陽都在陰的困頓之下爬不起來。那是什麼意思呢？我們拿人情狀況來講，就是說這個社會、這個國家，它的精神、道德、文明這些東西被這個物慾所困了，大家所奔走的，所希望、所勞心勞力、所搞的是什麼呢？就是吃飯穿衣，這個豪華的刺激。至於

道德文明被這些東西困住了，困到相當程度呢，這個陽不起，精神作用一點都沒有，道德整個的淪亡了，只要豪華、只要慾念，什麼事都可以做。那麼結果這個社會解體、國家崩潰，就構成披離渙散的狀態，人心就散了，這是卦體第一個意義。

　　第二，外體巽，巽的主象是風，內體坎，坎的主象是水，風是什麼呢？根據〈說卦〉上說：「雷風相薄。」雷和風兩個裡頭是相通的，為什麼呢？什麼叫做雷呢？雷就是陽的氣聚集到一起，外頭是陰，陰把它困得很厲害，於是乎它要突破，一突破的時候，於是乎「ㄅㄤ！」就發生聲音。什麼叫做風呢？這個陽向著坤陰收斂，陽往裡走。陽往裡走就產生風，所以陽氣化往地裡頭鑽，我們才感覺到有風；假使那個陽氣化往外走，和地球發生離心力呢，我們就感覺不到風。聚則為雷，散則為風，外體是巽，巽為風，風就是氣化已經散了，在渙散的狀態。內卦坎水，八卦講水的有二卦：一卦是兌卦，兌卦也是水；一卦是坎卦，坎卦也是水。塞坎成兌，兌卦的水，是湖澤之水，水聚到那個地方；坎卦的水呢，是大川之象，是水流而不聚的。外在的風既是一種分散狀態，內在的坎水也是一種分散的狀態，內外體合計起來，變成渙散的狀態。同時，水在風底下，坎水承著巽風，風吹到水面上，水怎麼樣呢？披離渙散的狀態，因此巽與坎合計起來，就變成一個〈渙〉。這是第二個卦體的意義。

　　第三，根據卦變，〈渙〉卦是從〈否〉卦來的。〈否〉卦四爻下來到了二爻，〈否〉卦二爻上去到了四爻。在〈否〉卦的時候是否塞不通，陰陽兩氣互相隔絕，天地不交，各走各的，萬物不生。因此在〈否〉卦的時候，整個的宇宙就變成凍結的狀態，可是〈否〉卦四爻到了二爻，於是乎就變成〈渙〉。何以故成了〈渙〉呢？因為〈否〉

卦的四爻是乾陽啊！〈否〉卦的內體是坤陰啦！我們記得〈坤〉卦
爻辭的初六：「履霜，堅冰至。」換一句話說呢，〈坤〉卦的初爻是
霜，慢慢慢慢的，到最後它就變成冰了，因此〈坤〉卦有冰霜之象。
那〈否〉卦的四爻是乾，乾陽下來入於坤體之中，於是乎就把坤化
了。把坤陰化了，就變成坎。在坤陰的時候，本來是冰啦！霜啦！變
成坎，就變成水了，水流就渙渙然。《詩·鄭風》：「溱與洧，方
渙渙兮。」鄭箋：「仲春之時，冰已釋，水渙渙然。」冰已經化成水
了。這坤是冰霜啊！陽於是鑽進去，變成坎水了，這個水就慢慢的
流，流成了渙散狀態，《老子·第十五章》也講：「渙兮若冰之將
釋。」老子講這個「渙散」就和那個冰剛剛要化的時候，那個水那麼
淌著，披離渙散的狀態一樣。〈否〉卦九四這個乾陽下來，居到六二
這個坤陰之中，於是把坤陰的冰霜化解了，變成坎水向外流，流成渙
渙然，所以卦名為〈渙〉，原因在此。這是第三個卦體。

　　第四，〈渙〉固然是陽衰不起的現象，陽被陰所困，不能夠發揮
作用，但是〈渙〉還是三陰三陽的卦體，不過配合得不大妥當，因此
陽衰不起，陽雖然為陰所困，可是陽並沒有到著絕境的時候。人是老
了，龍鍾老邁，動作渙散，然還沒死，陽還沒絕，不是皮毛骨肉脫落
的渙，只是龍鍾老邁，動作渙散的那個「渙」。外體的這個巽為陰所
困了，為陰收斂了，內體的九二又為坤陰陷住了，所以不能發揮陽的
應有的功用就在此。但是九二雖是淪於坎陷的地步，可是它守中道，
居中，居中的意思就是陷而不絕也。比如話，一個君子到了小人社會
裡面，被這個宵小把他困住了，當然這個君子陷住了，他不能發揮
作用，可是這個君子還屹然獨立，不向宵小低頭哦！他還守中道哦！
所以雖是被宵小所困，宵小也不敢殺他，因為他是個君子。因此雖為

陰所困，但是沒有到著絕境，雖是不能發揮作用，他還能夠有自持之道。至於外體九五這個陽啊，他已經脫離險難之外，而且有六四之陰仰承著它，還有剛柔相濟的現象，所以它不但是居中而且還得位，它有權在手，還有地位，陽雖爲陰所斂，它還能鎮得住。所以從這兩點來看呢，陽雖然是衰，沒有到著絕境。拿人事來講，我們遇到天下大亂的時候，人心亂、人心分散，處在這個險難之中，如果九五脫了陰以後，守之不以其道，不但天下大難不能解，解了又亂，因爲處在難的中間，你不能以中道守這個難，所以難就沒有停止的時候；所以人心離散，未至於死，就是表示還有救的。所以這個卦體，九二雖是陷下去了，但是它能中道自守，九五已經脫乎險難之外，而且還居中得正，所以陽沒有到著死亡的時候，陽雖衰，但是衰而不竭，「哀莫大於心死」，如果人心一死，那沒有辦法，只要人心不死，雖是離散，還大有可爲。所以〈渙〉卦雖是披離渙散，但是我們不能認爲披離渙散就是陷到絕境了，因爲宇宙間生生不已，沒有窮的時候，它人心到了渙散的相當的程度啊！它就有個回天轉運的機運，所以宇宙不至於到著絕。窮則變，變則通，窮極了，它就會變，這是《易經》裡面所指示的宇宙法則。宇宙某一些現象到了窮極了，它就會變，所以〈渙〉固然不是個好卦，披離渙散，當然這是個天下大難的時候，但是沒有至於絕境，我們還可以拿渙處渙，就是渙散中間，還有不渙散的道理在裡面，不渙散的道理是如何呢？我們接著報告卦義。

立卦的意義

我們過去學過〈坎〉卦，〈坎〉是險卦，險難本來是不好，可是〈坎〉卦〈象辭〉：「王公設險以守其邦。」險更有用處，我們可以

用險，我們兵書上就是要用險，置之死地而後生，置之亡地而後存，險也還有它的用處的。〈蹇〉卦，蹇是蹇難，〈蹇〉是非常艱難困苦的卦。遇到這個困苦的卦體，這個時候怎麼辦呢？〈蹇〉卦六二爻辭：「王臣蹇蹇，匪躬之故。」大臣蹇蹇，不是為了自己啊！那麼足見得蹇難還是大有可為。現在〈渙〉卦是披離渙散，當然是不然，可是披離渙散中間，它有不披離渙散的道理存在裡面，我們等一下再說明。

　　因為〈渙〉卦是〈離〉宮的五世卦，〈離〉宮的四世卦是〈蒙〉卦，所以拿八宮卦來講，〈蒙〉卦和〈渙〉卦是同一宮的前後身的關係，其關係如後圖：

離宮一世	離宮二世	離宮三世	離宮四世	離宮五世
☲☲	☶☲	☴☲	☵☲	☵☶ ...
離	旅	鼎	未濟	蒙　渙

〈渙〉卦和〈蒙〉卦很相似，蒙本來是蒙昧無知、很幼稚，當然是不好囉！可是〈蒙〉卦的卦辭說：「蒙，亨。」一蒙就亨，蒙雖不好啊！你能夠善用蒙啊！蒙倒是個好東西，「蒙以養正，聖功也」（〈蒙〉卦〈彖辭〉）。〈渙〉卦固然是披離渙散，它和〈蒙〉卦有相似的地方，不好啊！可是它卦辭講：「渙，亨。」你善用其渙散啊！它還能亨通呢！所以蒙是不好，雖然蒙昧無知、幼稚啊！但是你能夠善用這個幼稚的狀態，它就通，小孩子他亨通哦！他走不來路，大人要抱他，他能善用其蒙。披離渙散固然是不好，假使他善用披離渙散，倒是一用就通，這是〈渙〉卦和〈蒙〉卦有相同的地方。因此

〈渙〉卦未始沒有可用之道，那麼我們進一步講，善用其渙啦！一用就通。那怎麼樣個用法呢？「渙其所不渙，則渙者不渙矣」，拿人事社會來講，人心爲什麼離散呢？把國家弄到分崩離析的狀態，爲什麼呢？最大的原因是陽爲陰困。在人事現象來講，每一個人都看到自己小的，都忘記整個大的，陽大陰小，因此人各自爲私，都是私心趨利，互不相謀；都看到自己一己的利益，看到小的方面，於是大家互不相謀，到著利害一衝突的時候，彼此不但是不相合作，而且殘殺鬥爭就起來了，因此把國家弄得分崩離析，這個主要的原因是在陽爲陰困，人心離散，每一個人把他自己小的利益看得太緊了，現在我們要「渙其所不渙」，把那個小的利益放鬆了，渙！不要看得太緊，給它鬆散了，把它渙散掉，「則渙者不渙矣」，這個大的分崩離析的局面就不會有了，那麼人心就再聚起來了，就這個道理。這是第一個卦義。

　　第二個卦義，任何一個現象，在它現象的演進當中，如果這個現象有利的，它一定就有害，天下沒有一個現象純粹的有利無弊或有弊無利。因爲宇宙自太極以後分成兩儀，都是彼此對待的，沒有窮的時候。那麼〈渙〉就和三才卦一樣，三才卦把人配到三、四兩爻；六爻卦，在上兩爻是天，在下兩爻是地，天是空洞的能力，在上；地是實在的體質，在下，人居中。一半是天，一半是地，人在天地之中，得天地均衡之數，一半稟之於天，我們有精神能力；一半稟之於地，我們有五官百骸。又有精神，又有實質，這個精神實質，就在我們在陰陽剛柔之間，很妥當的盯衡配當。遇到壞的現象，如果盯衡配當得好，可以轉得很好；遇到好的現象呢，如果盯衡配當的不好，可以轉的很壞。因此一個現象的演進，它有利就有弊，有弊就有利。一般只

知道渙就是散，不曉得渙還有個不散的道理在裡面，散就是所以聚，散就是聚。因為《易經》的原理都是兩個對待的，沒有絕對的「散」字，也沒有絕對的「聚」字，「散就是聚」，「聚就是散」。這話怎麼講呢？我們在歷史上可以看出來，一般的宵小常常私植黨羽來鞏固自己的地位，如魏忠賢、劉瑾就是一個例子啦！可是他那個私植黨羽，是不是真正的聚呢？他不是聚，都是大家以私利來結合，以權勢來附會的。因此結合得朋比為奸，這種聚不是真正的結合。等到他散的時候，彼此之間變成深仇大恨，好像不共戴天，互相傾軋。這樣以私利結合，到了散的時候，還勝於那個不聚的。這樣私結黨羽，自己牢固自己的地位，到了後來，都是一哄而散的，還不如不聚的好，這是「聚就是散」。再拿我們現在的形勢來說吧！美國把埃及和以色列調和起來，好像中東聚結起來了，不要它分散，事實上，這一個動作就是散，阿拉伯的民族可能就此分散，所以「聚就是散」。反過來說，「散就是聚」，假使我們把私植的黨羽分散了，恐怕那就是聚了。因為你甲乙兩個人聚起來，丙丁兩個人一定跑掉了；甲乙如果不聚，丙丁可能就聚來與甲乙做朋友。因此把私植的黨羽散了，天下公共的結合就成功了。小的黨羽散了，大的結合就成功了，所以「散就是聚」。〈聚散略〉上說：「非散無聚，非聚無散。聚以散之，散以聚之。散之之道，張其異也；聚之之道，驟其勢也。」就是這個道理。宇宙間沒有聚，哪裡有個散呢？沒有分散的東西，哪有聚集的現象呢？有散才有聚，有聚才有散，所以說：「非聚無散，非散無聚。」至於「散以聚之，聚以散之」是什麼意思呢？「散」表面上好像是給它分散，事實上是聚集：「聚」，表面上是聚結，事實上是分散。這是第二個卦義。

　　第三，〈渙〉卦對於我們老年人有很多啟示的地方。〈渙〉卦是陽爲陰困，陽衰不起，我們老年人都是陽衰不起，龍鍾老邁的樣子。但是〈渙〉卦用其渙，渙是散，我們就用它的散。用它的散，結果就聚了。我們老年人想把這個龍鍾老邁，渙散的情形弄好一點，那怎麼辦呢？就是用其渙。本來我們就渙散了，我們就任其渙散，不著氣力，聽其自然。本來龍鍾老邁，動作都渙散了嘛！陽虛了嘛！陽衰不起了嘛！陽衰不起，我們如果遇事再要用氣力，用心思啊！那都要消耗陽的。比方，一件事情在身上權衡得久了，人身體就睏倦。那爲什麼？就是消耗陽太多了。所以老年人一渙散，陽已經不夠了，那就不能再消耗陽，凡事聽其自然，不著氣力。我們過去講「潛龍勿用」，龍就是代表陽，「潛龍勿用」就是把陽潛伏起來不要用，這在陽不夠的時候，我們就這樣做。我們能夠「潛龍勿用」，把陽潛伏起來不要用，久而久之，它就「見龍在田」了，這個陽就起來了。更進一步，就「飛龍在天」，於是乎就好了，這就是返老還童之道也。不過我是這麼講啦！我懂這個道理，但是我做不到。佛家所謂「禪定」，道家所謂「守竅」，「禪定」就是不用腦筋，定了；「守竅」就是把頭腦子收回來，守住這個竅，不要頭腦子往外跑。不要頭腦子往外跑，就是不用「陽」啊！「潛龍勿用」。儒家「主敬存誠」、「盡心知性」，莊子講「坐忘」，坐在那兒，忘了自己。坐在那兒，忘了自己，就是頭腦子不用啦！就是不用陽啊！這都是「潛龍勿用」，所以〈渙〉卦對於老年人啟示的地方很多。〈渙〉卦是陽爲陰困，陽衰不起，於是乎只好聽它散，自己散盪，所以在打坐的時候，無論佛家、道家、儒家，盡量地鬆懈、鬆懈…，「鬆懈」就是不用陽了，「潛龍勿用」了，就是修這個陽喔！我們渙散了，我們用渙啦！不僅是老年人，青年人少年人也可以做啊！少年人你想將來擔當大任，氣力非常

之多，歇個三天不吃飯，還可以端機關槍。要有這個氣魄，要有這個體力，也要學這個功夫。學了這個功夫，體力就旺了。體力一旺，膽量就大，就不怕。人為什麼膽量小？就是陽不夠，陽衰了。年輕人學這個功夫，「潛龍勿用」，聽其自然，不得已的時候，大的事情用一下子，平時不要用，丹田之氣不要動，說話從丹田以上說，不動底下這個丹田之氣，這就是「潛龍勿用」。「潛龍勿用」以後，就可以「見龍在田」，乃至「飛龍在天」，境界很多。

貳、彖辭（即卦辭）

〈渙〉：亨。王假有廟，利涉大川，利貞。

〈渙〉卦的卦辭、爻辭最美了，尤其周公繫的六爻的爻辭非常的好。先講「渙，亨」，〈渙〉卦從卦變上講是從〈否〉卦來的，〈否〉卦的九四之二，就成了〈渙〉卦。在〈否〉卦的時候，天地閉塞不通、陰陽不交。〈否〉卦二爻之四，四爻之二，於是乎在上的乾陽下降於坤地，天氣下降；在下的坤陰上之於乾陽，地氣上升。於是乎天地相交，天地就通了。這是從卦體來看，天地交而萬物通，所以講「渙，亨」。「渙，亨」在人事社會的意義呢？假使你能夠「渙」了，就可以「通」。凡事不通，就是抓得太緊。「渙」就是鬆弛一點，什麼東西形式上看得太緊，尤其關於陰的方面，就會不通。陰的方面是向內收縮的，陽的方面是向外奔馳的。你抓得太緊，都是儘量的向內收縮，只顧著自己，於是乎它就不通，就分散。因為你顧著自己，盡量的向內收縮，人家也顧著自己，盡量的向內收縮，大家彼此就不相交了，有無就不相通了，這個社會漸漸地就冷淡了。那麼你關

於自己的看得鬆散一點點，大家都看得鬆散一點點，彼此就有相會的地方。彼此相會，那麼就通了。善用其渙，它就能通。善用其蒙，「蒙以養正，聖功也」（〈蒙〉卦〈彖傳〉），它就通。在文王卦辭裡，我們不要以爲披離渙散了，就是絕望了，披離渙散裡頭，有個不渙散的道理可以通，就從披離渙散中間來找它的通，所以渙就通。《老子‧第十三章》講：「吾所以有大患者，爲吾有身，及吾無身，吾有何患？」人之所以有患，就是有我們這個臭皮囊的五官百骸的身體，這個身體就是所謂陰嘛！人之所以有大患，就是陽爲陰困，假使把這個身體拋開來不管，那我還有什麼患呢？因此你只有自己犧牲小我，渙散自己，於是乎才能把大家披離渙散的情況結合起來。《易經》是爲大人謀，不爲小人謀，就是講主掌天下的人能夠渙散他自己，他就通。天下披離分散，你自己犧牲了，把自己看得很輕，披離渙散就聚結起來了，所以「渙，亨」。

其次，講「王假有廟」，這一句話過去在其他卦裡也講過二、三次了，「假」字有的訓「大」字，有的訓「至」字，我們把它當「感格」講。「王假有廟」有兩說：一說，五居君位，有王者之象。「廟」，三、四、五互成艮，艮爲宮闕，有宗廟之象。同時，底下二、三、四互成震，震爲長子，可以主祭的，底下有主祭的現象，高頭有宮闕的現象，宮闕有主祭者宗廟也。一說，「王假有廟」，因爲二、三、四互震，「帝出乎震」（第二說是根據〈彖傳〉：「王乃在中也」那一句話），因爲「帝出乎震」，「帝」就是「王」哦！震卦有帝王之象，高頭三、四、五是廟，帝王在宗廟裡面，有主祭的現象，所以叫「假」。主祭在祭就是「感格」，就是至誠的感格。「王假有廟」這四個字的象有兩說，兩說都可以通，第一說比較理路大一

點。「王假有廟」的意義是什麼呢？拿人事社會來講，人心離散了是為什麼呢？是由於陽衰不起，人的一切心靈知覺，是陽來發動的。陽衰了，心靈知覺就發動不了，所以人心就分散。要救濟這個人心分散呢？要「王假有廟」。「王」在高頭的主宰者，要以至誠的感格。廟者通人天之道也，廟是所以會人天的靈氣於一起的。廟是什麼作用呢？拿人的靈氣來接受天地的靈氣，拿人的靈能來接受天地的靈能，拿人的至誠來接受天地的至誠。本來宇宙的氣化是相通的，我們人在底下如果有一念之善，慈祥愷悌的，它宇宙的吉祥的氣化，就和電線一樣，就和它通了。為什麼曉得宇宙間電路是通的呢？比方，被他父母非常疼愛的兒女，那個兒女在臺灣，父母在美國，或者父母在臺灣，兒女在美國。假使在這個時候，父母死了，兒女身上一定有感覺，或者那幾天死亡的時候，他感覺精神很不愉快，好像要害病，又不是害病，走路拖不動，吃飯吃不下，睡覺睡不穩。真正的兒女和父母感情至篤的，就有這個現象。這個現象從那兒來的？宇宙間的電路是通的，太空的氣息是通的，頭腦子一動就發電了，那方面一動也發電了，彼此兩個就接得起來。所以人啦，不要以為做壞事，人不知道。做壞事，宇宙壞的氣化馬上就圍困了你；做好事，宇宙那好的吉祥的氣化馬上就來了。所以為什麼要講「廟」呢？因為廟是人天靈感所聚的地方。人心離散了，怎麼辦呢？那王者主宰的人就託之於廟，由廟裡拿至誠來感格，使令天下人心再復聚會，這「王假有廟」就是這個意思。

其次，講到「利涉大川」，這個卦底下是坎水，坎為「大川」，高頭是巽，巽為木，二、三、四互成震，震又為木，木在水上，「利涉大川」之象。所以孔子在〈象傳〉上講：「利涉大川，乘

木有功也。」木在水上，而且助之以風，是「利涉大川」之象。那麼〈渙〉為什麼講「利涉大川」呢？這「利涉大川」四個字在〈渙〉卦裡頭，最有意義了。為什麼呢？因為我們收拾人心只有兩個方式，一個方式，拿至誠來感格他──「王假有廟」。另一個方式，「利涉大川」，就是天下有大難的時候，於是乎人心聚了。比方，中國過去抗戰，日本一侵華，我們全國的人心聚起來了，不約而同的，一心向著抗日，所以在大難的時候，人心容易聚集。「利涉大川」，「大川」是代表大的險難。你要收拾人心，散而復聚，要利用大的險難，才能夠把人心散而復聚，這是第二個辦法──利用大的事變來收拾人心。一個是心裡的，一個是形式的，一個發之於心，一個發之於形式，但是這兩個都要「利貞」。九二是陷在底下，可是它居中，九五更是居中得正，在披離渙散的時候，陽所以衰而不竭，就靠著它們（二爻、五爻）居中得正哦！居中得正，有「貞」之象，所以講「利貞」。「王假有廟」也好，「利涉大川」也好，你用至誠感格也好，你用大難來收拾人心也好，「利貞」──一切發動都要「貞」。「貞」就是很穩定、很正確，絕對沒有絲毫雜念在裡面，沒有絲毫的其他的意義在裡面，純粹是為了收拾人心。

參、爻辭

初六：用拯馬壯，吉。

這個漂亮，「拯」在《子夏易傳》裡，用這個字──「折」，「拯」同「折，上舉也」。「用」的象在哪裡？這個卦是陽爻鑽到坤裡去了，坤為「用」，所以有「用」之象。這個卦是從〈否〉卦來的，

〈否〉卦內卦原來是坤，四爻的陽爻下而居坤二，於是變坤爲坎，坤爲「用」。「拯」，初爻和四爻是應位，三、四、五互艮，艮爲手，二、三、四互震，震爲動，手在動，舉也，援之以手的意思，這是「拯」之象。「馬壯」，我們過去講乾陽這個東西，如果是純陽，它在《易經》裡頭就拿「龍」來講，「潛龍勿用」、「見龍在田」、「飛龍在天」，都是講「龍」。可是它乾陽的陽爻和坤陰兩個複合起來的現象，它就不叫「龍」了，它就叫「馬」。所以〈屯〉卦裡頭，「乘馬班如」講「馬」。那爲什麼呢？「龍」與「馬」有什麼區別呢？過去我都講過，現在有多少新來的先生恐怕沒有聽到。陽是代表動能的，凡是這種動能是純粹的動能，在空中空自鼓舞的，就稱之爲龍。龍可以在陸地走，可以在水裡走，可以在空中走，它無往而不在的，它不需要著地的，它可以在空中盤旋來鼓舞的。純陽的動能是不著邊際的動，是空自鼓舞的動，那是「龍」。假使陽能附在實體方面來動的，就叫「馬」。比方，人裡頭有靈能、有精神附在這個五官百骸裡面，於是乎使令人動。這個動不是身體在動，不是五官百骸在動，是裡頭這個陽能利用這個五官百骸去動，這種陽能附在實體方面來動的，就叫「馬」。「馬」是著地走的，「龍」是騰空的。騰空的那個陽，就是空自鼓舞的、不著邊際的，著地走的；要附在實體裡頭奔跑的，那就是「馬」。凡是那個動能附之於實體來發揮它的動能，就叫做「馬」；凡是那個動能不附之於實體之上，它空自鼓舞，純粹它自己在那兒動，那就是「龍」。所以古人常講「龍馬精神」，那就形容他的陽非常飽滿，「馬」是這個意思。

這一爻「馬」之象從那兒來呢？就是二、三、四互成震，震爲「馬」。〈渙〉之所以披離渙散是因爲陽衰不起，可是處〈渙〉卦之

始，剛剛才開始批離渙散，還可以有救哦！所以「用拯馬壯，吉」，二、三、四互成震，震爲「馬」，「馬」是代表乾陽（二爻）的，二爻這個乾陽陷在坎裡面啦！你啊！初爻啊！剛剛開始啊！你要動啊！初爻不正，你要一變之正，拯救陷在坎裡面的二爻。把二爻拯救起來，陽不衰就不至於渙散了，「用拯馬壯，吉」。天下剛剛開始分崩離析，人心剛剛開始離散，你趕緊的就要救濟，趁這個時候救濟還來得及。比方，漢高祖打到咸陽城，打到秦宮，把秦皇消滅了以後，他就與關中父老約法三章。在秦始皇的時候，法令如毛，苛細得不得了。老百姓動輒觸法，那個法令規定簡直太瑣碎了。法令瑣碎，非國家之幸事，國家每每到衰亡，那個法令瑣碎得不得了。他沒有辦法，於是左一個規定，右一個規定，就是人心已經浮動了，約束不住了，於是法令如毛。漢高祖入關，與父老約法三章，把秦始皇所有如毛的法令統統廢棄掉了，這是復聚人心。在漢朝打進來，人心才剛開始離散，於是乎復振人心，這樣子就吉，這是「用拯馬壯，吉」。

九二：渙奔其机，悔亡。

二爻是陷在坎裡面，動不了了，以致於渙散了。「奔」，二、三、四互成震，震爲行，坎爲疾，有疾行之象，急行者「奔」也。「机」是憑藉之東西。「机」之象從那兒來呢？外卦是巽，二爻與五爻相應，五爻居巽，巽爲木，二、三、四互成震，震也爲木。同時，二爻居坎，坎爲矯輮，那種木幹彎到地下，在地下又生了根了，外觀，好像此樹長了腳，木有腳是「机」之象也，這是「渙奔其机」的象。「渙奔其机」是什麼意思呢？二爻陽已經陷下去了，陽衰不起，以至於渙散，現在趕緊的「奔」者，表示你行動得快，「奔其机」，

二爻相應是五爻，二爻自己沒有力量，於是乎倚仗著五爻來發動。

「悔亡」，陽有變，叫做「悔」。在筮法上有「貞卦」、有「悔卦」；有「貞爻」、有「悔爻」。「貞」者就是不變的，「悔」者就是變的。那個卦變的就謂之「悔」，不變的就謂之「貞」。〈乾〉卦上九：「亢龍有悔。」乾陽到了上九，它要變了，它要壞了，所以講「悔」。「悔」、「吝」二個字，「悔」是基於陽壞了而發生的，「吝」是基於陰壞了而發生的。陽壞了就謂之「悔」，陰壞了就謂之「吝」。「渙奔其机」，二爻自己是陷了，趕緊急急忙忙的憑藉了木，於是乎「悔亡」。陽不至於到自身站不住而變了，「悔」可以「亡」了。以上是象，意思是什麼呢？就是說九二人心渙散，道德淪亡，公利看得很輕，私利看得很重，因此「渙，奔其机」，急急忙忙的憑藉九五那個陽，九五那個陽就代表重整道德、收拾人心，就是說人心離散在教育壞了，你趕緊的復興教育，離散到文化墮落了，趕緊提倡文化，就是看人心離散的因素在什麼地方，你就從那個地方著手，急急忙忙的找那個憑藉，「悔亡」，不至於變。

六三：渙其躬，无悔。

這個卦本來是從〈否〉卦來的，〈否〉卦初、二、三內體是坤，坤為「躬」。渙散最重要的是個人把本身一己小我的利益看得太切，大我的利益就忘記了，因此彼此各趨所趨，我搞我的，你搞你的，互不相謀，上下不相顧，自上至下，都是為了自己著想。「躬」就是代表「自己」，「渙其躬」，渙者散也，把你自己看得太緊的，要鬆散一點。鬆散以後呢，那當然你這個意念，這個重點就集中到外面去了，所以〈小象〉講：「志在外也。」集中到外面，集中到普天

之下，就不至於只有自己了。因此更進一步的講呢，要想救濟這個局面的主宰者犧牲自己，奮不顧身，自己拿生死都置之度外，其他的利益更談不上，完全把自己拋開，集中在天下老百姓身上，這樣子可以把已經分崩離析的人心慢慢的恢復起來。「无悔」，不至於有悔，悔者變也，陽不至於衰到有變化。陽衰到有變化，就是陽沒有了。就是人心不至於披離渙散而到著死亡這個程度。

六四：渙其群，元吉。渙有丘，匪夷所思。

先講「渙其群」，〈否〉卦四爻之二，二爻之四，於是就變成〈渙〉卦。四爻居二，是居於〈否〉的內體坤卦裡面的，坤爲眾，眾有「群」之象。現在從〈否〉卦變成〈渙〉卦，二爻不居坤了，鑽到四爻裡去了，於是底下這個坤體就破了，於是就把這個群眾散掉了，有「渙其群」之象。「元吉」是斷辭，凡是講「元吉」的都是基於陽講的，陽爻不受困，陽爻可以發揮作用了，就叫做「元吉」——元而吉。因爲二爻上去了，居了四，於是乎底下這個群陰，結黨成群的這個陰爻給它打破了，就是說這個小人的黨羽打破了。於是四爻的陽就到裡面開化這個群陰了，這樣陽氣可以伸張了，陽能發揮作用了。陽能發揮作用，乾元就代表陽啊！所以就「元吉」。

「渙其群」的意義，拿人事社會講，天下人事離散，不能聚集起來，就變成渙。要救濟這個「渙」的現象，就是「渙其群」。渙的現象造成天下人心離散，就是自上至下都是植黨營私，不講公道，都是看到自己，尤其那個宵小之輩互相結黨營私，小的群體非常之多，這麼一群，那麼一群。爲什麼造成群呢？他們都爲私利著想，以致造成一群一群的。社會有這些現象發生，整個大的團體的現象就渙散了，

那個渙散的現象等於我們太空的氣化散了板。為什麼太空的氣化散了板呢？這個太空的氣化本來是要團結在一起，才能夠發揮化育作用哦！但是氣化與氣化兩個黏不起來，為什麼呢？裡頭有乖戾之氣，乖戾之氣一鑽進去了，於是乎這個陰陽正當的氣化就團結不起來，就化育不了。這個人事社會也是如此，就是乖戾的氣化，植黨營私的這個氣化一聲發現了，於是乎整個的群體就散了，人心就散了，你要救濟這個，要用渙之道——「渙其群」。首先要把你那個植黨營私的那些個「群」啊，那些個不正當的群啦，把它解散掉，「乾元」能夠發揮作用，才能夠「大吉」，這是「渙其群，元吉」的意義。

第二句「渙有丘，匪夷所思」，四與三、五互成艮，艮為「山」，四爻在半山上，有「丘陵」之象，所以「渙有丘」。夷者平也，「夷」之象從那兒來的呢？四爻與二爻、三爻互成震，震為大途，平坦大路，有「夷」之象。四爻原來是二爻上去的，四爻本身是個陽爻，下來之二，就變成坎，現在這個四爻乘著坎，坎為「思」，有「思」之象。這是象，至於這句話的解釋有三個。這個卦中間四爻，從底下看呢，它是震，是平坦的；從高頭看它，是艮，是丘陵，是崎嶇不平的。「渙有丘」就表示崎嶇難行的現象，也就是「渙其群」裡頭有個丘陵之象，崎嶇難行，這個路不好走的啊！「匪夷所思」，不是你所想像的那麼平易啊！就是說宵小之輩既經植黨成群了，那你要動他的手，把他渙散了，這不是個簡單的事情啊！弄得不好，裡頭出毛病啊！所以他提出個警告，固然應當「渙其群」才能「元吉」，可是他就警戒你「渙有丘」啊！它裡頭有丘陵，崎嶇難行的。「匪夷所思」，這個不是常人所能考慮到的，「夷」者它代表平常的人，這個都是很曲解啦！還有一說，「渙其群」雖是把他散

掉了，可是「渙有丘」，渙中有聚。「丘」是土壤堆起來，聚集的現象，「渙有丘」就是渙裡頭有聚集的現象啊！因爲你把那個散了，這個就聚起來了，「匪夷所思」這個不是普通的所能想像得到的，此說勉強可通。不過這兩說都不大妥當，前說較合理。

九五：渙汗其大號，渙王居，无咎。

「汗」的象從那兒來呢？五與二居應位，二居坎，坎爲水，有「汗」之象。同時，五爻本身就是坎爻，上爻與三爻位不正，位不正，一定要換位的，它一換，五爻也是坎，五爻本身是坎爻，外體又會變成坎，因此有「水」的象很厲害。「汗」者發水也，爲什麼講「汗」呢？因爲九五居尊位，天子之位，天子以天下爲一身，整個的天下就是他一個身體，「渙汗」就是他身上發出來汗。這個發出來汗是代表什麼東西？第一個是代表生命力，就是說我們爲這個事情用盡了力氣，出了一身汗，就表示把自己的生命力整個的提出來了。第二個意思是施恩澤，我們普通講這件事某人出了一點汗，他拿出東西出來，救濟貧窮、救濟水災、救濟風災，這種善事某人很出了一點汗嘍！某人很幫忙，很拿出一些錢，很拿出一些東西出來了，所以「汗」是恩澤的意思，因爲我們施恩於人好像拿水來滋潤人家。第三個意義，發汗可以癒疾也，汗一發，他病就好了。「汗」有這三種含義。

這個「號」呢，是「號令」、「呼號」，可讀第四聲，也可讀第二聲。因爲五爻居巽，巽爲申命，巽爲號令，五爻居陽，陽爲大，所以「大號」——大的號令。「渙汗其大號」，表示一個王者在高頭希望天下離散的人心再來團結啊！盡力的呼號，拼命的呼號，發了一身

汗來呼號，呼號大家趕緊的要團結啦！好像自己拼命的犧牲自己的生命力的味道。

「渙王居」，「王」，居天子之位，有「王」者之象。「居」，五與三、四兩爻互成艮，艮爲宮闕，王者之居也。「无咎」，沒有毛病。這是象，意義是什麼呢？在天下人心離散的情況之下，主其事者（王）要怎麼樣呢？「渙汗其大號」，要用盡了生命力，把自己的生命力整個的消耗掉，要不顧自己的，拼命的呼號，使令天下團結，這是一個境界。第二個境界就是在這個大的號令之下，統統把自己的恩澤都散給人家了。第三個境界，天下人心離散，這是重病在身了，那你要出了一身汗，天下這個大重病才能夠好。這樣子夠不夠呢？不夠，還要「渙王居」，這個「居」是「居積」的意思，不僅指有形的金銀財寶，無形的所有恩澤也包括在裡面，「渙王居」，把你所有的居積整個的要散給人家，這樣子才沒有毛病。就是說〈渙〉卦到了第五爻還在「渙」啦，你當局的就要犧牲自己了，就要把所有的東西都要拿出來，人心才能有挽回的希望，這樣才沒有毛病。這是第五爻。

上九：渙其血去，逖出，无咎。

這個「无咎」和這個「无悔」、「悔亡」，我們各位先生注意，周公在這些爻辭裡面有很多的字眼，普通人都把它忽略掉了。比方，這個卦三爻講「无悔」，二爻講「悔亡」，這一爻是謂「无咎」。「悔亡」與「无悔」有什麼不同？我要附帶的說明一下子，「悔亡」就是本來是有「悔」的，你像爻辭這樣的做，本來的那個「悔」可以「亡」掉，消失掉。「无悔」是根本上就沒有「悔」。筮

法講「悔」都是變化，「貞」是不變。比方「貞吉」啦！「利貞」啦！這個「貞」字是不變的，就是固定在那兒，就是這樣子做法，很穩定的這麼做：「悔」就是變化，「亢龍有悔」是〈乾〉卦到了最上九的一爻，它陽太極了，於是乎它就變了。「悔」者是變化的意思，就是說那個東西有傷啊而發生了變化了，叫做「悔」。本來有傷要發生變化的，現在你這麼做，沒有傷而不發生變化，那叫做「悔亡」。本來不會有傷的，有變化的，那就叫做「无悔」。

　　現在講上九這一爻，「渙其血去，逖出，无咎」，這一爻在句法上，先儒有很多誤解的地方，我們下面說。這個「血去，逖出」和〈小畜〉卦「血去，惕出」是一樣的。這個「逖」是「辵」部的「逖」字，〈小畜〉卦的「惕」字是「心」部。「惕」、「逖」、「逖」古字相通。《漢書‧王商傳》「無怵惕憂」作「無怵逖憂」，足見「惕」、「逖」、「逖」三字古相通。〈小象〉上講：「渙其血，遠害也。」因此一般先儒就把「渙其血」作一句，「去逖出」作一句。那樣子一講，「去逖出」這三個字就很不好講。歷來的先儒解釋這三個都非常的牽強附會的，我和虞翻的看法是一樣的，「渙其血去，逖出」是一句，不是「渙其血」是一句。孔子對於〈小象〉向來是縮言，他不把「爻辭」都寫完了，抽那麼二個字、三個字或四個字代表那個爻辭。他「渙其血」呢，並不是講只是「渙其血」這三個字，而是「渙其血去，逖出，无咎」整個爻辭都含在這三個字裡面，因此「渙其血」你不能把它作為一個句子。一般先儒因為孔子〈小象〉上講「渙其血」，於是乎不敢反對孔子〈小象〉這個說法，多把「渙其血」作一句，事實上錯了，因為「渙其血去，逖出」裡頭有個意義的，「渙其血」那個意思就不行了。我們現在交代〈小象〉，

「血」，上爻與三爻相應，三爻與上爻一相應，如果三爻居上，外卦也是坎，坎是血卦。三爻與上爻一相應，三爻內體的坎象不存，所以說「血去」。「逖」是憂愁的意思，坎為心疾、為加憂，上爻與三爻相應，三爻的坎象固然是不存，可是大坎的體象還存在，初、二、三、四就變成大坎體象，大坎還是憂，所以「逖出」，「逖」就「出」來了。「无咎」，沒有毛病。「血去，逖出」是什麼意思呢？「血」是代表陰之質也，「逖」是代表陽之用也，這兩個字先儒沒有交代清楚。警「惕」是陽發生作用，就是精神心理發生作用；「血」是滋潤身體的東西，是長肌肉、長體格的，是陰之體質。「血去，逖出」是什麼意思呢？比方，這一個氣團之所以渙散，是陰把陽困住了，陽不能發生作用，於是乎才渙散。我們腑臟著了涼，腑臟熱能不夠了，於是乎拉肚子，所以陽一聲發生問題了，這個個體就渙散了。這個熱量一聲跑掉，身體就僵化，皮毛、骨骼就渙散了。凡是陰體之渙散，都是陽虧了的關係。天下人心為什麼渙散呢？陽不足了，精神不夠了，我們看索忍尼辛批評美國的毛病，確實索忍尼辛懂得中國的道理－陽不夠了，於是陰體就渙散。所以中國的老祖宗一向培植這個陽，特別重視這個陽，特別重視這個精神文明、道德。

　　我們從兩漢以來，對於這個「賢良方正」的人特別重視。我記得我們那個時代，我父親常常請客，讀書人是坐一個桌子，商人、工人、不能上席吃飯的。所以過去商人再有錢，可是在社會的地位給他打得很低，那些讀書的、講究道德的人，他雖說是窮，可是社會地位給他崇得很高。中國為什麼這樣子呢？中國老祖宗知道，精神文明這個陽一聲虧了，這個國家就救不住了，這個國家就解體了。光是「足食、足兵」，有錢、有飯吃、有衣穿，不夠的，所以孔子講：「既富

矣，又何加焉？曰：教之。」（《論語・子路》）既富足了，就要
教；如果富而不教，這個富不會長久的，因此「血去，逖出」則「无
咎」，就是說你啊把那個陰的質給他拋開，讓那個陽的作用起來，才
會沒有毛病。今天我們差不多很多的世界都是陽為陰困，精神文明不
得起來，大家所爭的都是物質，共產主義唯物論下的東西固然是爭取
物質，自由世界也是在求經濟成長，那個地方賺了錢了，不得了，
哦！這是好的現象。可是賺錢以外呢，出扒兒手、生賊頭，男盜女
娼，他不管。可是那個青年男盜女娼，比那個賺錢賺得多啊嚴重，賺
錢賺得多，抵不過那個男盜女娼的發洩。可是他不懂，他沒了解，我
們老祖先就看到這一點，渙散一直到上爻還在渙散啦！那就「血去，
逖出」才能「无咎」。

　　總而言之，這一卦大意是前頭卦辭上兩項：第一，「王假有
廟」，第二，「利涉大川」，這兩項具體的途徑。「王假有廟」是從
心靈上、精神上著手，廟是人心相通的地方，有了廟了，我們精神有
個皈依，一般的愚夫愚婦，你和他講通篇的大道理是講不通的，你和
他講鬼神、講請菩薩、講果報，他聽得進去。為什麼？因為神道設
教，幾千年下來，一直深植到社會裡，所以我們從心靈上著手，神道
設教，使令天下人心有個聚集的地方，這是第一個辦法。第二個「利
涉大川」，就是遇到大的險難，可以收拾人心。那話怎麼講法？我們
曉得一個國家的老百姓就等於人的細胞一樣。人在大的險難，危急存
亡的時候，如果沒有方法，生命就不得過了，遇到大的險難，危急存
亡的時候，全身的細胞都動員、都緊張起來，來集中應付這個險難。
國家也是如此，人心離散了，可以在大的險難，危急存亡之秋，整個
的人心一時把他集合起來，所以抗戰的時候，上下一心都集合起來，

卦辭上就告訴我們這二個方法。周公爻辭呢，更進一步了，只有初爻沒講「渙」，因為當渙之始。到了二爻，他就要你「渙奔其机」，要你找憑藉。三爻就要「渙其躬」，奮不顧身，這個天下離散的人心才可以散而復聚，到第四爻把你植黨營私的小組織要解散，才能夠收拾天下的人心。到了第五爻呢，「渙汗其大號」，要拼命的發汗，使盡生命力呼號，這還不算，把你所有的居積，一切的金銀財寶、道德修養都要散出來，這樣子天下人心才有救。周公在爻辭就出這麼一段一段的方法。到了最後，你人心還沒齊呢，那你「血去，逖出」，那你把陰的質給它去掉，讓陽的作用給它發揮出來。到著人心離散了，比方一個家庭富有了，弟兄幾個、妯娌幾個，一個嘴對東，一個嘴對西，家庭弄得不和，你要這樣子，他要那樣子，好！等到這個大家庭，他的生意倒了，財產沒有了，大家沒有飯吃了，老大和老二也好起來了，老二和老小也好起來了，妯娌也不吵嘴了，弟兄也不古怪了，於是大家集起來了，所以到了最後，只有把陰的東西除掉，陽的人心才能夠集合起來。

　　剛剛為什麼講「王假有廟」，利用心靈來團聚人心？這什麼道理呢？我們人類對於宇宙知道的很少，完全憑著我們眼睛看到的、耳朵聽到的、鼻子聞到的、舌頭能嘗到的、以及身體所能感覺到的，我們靠著五種覺能所體會到的宇宙，只有那麼點點大。那麼還有五覺宇宙體會不到的，我們拿這個耳朵聽不到的、眼睛看不到的那些東西，那怎麼辦呢？拿我們的智慧來推證，那是可知宇宙，於是乎就把我們的五覺宇宙放大了一點。所以我們為什麼要讀書明理？就是要擴大我們的宇宙，變成可知宇宙。可知宇宙我們可以推理得到，這是第二種宇宙。第三種是不可知宇宙。拿智慧能夠推測到的那個部分還是有限，

宇宙是無限的大，那麼剩下來的無限大的宇宙是什麼呢？是不可知宇宙，那不是我們智慧所能及到的。中國對於不可知的宇宙叫「神」，「聖而不可知之之謂神」（《孟子‧盡心下》），意思就是你到了聖人的境界還不知道的，那一部分就叫「神」的境界，所以不可知的宇宙叫神的宇宙。那麼我們對於不可知的部分，我們怎麼辦呢？我們老祖宗聰明，他想了一個辦法。我們用五覺所看到的、聽到的，這個容易哦！這個販夫走卒，愚夫愚婦都會了。用這個頭腦子智慧能夠想到的，書讀多了，讀通了，當然你宇宙就擴大了。可是人類智慧達不到的地方，那怎麼辦？中國古代就用神教設教的方法。神道設教為什麼能夠呢？因為宇宙裡頭有電波作用，拿現在的名詞講電波，往年中國講氣化作用，氣化作用就是電波作用，我說話你能夠聽到，就是空中有電波給它傳送。假使把這個電波抽掉了，我在這兒說，你聽不到。所以那個太空艙，兩個人說話，要拿耳機子，地球上帶乾電池去，兩個說話才能夠聽得到。因為那個太空沒有電波，於是乎兩個人說話聽不到。宇宙這個氣化，這個電波，它有路線的，也和我們在地球裡挖到底下、有黃的一線的土，有黑的一線的土，有紅的一線的土，一條一條的，條理分明。在宇宙大氣層裡頭呢，就和地球那個土壤一樣，也是一層一層的。這一層一層的大氣層裡頭，有好的部分、有壞的部分；有乖戾之氣、有祥和之氣。假使一個人心地光明、慈祥愷悌，對於任何事情都是從正面的建設方面去想像，假使一個是這種的心理境界，那宇宙大氣層那個好的氣層、電波，就和你接電了，「答……」就下來了，那你啊周圍四轉圍繞的都是好的氣層，那太凶險的事情就不會臨到你；假使一個人一天到晚殺人越貨，就想害人，那個壞的想法，他那電波的走法就不同了，是乖戾的走法。拿現在的語來講，就是那個電波放射的路線不同，那個彆扭得很，他走的是那彆

扭的路線，那大氣層那個壞的氣層、壞的電波，它也是彆扭東西，「答……」就接近了，所以那個作奸犯科的人，疑神疑鬼、草木皆兵，到那而去，他都生活不安。為什麼呢？因為他做了壞的，他發揮出來的電波是怪裡怪氣的電波，太空和他接電的，也就是怪裡怪氣的，他周圍四轉都是壞的氣層，因此把他思想困頓了，他思想總是從那壞的，惡劣的，悲慘的那一方面去發展，因此他覺得草木皆兵。

過去講「真命天子出現啦」！這句話有道理沒有呢？有道理，有什麼道理呢？我們人五官百骸都差不多，可是人的強弱，有用沒有用，在什麼地方呢？就是我們稟賦，哪一個電流最充足，他的生命力就最強，他可以當大任，可以治繁理劇；那電流最充足的，他發揮出來，電波最大、最旺。所以我們畫那個菩薩像，外頭有那個光圈啦！表示那個菩薩修持到了頂了，光圈有那麼大，就表示他那個電波的感應發展得非常之大。我們所謂有出息的人——真命天子，他身上附的電流特別充足，有多少事情，我們做起來怕，比方打天下嘍，這些事情很危險嘍！我們還沒有做就怕，可是那個天賦電流充足的人他不怕，他敢擔當，所以他敢打天下，那麼這就是「王者」，王者的電波特別充足，因此他的感應力量也特別強。

「王假有廟」——他拿這個心靈在廟裡頭給他聚集起來。我們一般的販夫走卒、愚夫愚婦，他到廟裡去，跟著崇拜菩薩，而把自己身心收束了。我們祭神祭天，作用就在收束人心。我們〈渙〉卦是人心渙散嘛，我們藉著這個廟，神道設教來收束身心，那麼王者他電波的作用大，王者帶頭收束身心，他有這個感應，於是一般老百姓看他在那感應了，受他的感召，於是乎大家收束身心，有這個作用在裡面，所以我們有些事情只有利用這個廟，神道設教。所謂「寂然不動，感

而遂通」（〈繫辭上傳〉），所以那個做修持的人修持的功夫做得最好，所謂有千里眼、千里耳，這些話都是寓言，就表示他那個眼睛的視力特別放大，耳朵的聽力特別放大，他修持得好，把這個功能都放大了，都比常人大個幾十倍、幾千倍、幾萬倍，我們老祖宗就曉得這個神道設教的作用──「寂然不動，感而遂通」，每個人都像告廟的樣子，心靈能夠收束起來、一絲不亂的，那你不可知的宇宙，你了解不了的現象，在這個時候，你能夠了解，能夠通了。就是那個不可知的部分，沒有辦法掌握理智來推證的，只有拿誠，拿收束身心來感應的力量來了解，我們神道設教的作用在此。「王假有廟」－就是中國神道設教的一個方法，這我附帶的說明一下子。

肆、彖傳

彖曰：渙，亨。剛來而不窮，柔得位乎外而上同。王假有廟，王乃在中也。利涉大川，乘木有功也。

先講「渙亨，剛來而不窮，柔得位乎外而上同」。「渙，亨」。我們剛才說過〈渙〉卦是從〈否〉來的，〈否〉卦是天地不通，萬物不生，陰陽閉塞，可是〈否〉卦的四爻到了二爻裡面，乾陽的四爻下來交到坤陰的二爻了，坤陰的二爻上去交到乾陽的四爻了，就天地相交了，天地相交，於是乎就通了，所以「渙，亨」，這是卦象。這個道理是什麼呢？意義是什麼呢？〈蒙〉卦是〈渙〉卦的前身，〈渙〉卦是〈離〉宮的五世卦。在八宮裡頭變化來講，〈離〉宮的四世是山水〈蒙〉，〈離〉宮的五世是風水〈渙〉，〈渙〉卦是〈蒙〉卦的後身，〈蒙〉卦和〈渙〉卦有先後的關係，因此〈蒙〉

卦的卦辭：「蒙，亨。」〈渙〉卦的卦辭：「渙，亨。」一樣的。那
〈蒙〉卦爲什麼能亨呢？「蒙」本來是不好的、是蒙昧的、幼稚的。
那怎麼能夠通得了呢？可是你能夠善用蒙昧幼稚，你就能通，「蒙以
養正，聖功也」，你就能通。〈渙〉卦是披離渙散的，有什麼好呢？
可是你善用披離渙散的這個道理，你就能通，所謂「渙，亨」的意義
就是如此。

　　「剛來而不窮，柔得位乎外而上同」，自外而內，謂之
「來」，〈否〉卦四爻是剛，剛到了二爻坤陰裡面，變成坎，坎者陷
也，陽陷下去了，應當窮，但是爲什麼不窮呢？因爲二、三、四互成
震，震爲出，震陽是往前發動的，固然它的陽剛是陷在坎裡面，但是
它互成震，它又有發動的現象，它陷於陷難之中，而又能夠動出於
險，那呈現得是不窮，這是一個。第二個，五爻與二爻是居應位，有
同德之雅，因此二爻陷在裡面，五爻多少要幫助些！在二爻的爻辭：
「渙奔其机。」渙要奔，爲什麼要奔呢？因爲二爻互成震，震爲出，
震爲動，有出奔的意思，那麼出奔到那兒呢？出奔到這兒——五爻，
五爻能幫助二爻。五爻既是幫助二爻，那當然這二爻的剛啊就不會窮
的，這是講卦象。「柔得位乎外而上同」，〈否〉卦的二爻到四爻來
了，四爻是陰位，二爻是陰爻，陰爻居陰位，是「得位」了。「上
同」，四爻既得位，上承著這個五爻的陽剛，有君臣佐使之象，所以
講「上同」。凡是卦裡面，四爻是陰，五爻是陽，都有「孚」之象，
陰陽相孚之象，就是氣味相投啦！氣味相投就謂之「同」。「渙，
亨。剛來而不窮，柔得位乎外而上同」，後頭這二句完全是解釋卦象
的，可是也有意義，意義就是說渙爲什麼亨呢？第一個因爲「剛來而
不窮」，第二個因爲「柔得位乎外而上同」。渙雖是不善，但是「剛

來」，陽還沒有到達窮的地步，陽雖陷於險內，還可以出於險外，這是第一個；渙本來是陽爲陰困啦！但是陰就是初、三兩爻，它四爻在外卦得位，還「上同」，還輔助這個五爻的陽，氣味相投，還有陰柔（四爻）輔助陽的，不完全都是困陽，陷陽的，所以「渙，亨」，渙可以亨，渙可以通，這是第二個。

其次講「王假有廟，王乃在中也」，「王乃在中」，是解釋「王假有廟」的。「王乃在中」有二個說法：第一個說法，五爲天子之位，五爲君位，有「王」者之象，五居中得位，所以「王乃在中」。第二個說法，〈否〉卦四爻之二，居內體之中而互成震，震爲帝，有「王」者之象，所以「王乃在中也」。當然我們所取的是第一個說法，爲什麼呢？在爻辭裡面，九五是「渙王居」、「王假有廟」，在二爻裡面沒有「王」字的表現，因此根據周公的爻辭，「王乃在中」這個「王」字呢，還是指「五」爻而言，九五居中得位，「王乃在中也」。這個意義是什麼呢？「王」是統率的中心，一個國家有君王，一個家庭有家長，甚至牛、羊、蜂、蟻牠都有統率中心。「中」就是恰到是處。「王乃在中」就是這個統率中心的王啊，他居中得正，做到恰到是處。「王假有廟」，「廟」裡菩薩神靈是凝聚天下心靈的，「王」是統率天下人民的，「王」和「廟」都有統率之象，所以就拿「王乃在中」解釋「王假有廟」。

其次講「利涉大川，乘木有功也」。《易經》除掉講陰陽之外，還講五行，所以金、木、水、火、土在〈象傳〉裡、爻辭裡、卦辭裡都有啦！如「金夫」、「得金矢」、「先甲三日」、「後甲三日」等常常有的啦！「木」是五行之一，「乘木」的象是從那兒來的？外卦是巽，巽爲木，內卦是坎，坎爲大川，中爻互震，震爲行，

木漂行於大川之上，所以講「乘木」。「功」，高頭是巽，巽以五爻代表，五多功。「乘木有功」是什麼意思呢？〈繫辭〉裡〈渙〉卦有舟楫之象。我們中國過去發明船，就根據這個卦象成功的。「木」是代表船，大水來了，假使你乘個船，它水就沖不走了！它不是隨波逐流的，它有個方向，所以「乘木有功」表示「散中有聚」之象。「利涉大川」，我們在前面講過，險難可以發揮聚集人心、收拾人心的功用，等於「乘木有功」，所以說「利涉大川，乘木有功也」。

伍、大小象傳

象曰：風行水上，渙。先王以享于帝、立廟。

外卦是「風」，內卦是「水」，中爻互震，震爲「行」，所以講「風行水上」。風在水面上吹，水當然就披離渙散嘍！所以就成了〈渙〉。但是水披離渙散，還是散中有聚的。「先王」，這個卦從〈否〉卦來的，〈否〉卦外卦爲乾，乾爲「王」，但〈否〉卦變成〈渙〉卦，〈否〉卦不存，所以叫做「先王」，王已經死掉了。「享」，這個卦從三爻到上爻有〈觀〉卦的現象，「觀盥而不薦」，有祭享之象。同時，這一卦，二爻和三、四兩爻互成震，震爲長子，主祭，震卦高頭是艮，艮爲宮闕，艮爲廟，主祭者到廟裡主祭，「享」之象也。「帝」，五居天子之位，有「帝」之象。卦辭裡面講「王」，「王假有廟」的「王」，在〈大象〉裡，就叫做「帝」。「廟」，艮爲宮闕，所以講「廟」。爲什麼講「立廟」呢？〈否〉卦的四爻下來了，二爻上去了，五、四、三就互成艮，艮爲「宮闕」，二、三、四互成震，震爲「立」，有「立廟」之象。這是象，意思是

什麼呢？「先王以享于帝、立廟」，這就是我們剛剛所講的神道設教
的意思，「享于帝」，我們在祭享上帝神祇的時候，發生崇敬的心
理，這個心就收束了。「立廟」，我們到廟裡燒香啊！祭祖先、請
菩薩啦！於是乎心有個寄託，心有個寄託，心就不散不亂，所以這個
「享于帝」、「立廟」，都是收束身心的一個途徑。先王看到「風行
水上」的披離渙散，但是散中有聚，為什麼散中有聚呢？因為「水」
裡面有陽，陽並沒有絕，「風」呢，是氣之散也，氣雖散，可是裡頭
還有陽氣，它這個風發動不了，所以〈渙〉卦裡頭，雖是陰啊而陰中
有陽，雖是散啊而散中有聚，先王就利用這個「享于帝、立廟」，利
用「享于帝」來收束身心，利用「立廟」來寄託身心，因此天下的
人心慢慢地會聚起來。周禮上國家大典「唯祀與戎」（《左傳・成
公十三年》），「祀」者祭祀神祇、祭祀祖考，「戎」是練兵。「立
廟」者是祭祀祖考，「享于帝」者是祭祀神祇。「祀」所以收束人
心，「戎」所以團結人力。「享于帝、立廟」的重要由此可見了。

初六象曰：初六之吉，順也。

　　初六本來在〈否〉卦裡頭，居坤，坤為「順」。初六為什麼
「吉」呢？因為初六能「順」，初六剛剛開始渙，但是它順承著二
爻的陽，它順承著二爻的陽，就表示它能扶陽，它既能扶陽，所以
「吉」。

九二象曰：渙奔其机，得願也。

　　二爻雖是陷下去，但二、三、四互成震，震為「奔」，它能夠出
奔而依賴這個五爻的陽，因此二爻就不至於散掉到著沒有的程度，所

以「悔亡」。本來二爻可以變的，這樣子一來，它就不會變化了，它就不會到著窮的地步了，「剛來而不窮」，就是指這個。既然「渙奔其机」，能夠出奔而依賴五爻的陽，而不會發生變化到著窮的地步，所以說「得願也」。

六三象曰：渙其躬，志在外也。

三爻本來在〈否〉卦是居坤，坤爲「躬」，是「本身」的意思。「渙其躬」，就是奮不顧身，犧牲小我。爲什麼奮不顧身？因爲「志在外也」。三爻與上爻相應，上爻居於「外卦」，三爻居坎，坎爲「志」，這是「志在外」的象。當天下披離渙散的時候，自己犧牲小我、奮不顧身。爲什麼呢？爲了志在外以救濟天下的人心也。

六四象曰：渙其群，元吉，光大也。

這個卦三、上、初、二不正，三、上易位，初、二易位，就變成水火〈既濟〉。三、上一變，四爻與三爻、五爻互成離，初、二易位，內卦也是變成離，離爲「光」啊，三變爲陽，陽爲「大」，這是象。「渙其群」爲什麼「元吉」呢？因爲「光大也」。你渙散了你小的團體，可以結合天下的人心，陽的作用就發揮光大了，陽的作用既然發揮光大，當然「元吉」嘍！

九五象曰：王居无咎，正位也。

孔子對於爻辭不一定全部引的，比方這個〈小象〉「王居，无咎」應當作「渙汗其大號，渙王居，无咎」啊！但他只是中間抽那麼

幾個字代表那個爻辭。渙散王自己一切的德澤、一切的金銀財寶，就沒有毛病。這是為什麼呢？這是為了所謂的「正位」，五爻居中得位，所以叫「正位」。「正位」是什麼意思呢？就是鞏固統治中心、穩定統帥中心。

上九象曰：渙其血，遠害也。

上九這一爻爻辭和九五爻辭一樣，也是只引了半句話代表這個爻辭。先儒因為〈小象〉上講「渙其血」，爻辭就根據這個斷句子，這是個大錯處。「害」，〈否〉卦上與三相應，三居坤，坤陰為「害」。「遠」，〈否〉卦的上爻為乾，乾為天道，天道「遠」，人道邇，所以講「遠」，這是象。為什麼披離渙散，造成天下人心不齊呢？為什麼到這個地步呢？就是自上至下每一個人都是為著自己的陰私著想，不顧大體，因此弄得天下披離渙散。那麼「渙其血去，逖出」呢，你能夠把陰的東西把它渙散掉，讓這個陽的作用起來，當然就遠害嘛。「害」在什麼地方呢？害在陰私，那個陰私作祟，陽才受困，於是乎人心才渙散，現在把陰私除掉，陽的作用起來，當然就遠害嘍！

第六十卦

節卦

周鼎珩講　桂少庚記錄

節

坎　兌
上　下

—— 此係〈坎〉宮一世卦，消息七月，旁通〈旅〉，反對〈渙〉。

壹、總說

佈卦的次序

　　我們研究《易經》要知道一個最重要的發展，就是說宇宙凡事「窮則變，變則通」，我們拿大氣來講吧，種種氣化慢慢結合起來，就成了個體，假使說氣化都是分散的，散漫的，結合不起來的，那宇宙大氣也就都成不了形，那麼五嶽山河、日月星辰什麼都不會有了，而我們上次講的〈渙〉卦，就是到了披離渙散的階段，宇宙要是到了披離渙散的境況，那就危險得很了，也就沒有宇宙了，所以披離渙散到了極盛的時候，它一定要轉變，這個轉捩點就是「節」，所以在

〈渙〉卦以後，接著就佈〈節〉卦。比如天氣熱吧，它絕不可以一直熱下去，熱到極盛，就會陰霾而轉涼；冷吧，也是一樣，它也不能一直冷下去，冷到極限，就會有煦和的太陽來調和寒冷，宇宙氣候如此，其他現象亦復如此。

成卦的體例

　　〈節〉卦是〈坎〉宮的一世卦。〈坎〉卦外卦是坎，內卦也是坎，內、外卦都是坎，就表示水川流不息，永遠在那兒流。水再多，但它永遠在流，總有枯竭的時候，因此〈節〉卦就在〈坎〉卦的底下塞坎成兌，也就表示流到底下就不能再流了，這就是〈節〉。限制水不斷的流以形容〈節〉之意義，我們從人道上、天道上又都可以看出來，所謂「五日謂之候，三候謂之氣，六氣謂之時，四時謂之歲」（《素問・六節藏象論》），為什麼「五日謂之候」？因為這個天氣是每五天就有一連串的變化。而「三候謂之氣」呢，如果不遇到特殊原因，經常的是十五天氣候有個變化，大部分天氣變化是如此，所以五日一風，十日一雨。「六氣謂之時」，「氣」是「節氣」，所謂「節氣」就是節制氣候者，一個月二個「節氣」，三個月就是六個「節氣」，六個「節氣」就叫做「時」，立春、立秋時節，真就有春風徐來、秋風冷絲絲的味道，十分準確，年輕人恐怕還不容易體會，而病人往往在每一個節氣時總有或好或壞的變化現象，這個節氣就有這麼大的關係。「四時謂之歲」，「四時」就形成了二十四個節氣，這是我們一年的氣候，所以說「四時謂之歲」。在我國的曆書上很注意這個事件，就是在氣候上就有這節制的作用，而農夫們都是根據這氣候的節制來操作行事，這是說天道。至於人道呢？人的欲望是無窮

盡的，貧窮的時候只盼個溫飽就心滿意足了；等到真吃飽穿暖了，又奢望豪華富貴；即便豪華富貴了，他仍不滿足，總是想好了還要更好。假使順著人的慾望發展下去，那可不得了，現在西方社會就犯了這個毛病。而中國呢，一向以禮立國，某一個東西應當發展到某一個階段為止，到此為止，不能再發展下去了。所以中國「禮」的作用，就在這個地方，它是節制人的生活慾望的極限，不能永遠的往前發展，因為大家都要是不停止的往前發展，慾望若不加限止，絕對會衝突的，於是殘殺鬥爭，一切社會的壞毛病都產生了。節制呢，就是到此為止，於是人與人之間有個空隙，有個迴旋的餘地，不至於發生殘殺鬥爭，種種的現象。所以我們一向以禮立國，就是這個道理，因為禮就是人類一切社會生活活動合理的規範，這種的規範就是「節」，也就是說人們的生活不可依著每個個人的慾望無窮盡的發展下去。我們《易經》中的〈節〉卦，以塞坎成兌來象徵人道、天道的一切要有節制，更是當前時代的一服良藥；目前這個時代非吃這服藥不可，否則將來人類的慘遭殺戮現象就更可怕了，每十個人中能留下五人已是大幸，甚而人類根本就無法再活下去，這是〈節〉卦的第一個體象。

　　第二，剛才我們已講過〈節〉卦是屬於〈坎〉宮的，但〈坎〉宮有上、下兩坎，為什麼〈節〉卦偏要塞下坎成兌，而不塞上坎呢？是這樣的，如果塞上坎水不流了，但底下仍在流，這是塞不住的，所以塞上坎是不行的；然則兩個坎都塞起來可以嗎？實在是又不行，為什麼？因為那樣即成死水一團，如果談節制而以這種形象，那麼宇宙也就無法生生不息了，一切都要凍結了。所以務必只有塞下坎以成兌，這樣既不失有所節制，同時又在一定的範圍內流通不已。比如節用吧，是要我們節而不濫用，並不是要我們不用，要是兩坎都節起來，

就是節而不用了，節而不用，就不成節用了，那不是節的意思。所謂
節用是節其濫用，譬如用錢是要你在一定限度內來使用，有人說要制
止臺灣的拜拜，我不大贊成，把拜拜看成是一種消耗的人，這種看法
我認爲缺少腦筋，本省的拜拜是在日本的統治下，老伯姓沒有辦法集
會活動，借著拜拜來團結，是一種民族意識的發展，反抗日本統治的
一種發洩；本省除了拜拜外，還有一種就是打詩鐘，這都是老伯姓民
族意識的一種反映。有人認爲拜拜太浪費，其實拜拜並不太浪費，因
爲拜拜所花的錢，它只是在國內自己流轉，並不像買舶來品將金錢外
溢了，節用要節制什麼呢？節制向外國買不必要的東西，那眞正是消
耗，眞正是浪費。所以節是在一定範圍內流通，不是節而不用，而是
節制濫用。

　　第三，凡是三陰三陽的卦，都是從〈泰〉、〈否〉來的，而
〈節〉卦就是從〈泰〉卦來的，〈泰〉卦的三爻到了五爻，就變成了
〈節〉卦。〈泰〉卦本身就是天氣下降、地氣上騰、天地交泰，所謂
三陽開泰、萬物回陽的時候；爲什麼兩氣相交呢？爲了化生萬物；可
是在兩氣相交的過程中，氣化的現象隨時都是會變的，譬如說〈泰〉
卦的二爻到了五爻，就變成了〈既濟〉大順，〈既濟〉卦六爻皆正，
那是非常融合的現象，氣化融合到了極點了，無以復加了，也就好像
花開到極盛的那個節骨眼兒，而我們現在是三之五，雖不能像〈既
濟〉大順那樣融合，可是它整個卦沒有偏頗的現象，且五爻居外卦的
中心，可以化坤陰，所以也是融通的現象，不至於像原來那樣死板板
的，外卦都是坤陰內卦都是乾陽那麼樣的偏極。五之三而成〈節〉
卦，節者使其均衡者也，我們爲什麼要節制一切現象呢？乃是一切現
象都失掉平衡，所以要節制，如天氣大燥、太冷、用度太浪費等等，

都要加以節制，節者使一切均衡。所以三之五，雖不若二之五來得那麼融洽，但亦足以使內外陰陽均衡，這是第三個體象。

　　第四，外卦的坎，坎為險難，內卦的兌，兌為悅澤，中爻二、三、四互成震，震為行，所以在〈象傳〉上講：「說以行險。」剛才我們所講都是物理現象，現在我們再拿人情來講，假若我們遇到一個險難，普通的人遇到險難都是恐懼憂愁，甚至於張惶失措，而〈節〉卦卻告訴我們要節，為什麼呢？因為險難是環境上的，很不平衡，我們心理上就絕不可以失掉平衡現象，因為環境已經不平衡了，再加以我們的心理再不平衡，甚至於張惶失措，那就糟糕了，險難不但不能擺脫，或更將加嚴重，因此當環境失掉均衡，發生險難時，我們內心一定要把握著，絕不可失掉均衡狀態，所以內在還是要悅澤，所謂悅澤就是喜悅之情，還保持著平常的喜悅之情。同時〈兌〉為八月的卦，秋天八月的時候，百果成熟，果皮都是油光光的，很潤澤，也就是說當我們外在環境險難時，我們內心的主宰要很成熟的來應付，這樣子才可以拉平那不平衡的狀態，才能解除險難，這就是「節」。〈節〉卦在人道上講，就是節我們自己的心情，人心的慾望是無窮的，那麼我們要加以節制：遇到險難，我們不要恐懼，不要張惶失措，就要節制心情。因此在人道上講，〈節〉卦就是節制我們的心情，樂不要樂得太厲害，因為高頭是坎，底下是兌，喜悅之情上頭隱伏著憂愁，隱伏就是很含蓄的，也就是說快樂要快樂得很含蓄，不像西方人過個聖誕節，頭一天晚上就過，第二天早上報紙報導死了上千人，這就是樂之太極了，西方人不知道含蓄，他們樂就拼了命的樂，至於樂極生悲，像這樣就應該有所節制。

立卦的意義

　　曆家稱氣候為「節氣」，音樂家稱音樂為「音節」，這都是有一定限度的，而宇宙化生萬物，是愈演進愈繁雜的，人類的心情也是愈來愈擴大的，所以影響到人的慾望也越來越大，沒有止境的，假使在這種情況下沒有個節制的話，而只一味的順著它愈來愈大的向前發展，那不知將何所止，因此對於太過的現象，我們要節制。但也有矯枉過正的，如共產黨他們行節制人民的生活，他節制什麼？他節制人的頭腦，洗腦就是節制的太過分了，因為把人的頭腦節制住了，豈不就成了死人了嗎？因此現在的人類，有的是慾望太大，無止境的擴大下去，有的是不及，使人的頭腦都受到節制，因此造成今日世界的這兩大主流成為兩種思想，凡發洩一定要發洩到淋漓盡致，否則就不痛快，這是很可怕的，這種像瘋子一樣的人性，這也就是西方社會的毛病，而孔子說：「君子中庸，小人反中庸。」（《禮記‧中庸》）現在全世界人都在走小人路，一反中庸之道，為什麼現在西方如此？那我們從服裝設計上看，天天在變化，誰都控制不住變化，而這種事情在中國古代都是由政府操持，這種權宜有一定的規則，在大範圍內可以有小變化，而大範圍是政府操持，政府的那些人是誰？都是有學問有理想的人，他們不會亂來，現在一切生活儀容，各國政府都不管，都操在商人手裡，而商人唯利是圖，目的只在賺錢，於是他就亂翻花樣，怪模怪樣，因之美醜就沒有標準了，社會風氣就不知好壞了，政府對於一切生活儀飾，實在都應該有個範圍的規定，否則只有造成社會永遠的動盪不安，而〈節〉卦就是要使這一切不均衡達到融洽均衡，而今日世界正需要吃這一服良藥。

　　第二，我們前面講過這一切的現象都要有個限度，合乎限度

的，成長才順遂，不合乎限度，就偏頗了，偏頗了，成長就不順遂，因此凡偏頗的都要加以節制。但我們如何來認識這限度呢？那就是孔子常講的一個字——「中」，得乎「中」，合乎「中」，「中」是什麼呢？「中」是恰到好處，就是說這個現象；什麼是限制的標準呢？就是發展到恰到好處，到這兒為止，那就是一定限度的標準。同時，孔子又從中字引伸出來一個「庸」字，就構成了儒者的中心思想——「中庸」之道，「不易之謂庸，……庸者天下之定理。」（《禮記·中庸》）宇宙間不能夠易的定理，就叫做「庸」。我們的《易經》是講變的現象，但宇宙在變的中間有個不變的道理，就是「庸」，所以我們如何確定限制的標準呢？就是凡事物發展到那個經常不易的道理的時候，就合乎節制的標準了。在孔子的儒學裡，我們確定這個宇宙不變的標準，就拿「中庸」來衡度，孟子更進一步，他把國家用人的裁決權授之於國人，「國人皆曰賢，然後察之；見賢焉，然後用之。……國人皆曰可殺，然後察之；見可殺焉，然後殺之。」（《孟子·梁惠王下》）這是什麼道理？因為孟子以為人心就是天理，合乎人心就是合乎天理，所謂「天視自我民視，天聽自我民聽」（《孟子·萬章上》），就是這個道理，抓著大眾的心理，這就對了，這種符合人民的心意就是節制限度的標準。

　　第三，節制的態度不能像法律那樣的強迫執行，中國講節制是節之於禮，禮是以和為本，以溫和的態度，也就是說這種社會的節制要使人不曉得是在節制，要自然而然的。中國講禮，禮的規定就是一切生活的規範，大家都合乎這個規範，就不致於犯法了；法是用刑，如果到處都要用法，這個社會已經亂了，壞了，才要用法；假使在法之前有個禮的規範，使大家不致於犯法，那才是節。所以節的態度是柔

和的節之以禮，禮以和爲本，節得很自然的。

貳、彖辭（即卦辭）

〈節〉：亨，苦節不可貞。

「節，亨」，節之所以「亨」，是因爲〈節〉卦是從〈泰〉卦來的，〈泰〉卦的三爻到了五爻，五爻變成坎，坎爲通，於是陰陽相通，而且不像〈泰〉卦上陰下陽分得那麼明顯，三之五，把上頭的陰卦弄通了，所以通即亨也，故「節，亨」。如此講，是單講的卦象，其意義呢？比如，拿人類社會來講，人類社會生活不通是怎樣的不通呢？就是偏頗了，一種氣化必須是要通的，比如，那種悶氣的天氣，陰霾不通，小蟲子都要跑出來了，又如人體也是上下氣化相通的，如果不通，體內好的細胞都變壞了，所謂鬱結不通就是氣化不通了，爲什麼會不通呢？就是偏頗。人事社會也一樣，凡太偏於什麼，就都有一種不通的現象，你看共產黨過分的控制別人的頭腦，所以他的社會就成了死的，就是太偏頗了。「節」呢，就是使一切中衡，無過與不及的現象，故一節就「亨」。

「苦節不可貞」，這一句是先儒們看錯了，其實這一句是專門講上六那一爻的。因爲上六居坎，坎伏著離，六爻的應爻爲三，三爻不正，如果一變，三、四、五就互成離，坎在離卦之上，二、三、四、五又有大離的體象，所謂大離的體象，離爲火，火屬「苦」，水屬鹹，土爲甘，金是辣，木是酸，所以上爻講「苦節」，「貞」可講爲正或爲固，此處的「苦節不可貞」的「貞」，即爲固執的意思，節有均衡現象，可是到了上爻還在節，就節得過度了，也就是固節的現

象，這又不好了。比方節用，如果節的太過，就是「苦節」，節而不用即固，我們有些先儒有時解錯了，比方說，寡婦守節，認爲是「苦節」，其實那不是「苦節」，爲什麼不是「苦節」呢？因爲寡婦守節是有均衡現象，在過去的社會裡，如果一個女子出嫁後，很年輕丈夫就死了，她就守節大家並不贊同的，而是說有些年歲了，兒女滿堂，經濟有基礎，她應該守著兒女財產，而她不守，這就要不得了，所以對寡婦守節，過去社會有個衡量標準，這種不叫「苦節」，「苦節」是越過一定的標準，所以「苦節」不能固，即「苦節不可貞」。

參、爻辭

初九：不出戶庭，无咎。

因爲初爻與四爻相應，三、四、五互艮，四居艮，艮爲門關，而四爻在門關裡面。門和戶有什麼區別呢？雙扇叫門，單扇叫戶，大門內之院庭叫「戶庭」，即四爻所居之處，同時二、三、四互成震，震爲關，初爻還沒有到二爻，所以「不出庭戶，无咎」，還沒有出戶庭，无咎。其意義是：初爻是〈節〉之主爻，因此節坎成兌，就是初爻，現在初爻不能動了，因爲初爻一動堤防就破了，初爻等於是〈節〉卦的堤防，把坎水堵著了，能夠節得住的，就是初爻，所以不出戶庭，就沒有毛病。

九二：不出門庭，凶。

九二的應爻在五，三、四、五互成艮，而五爻正在大門，所以有「門庭」之象；二、三、四互震，震爲「出」，是應當出去的，而

且二爻陽居陰位，不當位，如果一變，可以扶助五爻。拿陰陽來講，應當變，現在「不出門庭」，不變不應，從這兩爻看來，節制要看時間關係，特別要重視位置，在初爻，應該不出庭戶，而在二爻就必須出門庭，節制不是叫你不動，不動就不流通了，二爻應該動的時候要動，不動就是死的了，只不過是說在一定的範圍之內要流通，不流通就不好了，故「凶」。比如，國家在預算之內，要運用資金，要用而不用，只知凍結，那就使國家居於停滯現象，那當然就「凶」了。

六三：不節若，則嗟若，无咎。

三爻有「不節」之象，三爻居於內卦之主爻，三爻為兌口，上頭為坎，坎為水，兌口之上有水，即水溢於口外之象，好像有「不節若」之象；「若」為詞尾，當樣子講，「不節若」就是不節的樣子。「不節若，則嗟若」，「嗟」呢，「嗟」的卦象那來的呢？因為二、三、四互震，震為聲音，震又為出，兌為口，所以口出聲音，而三爻不正，一變可為離，離為目，目上有水，有流淚之象，故合而有嗟嘆之聲，「嗟若」呢，即嗟嘆的樣子，這是卦象。其意義呢？歷來先儒們對這一爻有兩個解釋，一個是王輔嗣解的，他是根據爻辭「不節若，則嗟若」來講的，現在我們覺得他是有些曲解了，但先儒有很多人是根據他的意思講的，他說不節嘛，是因為你自己不能節制嘛，所以就不好嘛，不好，當然就嗟嘆嘛：「无咎」，即無所歸咎。但另一個說法，不是這樣講的，另一個說法講，「不節」有水溢之象，為不節的形態，不能節制就發生嗟嘆，這嗟嘆不是不好的後果，而是自己有後悔之意，雖是不節不好，既已有後悔之意，就「无咎」，不會再有什麼不對的地方，我們現在以為根據第二個解釋比較後，「无咎」

應解爲沒什麼毛病，而不是解釋歸咎。

六四：安節，亨。

　　這個卦是從〈泰〉卦來的，〈泰〉三上而居五，就變成了〈節〉，而六四在〈泰〉卦原來是坤卦，同時二爻得正，變成坤，與四爻又互爲坤，坤則有「安」之象，坤爲什麼有「安」之象呢？因爲〈坤〉卦卦辭講：「安貞，吉。」〈坤〉卦代表宇宙一切有形的東西，但凡有形體的東西都安，因爲都穩定之故，「安節」就是說這種節制的工作，很安詳的在那兒做，毫不勉強，故「亨」，因爲四居坎、兌之交，是外卦的開始，內卦已經過了，在坎之下，而在兌之上，正是水流於兌澤之象，兌澤有積水之象，如此順流而下，節即有很自然的現象，故「亨」。

九五：甘節，吉，往有尙。

　　這是節的最高標準，甘節是很美，很圓滿，很妥當，五爻是〈泰〉卦的三爻，〈泰〉卦中的三爻上來居於五爻，把原來的陰卦化開了，坤本爲土，土主甘。五行代表五德：金主義，木主仁，火主勇，水主智，土主信；又代表五色：金色白，木色青，水色黑，火色紅，土色黃；又代表五臟：金主肺，木主肝，水主腎，火主心，土主脾；又代表五味：金主辛，木主酸，水主鹹，火主苦，土主甘。三爻上去把五爻土化開了，故「甘節」，「甘節」當然就「吉」，這是第一個說法。第二個說法是說水有苦，也有甘，流水多半是甜的，水根是甜的，也就是剛從地下冒出來的那種泉水，那就是水根，水在地面流久了，就變苦了，這裡五爻正是水的主體，在水根的地位，所以

「甘節」。

「往有尚」，從下往上叫「往」，這一爻與二爻相應，由二爻之五，就叫「往」，「往」就是向前發展；「尚」者崇尚也，九五居中，而且又是陽爻，陽爻是發動的，拿政府來講，陽爻它就是制定規章政策，陽爻居中，就是代表這個法規制度，制定的非常好，恰到好處，因恰到好處故「甘」，「甘」者好也，圓滿也，這樣當然就「吉」了，就這樣發展下去，這是可以崇尚的。

上六：苦節，貞凶，悔亡。

「苦節」的卦象，從那兒來呢？因為五、四、三、二互成大離，上爻居大離之上，離為火，火炎上，上爻就剛好為炎上之火所燒，而火味苦，故為「苦節」；「貞」者，固也，正也；「悔」是陽爻太旺。「苦節」就如今日大陸共匪對人民在飲食方面、行為方面、言語方面、思想方面，甚至娛樂方面，都要節制，而且節制的太過，這就叫「苦節」，大陸的人民那個願意這樣節制呢？全是被強迫的，當然人人以為苦，故為「苦節」，所以有人把古代忠臣烈士之守節也叫「苦節」是不對的，那些忠臣烈士之守節，他不是被壓迫的，他是自願的，而且他以那種守節為甘美，所以不能稱為「苦節」。又如女人守寡一樣，如果是合情理的，她自己以守節為甘的，那就不能算是「苦節」；有一種是還沒過門的媳婦，丈夫死了，娘家硬把女兒送過去，也不是女兒心甘情願的，就叫她守節，那才叫「苦節」。如果對於「苦節」，你一定要固執的節制下去，如今日大陸那樣，必然不是好的，所以說「苦節，貞凶」。

肆、彖傳

彖曰：節亨，剛柔分而剛得中。苦節不可貞，其道窮
也。說以行險，當位以節，中正以通。天地節而四時
成，節以制度，不傷財，不害民。

第一句「節亨，剛柔分而剛得中」，這「剛柔分而剛得中」是解
釋「節亨」的；第二句「苦節不可貞，其道窮也」，這「其道窮也」
是解釋「苦節不可貞」的；第三句「說以行險，當位以節，中正以
通」，是說明卦象的；第四句「天地節而四時成」，是講自然的，從
自然現象再講到謀國大君應「節以制度，不傷財，不害民」，重點在
最後兩句，具體的說出了人類社會應「不傷財，不害民」，這是〈彖
傳〉的幾個部分。

「節亨」，「亨」者通也，節為什麼就亨就通了呢？底下就是
說明，「剛柔分」，〈節〉卦是來自〈泰〉卦，〈泰〉卦的三爻到五
爻，就變成了〈節〉卦，〈泰〉卦外卦是坤，內卦是乾，乾陽上去
了，居於坤體的中間，坤陰的五爻下來了，居於乾體的中間，本來
〈泰〉卦是內剛外柔，現在呢，剛柔分開了，內體的剛分之於外，外
體的柔分之於內，故「剛柔分」，其意義乃是既不偏於剛，亦不偏於
柔，節，就是要調和，不可偏頗，既是剛柔調和，故「節亨」；第二
步不僅是「剛柔分」而已，且「剛得中」，〈泰〉卦三爻上去了，節
制坤陰不至於太柔，坤卦的五爻下來了，節制乾陽不至過剛，雖是三
之五，五之三，但均不影響陽爻位置的得中，故「剛得中」。在人事
和國家政令來講，制定的政策法規，就是「剛」，制訂的恰到好處，

就是「剛得中」，這樣的節就通就亨了。

　　第二句指上六一爻，節到了最後，還在節，就是節到底，所以「其道窮也」也。第三句是孔子發掘卦象的，〈節〉卦的內卦兌，兌為「悅」，二、三、四互震，震為「行」，外卦坎，坎為「險」，所以「說以行險」。九五居中得正，故「當位」，「當位以節」，就是合乎自己分際之節，學生不可只顧遊戲，公務員不可貪汙，這就是合乎自身分際之節。「中正」也是講九五居中且得正。所以「中正以通」以上三句，是講卦象的。

　　接下去「天地節而四時成」，〈泰〉卦內卦為乾為天，外卦為坤為地，所以〈泰〉卦有「天地之象」，〈泰〉卦又有震，震為「春」，有兌，兌為「秋」，〈泰〉卦變成〈節〉卦以後呢，有坎，坎為「冬」，有離，離為「夏」，故〈泰〉卦有四時之象，故「四時成」，這句話就是說，天地要有節制，於是四時才能成，如太過冷了，就節制而春天來了，如太過熱了，就節制而秋天來了，所以說天地有了節制，四時才能成。拿這些說到我們人事社會上來呢，人類也應根據自然法則來行事，於是就要「節以制度」，「制」者，裁制也，三、四、五互成艮，艮為手，有手才有裁制之象；「度」者限度也，就是節制到了限度了，在我們六十四卦中，〈節〉卦居於六十卦，到了六十卦就講〈節〉卦，就是它合乎這個度數；同時，〈節〉從坤來的，坤為十數，坤納癸，癸為十數，坤數為十數，十數就是滿數，就是一定限度之度數了，故有度數之象也。度量衡，也就是一個節制，演進到國家的一切法令制度，這些法令制度要「不傷財」，坤為「財」，〈泰〉卦的三爻上去了，就是節制坤財，但是它化坤而「不傷財」，這些法令制度要「不害民」，坤為「民」，〈泰〉卦的

三爻上去開化了老百姓，但是它「不害民」，也就是說國家的政令節制用度要不傷害到老百姓，老百姓的錢就是國家的錢，像共產黨一樣，把老百姓的錢搞乾了，就好像一塘死水，沒有水源了，國家的財也就枯了，因此我們一方面用老百姓的錢，一方面也要養老百姓的錢，使老百姓的錢愈來愈多，不能傷老百姓的財，除了財以外，今天這個建設，明天那個建設，甚或用苦力都是要用民的，但不可害及人民，這是孔子要那些謀國大君「節以制度」的重點，在不傷民財、不害民命為主。

伍、大小象傳

象曰：澤上有水，節。君子以制數度，議德行。

「澤上有水，節」，澤上的水不是河川的水，坎有大川之象，大川之水是往外流的，澤上之水是聚集的，聚集就是節的現象，所以「澤上有水，節」。「君子以制數度，議德行」，「君子」指乾，〈節〉卦是〈泰〉的三爻之五，三爻是乾，乾有「君子」之象；「數度」即數的節度，「制」是裁制，就是節制這個度數；乾為「德」，震為「行」，故有「德行」之象，震又為言，言即「議論」也，故有「議德行」之象。「制數度」為有形之標準，「議德行」為無形之標準，〈節〉卦有一定的限度，就是有一定的標準，而標準又可分為有形、無形，不管是做人處世，以及做官都要有一定的標準，所以君子就法這個節制的現象，分為有形、無形的兩大標準去發展。

初九象曰：不出戶庭，知通塞也。

初九恰好是〈節〉卦主要的關鍵所在，本來〈坎〉卦坎為大川，川流不息，老是流水的，現在塞坎成兌了，於是就節制在裡面了，所以初爻「不出戶庭」，因為初爻正居在節的時候，故「知通塞也」，乾為「知」，在範圍之內者能通，在範圍之外者，就要把它塞起來，所以「知通塞也」。

九二象曰：不出門庭凶，失時極也。

節制在初爻關鍵之所在，我們要節，不能動，「不出戶庭」，可是不是關鍵所在的範圍之內你還是要動啊，比如到了二爻，你還「不出門庭」，不流通，這就不對了，在國家預算的範圍之內，是應當用的，辦教育的應當辦教育，管建設的應當歸建設，如果你還不用，那豈不是有傷國家的生機嗎？所以在範圍之內仍「不出門庭」，不活動，那是不對的，「失時極也」；「時」，〈節〉卦裡有四時成的現象，所以講「時」，「極」者，中也，「失時極也」，就是喪失了該流動的時候。

六三象曰：不節之嗟，又誰咎也？

不知節制的嗟嘆，又有什麼可歸咎的呢？

六四象曰：安節之亨，承上道也。

四爻承的是陽，在卦裡頭，四爻如果是陰，五爻是陽，則兩爻都很融洽，此處所謂「承上道也」，「上」是指五爻，「道」者，乾為

「道」，且四爻居於互震，震也有「道」之象，「承上道也」，就是承著自然的發展。「安節之亨」，既是順承了自然發展，這個節制當然是亨通的了，自然節制是不會過火的，我們人類的節制若能承著自然的發展，當然就安詳了，所以「安節」為什麼「亨」就是因為「承上道也」。

九五象曰：甘節之吉，居位中也。

什麼是「甘節」呢？發而皆中節謂之和，就是「甘節」，九五很諧和，很圓滿，很融洽，為什麼呢？因為它「居位中也」，既是當位，又是恰到好處，所以節得很圓滿，很甘甜。

上六象曰：苦節貞凶，其道窮也。

在易例裡面，任何卦到了上爻，都一定會變，而〈節〉到了最後還一直在節，就要「苦節」了，「苦節」就必定「貞凶」，為什麼呢？因為「其道窮也」。這個節是道已經窮了，就必須變了，再變就變成〈中孚〉。〈中孚〉，我們下次再講。

Note

Note

Note

國家圖書館出版品預行編目(CIP)資料

周氏易經通解. 第六冊／周鼎珩遺著；陳素素
　等記錄. --初版.--臺北市：五南圖書出版
　股份有限公司, 2023.02
　面；　公分
　ISBN 978-626-343-610-7 (平裝)

1.易經　2.注釋

121.12　　　　　　　　　111020502

4X29

周氏易經通解（第六冊）

作　　　者 —	周鼎珩遺著、陳素素等記錄
校　　　對 —	鄭宇辰
發 行 人 —	楊榮川
總 經 理 —	楊士清
總 編 輯 —	楊秀麗
副總編輯 —	黃惠娟
責任編輯 —	陳巧慈
封面設計 —	姚孝慈
出 版 者 —	東吳大學中國文學系
編輯出版 —	五南圖書出版股份有限公司
地　　　址：	106台北市大安區和平東路二段339號4樓
電　　　話：	(02)2705-5066　傳　　真：(02)2706-6100
網　　　址：	https://www.wunan.com.tw
電子郵件：	wunan@wunan.com.tw
劃撥帳號：	01068953
戶　　　名：	五南圖書出版股份有限公司
法律顧問	林勝安律師
出版日期	2023年2月初版一刷
定　　　價	新臺幣500元

經典永恆・名著常在

五十週年的獻禮──經典名著文庫

五南，五十年了，半個世紀，人生旅程的一大半，走過來了。

思索著，邁向百年的未來歷程，能為知識界、文化學術界作些什麼？

在速食文化的生態下，有什麼值得讓人雋永品味的？

歷代經典・當今名著，經過時間的洗禮，千錘百鍊，流傳至今，光芒耀人；

不僅使我們能領悟前人的智慧，同時也增深加廣我們思考的深度與視野。

我們決心投入巨資，有計畫的系統梳選，成立「經典名著文庫」，

希望收入古今中外思想性的、充滿睿智與獨見的經典、名著。

這是一項理想性的、永續性的巨大出版工程。

不在意讀者的眾寡，只考慮它的學術價值，力求完整展現先哲思想的軌跡；

為知識界開啟一片智慧之窗，營造一座百花綻放的世界文明公園，

任君遨遊、取菁吸蜜、嘉惠學子！